本书是国家社会科学基金项目"开放式创新驱动制造业转型升级机理研究"（18BJY027）、2019年度教育部人文社会科学研究青年基金项目"创新生态系统视角下知识管理、社会资本互动对企业创新能力提升的影响机制研究"（19YJC630220）、2020年河北省引进留学人员资助项目"京津冀人力资本一体化对河北省战略性新兴产业转型的作用机制研究"（C20200324）、2019年度河北省社会科学基金项目"河北省军民融合企业师徒制项目驱动科技创新机制研究"（HB19GL042）的阶段性研究成果。

"混合型"HRM系统感知对员工建言行为的影响机理研究

理论探索与实证检验

许龙 著

中国社会科学出版社

图书在版编目(CIP)数据

"混合型"HRM 系统感知对员工建言行为的影响机理研究：理论探索与实证检验 / 许龙著 . —北京：中国社会科学出版社，2020.11
ISBN 978-7-5203-5597-1

Ⅰ.①混…　Ⅱ.①许…　Ⅲ.①企业管理—人事管理—研究　Ⅳ.①F272.923

中国版本图书馆 CIP 数据核字(2019)第 256564 号

出　版　人	赵剑英
责任编辑	车文娇
责任校对	周晓东
责任印制	王　超

出　　版	中国社会科学出版社
社　　址	北京鼓楼西大街甲 158 号
邮　　编	100720
网　　址	http://www.csspw.cn
发 行 部	010-84083685
门 市 部	010-84029450
经　　销	新华书店及其他书店
印　　刷	北京明恒达印务有限公司
装　　订	廊坊市广阳区广增装订厂
版　　次	2020 年 11 月第 1 版
印　　次	2020 年 11 月第 1 次印刷
开　　本	710×1000　1/16
印　　张	15.5
插　　页	2
字　　数	227 千字
定　　价	89.00 元

凡购买中国社会科学出版社图书，如有质量问题请与本社营销中心联系调换
电话：010-84083683
版权所有　侵权必究

摘　　要

　　为应对"新常态"的中国经济环境，国家、区域及企业均需借助"群策群力"实现创新突破。然而，作为组织创新源头的员工在面对可能改善组织绩效、纠正组织不足时，往往选择"三缄其口（沉默）"而非"畅所欲言（建言）"。特别是在中国情景下，因高权力距离、中庸思维等传统文化制约，员工更少地从事建言行为。因此，如何促进员工建言行为，成为近年来我国管理学者和实践家关注的焦点。目前从人力资源管理视角探索建言行为动因的研究尚处于起步阶段，本书试图在中国情境下明晰企业实施的人力资源管理系统对员工建言的影响机理。中国企业中广泛实施着一种将控制型工作实践和承诺型雇佣实践相结合的"混合型"HRM 系统系统，由此本书聚焦研究问题并试图回答：面对"混合型"HRM 系统，员工是否及为何实施建言行为。

　　为解答这一问题，本书以企业员工为研究对象，在"认知—情感—行为"逻辑框架下整合信号理论与行为计划理论，构建了一个将"混合型"HRM 系统感知作为自变量、员工幸福感作为远端中介变量、员工人力资本作为近端中介变量、员工建言行为作为因变量的链式中介模型。为检验该模型，使用问卷调查了 799 名企业员工，利用 SPSS 19.0 和 AMOS 21.0 进行验证性因素分析、探索性因素分析、共同方法变异检测等检测问卷信效度并控制回收数据质量，进行 ANOVA、独立方差 T 检验、结构方程模型、双中介效应检验、链式中介效应检验等检验各构念间的作用关系。

　　实证结果支持所提假设：(1) 员工所感知到的"混合型"HRM 系统对员工促进性建言行为和抑制性建言行为具有正向影响；(2) 人

力资本和员工幸福感分别在这一正向影响中具有部分中介效应；（3）当将人力资本和员工幸福感同时纳入这一正向作用时，"混合型"HRM系统感知对员工促进性建言行为和抑制性建言行为的双路径作用机制被证实；（4）但检验员工幸福感对人力资本的作用效果时，"混合型"HRM系统感知对人力资本的影响不再显著，而是通过员工幸福感发挥作用，证实了"混合型"HRM系统感知→员工幸福感→人力资本→促进性建言行为/抑制性建言行为的链式中介机制。

本书与以往研究的差异和创新之处在于：第一，将"混合型"HRM系统研究拓展至员工层面，厘清了"混合型"HRM系统感知对员工建言行为的作用机理；第二，通过整合员工幸福感和人力资本，系统地明晰了员工建言行为的发生机制；第三，证实了"混合型"HRM系统感知对员工幸福感的正向作用，为人力资源管理领域的"互惠"视角提供了基于中国数据的检验；第四，明确了员工幸福感在"混合型"HRM系统感知对员工建言行为影响机理中的链式中介效应，为未来人力资源管理实践转型提供参考。

关键词："混合型"HRM系统感知　人力资本　员工幸福感　员工建言　链式中介模型

目　　录

第一章　绪论 …………………………………………………（1）
　第一节　研究背景与问题提出 ………………………………（1）
　第二节　研究目标与意义 ……………………………………（4）
　第三节　研究设计 ……………………………………………（7）
　第四节　研究结构与技术路线 ………………………………（9）
　第五节　主要创新点 …………………………………………（11）

第二章　理论基础与文献述评 ………………………………（13）
　第一节　"混合型"HRM 系统感知 …………………………（13）
　第二节　员工建言行为 ………………………………………（28）
　第三节　人力资本 ……………………………………………（40）
　第四节　员工幸福感 …………………………………………（51）
　第五节　本章小结 ……………………………………………（69）

第三章　理论模型、概念界定与假设提出 …………………（71）
　第一节　理论模型提出 ………………………………………（71）
　第二节　测量模型假设提出 …………………………………（73）
　第三节　结构模型假设提出 …………………………………（78）
　第四节　本章小结 ……………………………………………（88）

第四章　测量工具的形成及其性能检验 ……………………（90）
　第一节　初始量表的筛选与确认 ……………………………（90）
　第二节　预调研 ………………………………………………（94）
　第三节　正式调研 ……………………………………………（106）
　第四节　本章小结 ……………………………………………（113）

第五章 测量模型检验与数据质量评估 ……………………（115）
 第一节 测量模型检验 ……………………………………（115）
 第二节 共同方法变异检测 ………………………………（130）
 第三节 验证性因子分析与竞争模型比较 ………………（133）
 第四节 本章小结 …………………………………………（134）

第六章 数据分析与假设检验 ……………………………（136）
 第一节 控制变量的差异性分析 …………………………（136）
 第二节 研究变量的相关性分析 …………………………（157）
 第三节 假设检验 …………………………………………（158）
 第四节 本章小结 …………………………………………（178）

第七章 研究结论与展望 …………………………………（180）
 第一节 研究结论与讨论 …………………………………（180）
 第二节 研究不足与未来研究展望 ………………………（193）

附录 HRM系统对员工建言行为作用机制的调查问卷 ………（198）

参考文献 …………………………………………………（203）

第一章 绪论

第一节 研究背景与问题提出

一 研究背景

党的十八大以来,"新常态"的中国经济在宏观上表现为寄希望于以经济增长模式转变和产业结构升级实现内涵式发展和创新式驱动的转变(习近平,2014)。

在微观层面上,"新常态"则重新界定了我国企业生存、成长及竞争优势的问题。面对国内经济增速放缓、国际经济萧条但竞争加剧的情况,作为科技创新主体的中国企业必须也仅能依靠创新避免"被淘汰"的现实命运。格力集团前董事董明珠在《IT时代周刊》中曾形象地说:"如果企业不创新,一定会被市场淘汰,即便我们呼吁政府给资金支持。如果你是一个不锻炼的人,别人怎么帮你打针,怎么给你吃药,你也很难抵抗或者逃脱死亡的命运。"具有类似想法并在企业经营中付诸实践的企业家比比皆是,如从模仿到创新的腾讯马化腾和不断颠覆创新的华为任正非等。

企业创新源于员工的新颖想法和原创观点(Agarwal and Farndale, 2017; De Clercq, Mohammad Rahman, and Belausteguigoitia, 2017; Gong, Wu, Song, and Zhang, 2017; Zhou, Wang, Song, and Wu, 2017),但空有想法和观点并不能支撑企业持续创新,更要求员工有能力、有意愿且有机会在工作场所表达新颖、有价值的想法,即实施建言行为(周浩和龙立荣,2013)。员工建言行为是指员工针对组织政策、运营和实践中所存在的问题或待改进的不足，提供的一种以问题为焦点、以变革为导向的建设性观点、看法和意见的行为（许龙、高素英、刘宏波和张烨，2016）。该行为有助于改善以往企业单纯依靠管理层和决策层智慧的单一信息源局面并构建战略决策的多元信息源头（Bashshur and Oc, 2015; Detert, Burris, Harrison, and Martin, 2013; 许龙等，2016）。同时，员工建言行为有利于提高团队决策效率，提升团队创造力，有效降低组织人才流失率，提高员工组织承诺、工作满意度以及公平感知，有效改善劳资关系，缓解劳资冲突等（Bashshur and Oc, 2015; Bryson, Willman, Gomez, and Kretschmer, 2013; Detert et al., 2013; Nemeth, 1997）。

然而，纵然员工建言行为对于团队和组织意义非凡，作为创新源头和原动力的员工在面对组织运营过程中所出现的问题和可能的机会时，却倾向于选择三缄其口（silence）而非畅所欲言（voice）。类似于《皇帝的新装》或能源巨擘安然集团的倒塌等因员工沉默而导致组织无法生存与发展的现象极为常见。如安然副总裁 Watkins 称："虽企业内存在的糟糕财务状况、恐吓文化是众所周知的，但却无人足够自信地指明这一问题。"针对这一现象，苗仁涛、周文霞、刘丽、潘静洲和刘军（2015）及 Morrison（2011）均指出，虽员工有能力察觉和改善组织潜在的问题，但因顾忌而不敢/不愿在同事和领导面前畅所欲言。

建言行为的匮乏在中国组织内部更为常见。究其原因可分为两点：传统文化的制约和管理实践的限制。其一，诸如中庸思维的推崇（何轩，2009），人情、关系和面子的强调（王忠军、龙立荣和刘丽丹，2011），以及集体主义（李燕萍和徐嘉，2014）、高权力距离（魏昕和张志学，2014）等中国文化特质均导致员工决策"沉默或建言"时倾向前者。其二，现行管理实践使员工不敢也不愿实施建言行为。因工业革命和科学管理阶段的缺失（苏中兴，2010b; Su and Wright, 2012; 苗仁涛等，2015）、社会发展阶段和管理情境的差异（Chen, Su, and Zeng, 2016），组织为实现效率与效益最大化而实施以结果为导向的管理实践，要求员工遵守标准、服从命令等（苏中兴，2010a, 2010b）。一方面，员工不敢提出自身观点，即使这些观点有助于组织的生存和发展。另一方面，最终工作结果的重视和工作过程行为的忽视使得在这一系统下员工因无有效激励而不愿承担更多责任和义务；类似建言行为的主动性角色外行为，甚至会导致个体在工作场所被上司和同事排斥与讨厌（LePine and Van Dyne，1998；Dyne，Ang，and Botero，2003；段锦云和凌斌，2011）。

因此，对于必须破解创新困境的中国企业而言，如何改变员工普遍沉默的现状并引导其从事建言行为，成为管理学术界和实践界普遍关注的焦点。

二 问题提出

员工建言行为对于个体、群体和组织相关产出均具积极效应。研究显示，建言行为，在个体层面上有助于改善员工工作满意度和组织承诺（Thomas，Whitman，and Viswesvaran，2010）、角色内绩效、创造力和新想法实施（Ng and Feldman，2012），在团队/群体层面上有助于增强团队效率、团队决策效能、领导效率和团队创造力等（Nemeth，1997；Bryson et al.，2013；Detert et al.，2013；Bashshur and Oc，2015），在组织层面上有助于人才流失率的降低和组织绩效的提升（Bryson et al.，2013；Ployhart，2015）。

因员工建言行为对组织各层面产出的重要意义，学者对其前因变量进行了大量探索，主要关注于个体权利感（段锦云和黄彩云，2013）、工作满意度（段锦云和钟建安，2012）和工作不安全感（周浩和龙立荣，2013）等个体因素，变革型领导（段锦云和黄彩云，2014）、参与型领导（向常春和龙立荣，2013）、道德领导（梁建，2014）、辱虐领导（吴维库、王未、刘军和吴隆增，2012）等领导风格和行为因素等。从人力资源管理角度切入员工建言行为的研究尚处于起步阶段（Kish-Gephart，Detert，Treviño，and Edmondson，2009；苗仁涛等，2015）。苗仁涛等（2015）称"但迄今为止，仍没有研究尝试通过提供高绩效人力资源实践交换获得员工的建言行为"。

从理论上说，高绩效工作系统通过增强员工知识、动机和机会而提高组织绩效并创造持续竞争优势（张徽燕、何楠、李端凤和姚秦，2013；

张徽燕、李端凤和姚秦，2012；张正堂和李瑞，2015；苏中兴，2010a，2010b）。首先，人力资源管理的信号效应（signaling effect）认为，员工通过察知高绩效工作系统所释放的角色预期和行为标准信号，规范自身在工作场所的态度与行为（Bowen and Blackmon，2003）。其次，人力资源管理的认同控制效应（identity-based control effect）认为，高绩效工作系统通过构建与完善企业文化、氛围等提升员工组织认同并激励其致力于组织目标的实现（Alvesson and Kärreman，2007）。在信号效应和认知控制效应作用下，员工可更清晰地理解组织是否期待并激励建言行为，从而决定是否针对组织效率问题提出建言或保持沉默。

苏中兴等（2010b，2012）认为，对处于经济转型期的中国企业而言，能够显著提升企业绩效的高绩效工作系统是一种基于控制和承诺相结合的"混合型"HRM系统（a hybrid HRM system of commitment and control practices，Hybrid-HRM；以下简称"混合型"HRM系统），且该系统在中国企业中被广泛实践。追根溯源地讲，"混合型"HRM系统的形成在于我国企业管理者在国际潮流和传统理念之间的权衡、取舍与整合：在反思和延续中国特有历史和文化所形成传统管理理念的同时，吸收来自美国的科学管理实践和日本的长期雇佣理念（Chen et al.，2016）。

因此，对中国企业管理者而言，一方面需有效调动员工群体智慧实现在动荡环境中的适应和创新匮乏之困境的脱离，但另一方面并不知晓自身实施"混合型"HRM系统能否以及如何促进员工实施类似于建言行为的创新性利组织行为。为明晰该问题，本书聚焦员工个体层面，探索"混合型"HRM系统对员工建言行为的作用机理，并整合员工人力资本和员工幸福感探索其在这一机理的中介效应、双路径中介效应和链式中介效应。

第二节 研究目标与意义

一 研究目标

本书的整体研究目标是立足中国情境，在个体感知视角下解答这一问题：中国企业所广泛实施的"混合型"HRM系统能否以及如何促进员工建言行为？

第一，研究"混合型"HRM系统感知对员工建言行为的直接效应。"混合型"HRM系统按照职能差异可被划分为控制型工作实践和承诺型雇佣实践（Su and Wright, 2012; 苏中兴, 2010b）。控制型工作实践旨在规范员工在工作过程中的认知、态度与行为，通过控制员工角色内行为而实现组织效率的提升和企业财务绩效的增加（苏中兴, 2010a）；承诺型雇佣实践旨在通过构建和谐工作环境、与员工建立良性互动关系引导员工的角色外行为而实现企业创新绩效的提升和竞争优势的维持（Boxall and Macky, 2009）。当控制型工作实践和承诺型雇佣实践共存于人力资源管理系统时，能否提升以员工建言行为为代表的角色外行为仍不明晰，有待进一步探索。

第二，探索员工人力资本和员工幸福感在"混合型"HRM系统感知和员工建言行为关系中的中介效应和双中介效应。员工建言行为的产生有赖于员工具备建言能力及建言意愿（许龙等, 2016），且人力资源管理系统可通过提升员工能力、激活员工动机并提供员工机会来影响员工行为（Jiang, Takeuchi, and Lepak, 2013）。因此，在"混合型"HRM系统对员工建言行为的作用过程中，存在着两条关键路径：能力路径和动机路径。然而，以往研究并未同时将这两个作用路径纳入同一研究模型。鉴于此，本书选择员工的人力资本作能力表征，员工幸福感作动机表征，从实证角度探索"混合型"HRM系统对员工建言行为的双作用路径。

此外，之所以选择员工幸福感作为员工建言动机维度还具另一目标：以员工幸福感为切入点响应学界对人力资源管理负向效应的探索（孙健敏和王宏蕾, 2016）。以往高绩效工作系统研究多以企业管理者为唯一利益相关者，关注探索高绩效工作系统对于企业绩效提升、战略目标实现的影响。然而，伴随着人力资源管理领域多元利益相关者视角的盛行，越来越多的学者转而探索这种高绩效管理实践对员工及其家庭、社会、环境等的影响。因此，本书选择员工幸福感作为中介变量能从员工角度解答"混合型"HRM系统对员工情感维度的影响。

第三，明晰员工幸福感通过作用于员工人力资本而影响"混合型"HRM系统感知对员工建言行为影响的链式中介效应。心理学领域从广义上对员工的人力资本进行界定，认为其是员工个体所具备的知识、技术、能力和其他特质，并将其分类为认知型人力资本（congitive human capital）和非认知型人力资本（non-congitive human capital）（Fulmer and Ployhart, 2014; Ployhart, 2015; Ployhart and Moliterno, 2011; Ployhart, Nyberg, Reilly, and Maltarich, 2014; Ployhart, Van Iddekinge, and MacKenzie, 2011; Ployhart, Weekley, and Ramsey, 2009）。认知型人力资本被视为个体所具备的工作能力（can do），即其在工作中所能够承担的责任和解决特定任务所具备的能力；非认知型人力资本被定义为个体所具备的工作动机（will do），即其在工作场所中所愿意承担的工作责任和愿意为完成任务所付出的努力（Ployhart and Moliterno, 2011）。由认知型和非认知型人力资本的定义可以看出，本书所研究的人力资本是管理学和经济学领域所界定的狭义上的人力资本，其所能表征的正是员工在工作场所的建言能力；而员工幸福感则表征工作场所中的建言动机。Ployhart和Moliterno（2011）认为，非认知型人力资本（如员工幸福感）能够促进认知型人力资本（如人力资本）的生成。换言之，当员工对工作的认知评价较高且主观感受更为幸福时，其有意愿为解决工作中出现的问题而学习新知识、技术等，从而提升自身工作能力。然而，这一机理并未得到实证数据的支持。因此，在探索"混合型"HRM系统对员工建言行为的双路径作用机理之上，本书试图进一步明晰作为动机维度的员工幸福感在这一作用机理中的链式中介效应。

二　研究意义

以上问题的解答和研究目的的实现，有助于中国企业实现"新常态"下的生存、发展及竞争优势的获取，更为重要的是明晰中国企业员工的价值创造路径，使每个员工成为价值的主动创造者，使静态且惰性的知识、技术、能力和个人特质（knowledge, skills, abilities and other characteristics, KSAOs）等原始态涌现为具有价值性、稀缺性、不可模仿和组织性（valuable, rare, inimitable and organizational, VRIO）特性的人力资本资源，建立企业人力资本（员工）与货币资本（企业所有者）共同创造价值、共享剩余价值和共同治理企业的共生、共享和共治机制。

理论意义。第一，对中国情境下的"混合型"HRM系统对员工建言行为的作用规律进行检验和挖掘，进一步检验"混合型"人力资源管理系统的可信度和有效性，从而拓展本土高绩效工作系统研究。第二，将人力资本与员工幸福感纳入整合式框架进行分析，从整合视角下对员工建言行为的影响因素进行分析，对以往研究所存在的争论与分歧进行梳理和尝试性解决。第三，在广义人力资本视角下探索认知型人力资本和非认知型人力资本之间的关联机制问题，从实证角度验证前沿西方规范性研究所得出的研究结论，对西方理论研究在中国情境下的适用问题进行检验。

实践意义。以企业员工为研究对象，探索"混合型"HRM系统感知对其建言行为的复杂机制问题，以期对中国企业的人力资源管理实践提供理论指导和借鉴：第一，立足于转型期中国的独特情境，可以确保研究结论对中国企业的适用性和有效性。第二，专注于探索员工建言行为的影响因素，是为我国差异化人力资源管理实践活动的精细化研究。第三，明晰人力资源管理实践对员工幸福感的影响效果及员工幸福感对员工人力资本及建言行为的中介与链式中介效应，是从个体员工角度对我国人力资源管理实践实施效果的反思，为未来人力资源管理重心转向承诺维度提供支撑。

第三节 研究设计

一 研究内容

以员工对"混合型"HRM系统感知为自变量，本书将员工建言行为作为因变量，探索人力资本与员工幸福感在这一作用机理中的中介效应、双路径中介效应和链式中介效应。具体研究内容如下：首先，探索"混合型"HRM系统感知与员工建言行为的优势效应；其次，探索员工人力资本与员工幸福感在"混合型"HRM系统感知和员工建言行为关系中的中介效应；再次，探索员工人力资本和员工幸福感在"混合型"HRM系统感知和员工建言行为关系中的双路径中介效应；最后，探索员工幸福感在"混合型"HRM系统感知和员工建言行为关系中的链式中介效应。以上子研究分别围绕不同研究主题进行讨论，但又沿着研究基础逻辑推演，环环相扣、层层深入，较为全面地展现了"混合型"HRM系统感知对员工建言行为的作用机理。

二 研究方法

在确认研究内容和研究对象的基础之上，拟采用理论研究与实证研究相结合的方法，选择恰当研究策略展开具体分析。

（一）理论研究

已有研究的回顾与梳理是科学研究的起点和基础。通过对相关研究的梳理和整合，分别从内涵界定、维度划分、变量测量、前因后果等方面对基本逻辑线条上的重要概念进行述评，具体包括"混合型"人力资源管理系统感知、人力资本、工作幸福感、员工建言行为，从中明确核心概念的发展脉络；通过对已有研究进展和趋势的把握，阐述研究的理论意义并明确研究问题，构建"混合型"HRM系统对员工建言行为作用机理的理论分析框架。

（二）实证研究

在理论研究形成整体研究框架和具体研究假设后，通过问卷调研的方式获取实证研究数据以检验与修正理论模型和假设。为确保实证研究结论的真实性、有效性和可靠性，本书严格遵循科学研究原则、方法与步骤进行研究。具体步骤如下。

首先，问卷设计。借鉴权威研究设计调查问卷，由三部分构成：第一部分简要介绍研究目的、意义和资助资金；第二部分是问卷填答者的基本信息表；第三部分是问卷的主体，研究涉及变量的测量量表。为了确保量表的信度和效度，对英文量表采用"翻译—回译"方式形成中文量表并根据研究目的进行修正，具有一定的科学性。问卷测量工具的形成与性能检测将在后文中进行详细论述。

其次，预调研与正式调研。虽问卷均来源于已成型量表且这些量表多在中国情境下设计开发，但因根据研究目的对量表进行了修正和调整，故需采用预调研以确保问卷对此研究具有信度和效度。在问卷通过预调研检验后，开展正式调研并质量检验回收数据。

最后，数据分析。问卷回收后，采用 SPSS 19、AMOS 21 等软件进行数据处理和分析。具体的实证研究方法包括探索性因素分析、验证性因素分析、相关分析、方差分析、多元回归分析和结构方程分析等。

第四节　研究结构与技术路线

全书的内容框架与技术路线如图 1-1 所示。

第一章是绪论。针对当前中国情境下企业创新匮乏的研究背景，提出研究的基本问题，并对拟取得的研究目标及其达成后所具有的研究意义进行简要介绍。为了实现研究目标，遵循科学研究路径进行研究设计，简要论述了研究内容、研究对象和研究方法。最后，介绍结构安排和技术路线。

第二章是理论基础与文献述评。围绕主要研究变量（"混合型" HRM 系统感知、员工建言行为、人力资本和员工幸福感）进行现有研究的梳理与总结，论述现存研究的局限并简述本书针对研究局限所提出的解决方案和角度。

第三章是理论模型、概念界定与假设提出。在文献梳理与评述的基础之上，分别简述核心概念的界定和测量，对核心概念彼此的关系提出假设，并整合计划行为理论和信号理论建立整体的基础理论模型。

第四章是测量工具的形成及其性能检验。在国内外研究的基础上形成研究量表。通过预调研，修正量表并进行量表的信效度检验；通过正式调研，回收实证数据并对有效数据进行描述性统计分析。

第五章是测量模型检验与数据质量评估。采用验证性因子分析、

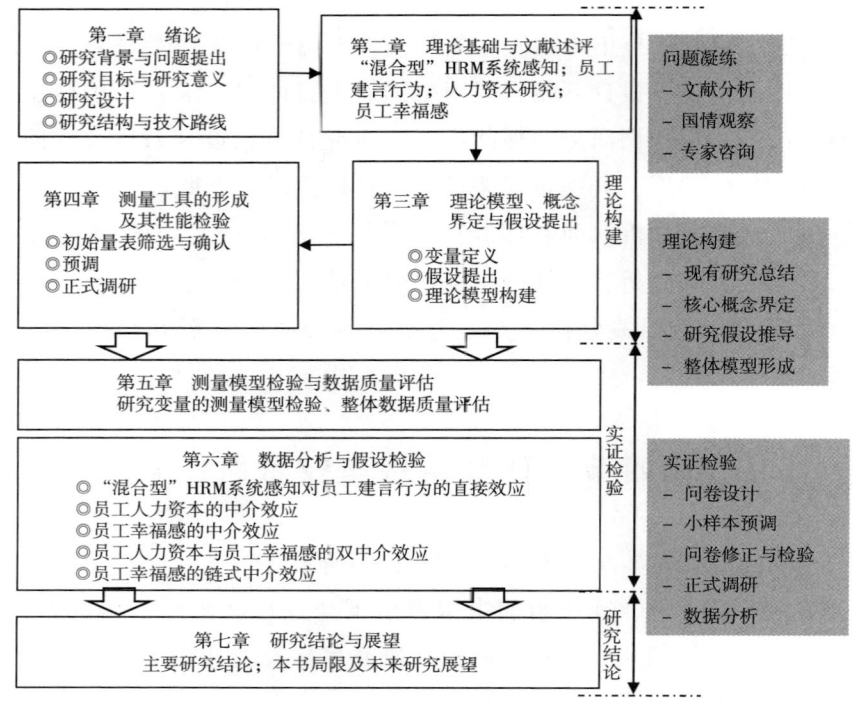

图 1-1　内容框架与技术路线

共同方法变异检测等统计学方法实证分析有效数据，检验所回收数据是否与各核心构念的测量模型相匹配，是否存在同源方法变异的问题，并采用一系列统计学手段解决测量模型不匹配和同源方法变异等数据质量问题。

第六章是数据分析与假设检验。利用通过质量检测和达到统计学匹配的有效数据对核心变量之间的假设关系进行检验，主要检验变量间的直接效应、中介效应、双重中介效应和链式中介效应。

第七章是研究结论与展望。根据实证研究进行结论的总结和梳理，归纳本书的理论贡献与实践指导，并且试图对未来研究方向进行简要论述。

根据以上研究内容，本书采用文献研究和实证研究相结合的方式。首先通过国内外文献的检索和梳理、中国国情、企业实地调研等方式凝聚本书的核心科学问题。之后通过系统化整理已有研究，聚焦研究问题、科学界定核心概念、构建整体理论框架并形成研究量表。再后，对整体研究问题进行分解，根据子研究问题构建研究假设，运用统计分析方法进行假设检验。

第五节 主要创新点

如何促进员工实施建言行为、规避组织中的普遍沉默并实现员工才能和创造力的充分发挥与群策群力，是当今实践界和学术界共同关注且亟须解决的研究问题。本书遵循人力资源管理理论的过程范式和员工建言行为的能力与动机维度相结合的立足点，探索了在中国背景下员工对于组织所实施的"混合型"HRM系统的感知，如何通过影响员工人力资本和员工幸福感，最终实现员工促进性建言行为或抑制性建言行为。具体而言，本书存在如下创新。

首先，拓展"混合型"HRM系统研究至员工个体层面，验证了"混合型"HRM系统感知对员工行为和态度的作用效果，丰富了中国情景下人力资源管理研究。近年来，越来越多的学者秉持"多元利益相关体"原则，转向探索员工视角下组织人力资源管理的相关问题。本书遵循研究趋势，从员工感知视角下对转型期中国特有的高绩效工作系统——"混合型"HRM系统进行研究。从个体员工感知视角探索"混合型"HRM系统的研究尚不多见，探索"混合型"HRM系统感知与员工建言行为间的关联问题更不多见。

其次，厘清"混合型"HRM系统感知与员工建言行为的内在机理问题。以往"混合型"HRM系统研究多集中探索这一工作系统对个体行为的直接影响（如规范员工角色内绩效、促进员工的角色外行为等），尚未明晰这一直接效应是为何以及如何产生的。本书在个人感知视角下进一步深入探究其内在机理，研究人力资本和员工幸福感如何传导"混合型"HRM系统感知对员工建言行为的影响。

再次，基于广义人力资本视角，探索认知型人力资本（即狭义概念下的人力资本）与非认知型人力资本（以员工幸福感指代为例）的关联机理及员工认知型人力资本的涌现问题。Ployhart和Moliterno

（2011）从广义上将人力资本划分为认知型人力资本和非认知型人力资本，前者可简单指代为能力，后者简单指代为动机。其认为非认知型人力资本能够促进认知型人力资本的形成。然而，这一促进和提升机制并未从实证角度得以验证。基于此，在双中介路径模型基础上，本书进一步探索员工幸福感对员工人力资本的作用机制，试图明晰员工幸福感在"混合型"HRM系统感知对人力资本的作用机制中所扮演的角色。

最后，整合人力资本和员工幸福感，更系统全面地探索员工建言行为的前因变量。在以往建言行为研究中，虽假设员工有能力发现并解决组织中出现的问题，但学者多专注于探索员工建言行为的动机维度。而在人力资本领域，研究者则多关注如何提高员工能力，并认为员工能力的提升及组织经济边界内人力资本的提升必定会促进员工个体绩效和组织整体绩效。前者忽视了员工的能力维度，而后者过于重视员工的能力维度，因此，两个领域的整合有助于进一步理解员工建言决策的实施过程。

第二章 理论基础与文献述评

第一节 "混合型"HRM 系统感知

"混合型"HRM 系统感知是从企业员工个体认知角度对"混合型"HRM 系统的拓展。"混合型"HRM 系统是具有中国特色的、契合中国情境的高绩效工作系统的一种形态。为此，本节采用从普遍到特殊的梳理逻辑和研究链条，首先对战略人力资源管理领域的理论基础、研究视角和研究范式进行梳理；之后聚焦于高绩效工作系统，对其进行概念界定并与高承诺工作系统、高参与工作系统等进行辨析；最后集中对"混合型"人力资源管理系统相关研究进行论述并引入"混合型"HRM 系统感知这一概念。

一 战略人力资源管理的理论基础、研究视角与范式

战略人力资源管理领域在理论基础方面，分别吸取和借鉴了诸如资源/能力/知识基础论和组织行为理论从企业层面和个体层面讨论企业人力资源管理问题，经历了普适观（universalistic）、权变观（contingent）、构型观（configurational）以及情境观（contextual）等研究视角，研究范式也逐步由内容范式（content paradigm）向过程范式（process paradigm）转变。

（一）理论基础

资源基础论。人力资源学者往往采用以资源基础论（resource-based theory of a firm，RBT）为代表的相关理论构建"人力资源管理系统与企业竞争优势"的关联逻辑链条，致力于明晰企业人力资源管

理所具备的战略支撑效应。在Wright、McMahan和McWilliams（1994）所提出的VRIO框架下，企业持续竞争优势的源头在于企业的人力资源而非人力资源管理实践活动，但企业的人力资源是因这些管理活动而形成与构建的。因企业人力资源的形成和构建过程具有因果模糊、路径依赖和社会复杂等特征，所形成的人力资源天然具备价值性、稀缺性、难以模仿性和不可替代性。Snell、Shadur和Wright（2000）从构成、能力和文化三个角度阐述了人力资源管理通过组织能力、人员配置和组织文化三个机制获取企业竞争优势的潜能。Wright、Dunford和Snell（2001）进一步以人力资源管理实践为支点，认为人力资源的调配构建了组织的动态能力，人力资源的流动实现组织知识的创造、转移和整合，人力资源的开发储备了企业的人力资本、社会资本和组织资本。动态能力有助于核心能力的更新，知识的流动管理和智力资本的存量使得核心能力契合VRIO框架。

行为理论。以行为视角为基础的人力资源管理研究集中于个人层面，暗含"越多越好"（the more, the better）的研究假设，即企业所实施的高绩效工作实践越多，员工个体绩效越好，继而组织绩效亦有更大可能性得以提升，进而有助于企业竞争优势的获取与维持（Jackson, Schuler, and Jiang, 2014）。Becker、Huselid、Becker和Huselid（1998）在研究人力资源管理对组织绩效的影响中指出，企业拟实施或正在实施的战略将决定企业人力资源战略的制定、人力资源实践的实施。这一系列人力资源管理实践所构建的人力资源管理系统通过影响员工的能力、动机以及工作机会等来决定个体创造力、生产力和自主性行为，并最终影响企业产品质量、生产效率、利润率和增长率等。Messersmith、Patel、Lepak和Gould-Williams（2011）认为，人力资源管理系统通过直接和间接两条路径影响部门绩效。直接路径是指人力资源管理系统通过成本缩减、效率提升等途径直接作用于单元层面绩效，间接路径是指高绩效工作系统通过影响员工个体层面的工作满意度、组织承诺等情感性因素和类似互助行为、知识分享行为等组织公民行为，并以间接途径促进单元绩效的提升。

其他相关理论基础。除资源基础论和行为理论作为理论基础外，战略人力资源管理研究仍引入了如社会交换理论、高阶理论等相关理论进行研究。如社会交换理论认为人际关系的形成源于主观上成本—收益评估和相关选项的比较。人力资源管理学者将此理论运用至管理领域，认为组织与员工应建立一种互惠双赢的工作环境，通过人力资源管理实践的实施使员工接收组织所传达的友善信号并以更高的工作动机、心理承诺和个人努力作为回报（Xiao and Bjorkman, 2006）。Gittell、Seidner和Wimbush（2010）认为高绩效工作系统对组织绩效的提升效应是通过增强不同职能的员工之间关系而实现的。具体而言，通过高绩效工作实践的实施，角色各异的员工彼此沟通的频率、次数、准确性和问题导向性增强，构建了共享目标、共享知识并互相尊重，实现了主管绩效和客观绩效的提升。Lin和Shih（2008）运用高阶理论和动态竞争理论研究了高层管理团队的社会整合与行动动机对高绩效工作系统和组织绩效关联机制的中介作用。

（二）研究视角

在战略人力资源管理领域研究企业所实施的人力资源实践/系统与企业绩效关联机制的过程中，人力资源研究学者先后经历了普适观、权变观、构型观以及情境观等研究视角。各视角中对于"人力资源—企业绩效"关联问题的简要观点如图2-1所示。

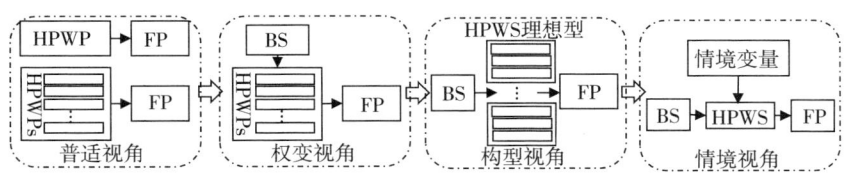

图2-1 不同研究视角下的"人力资源—企业绩效"关联机制模型

注：HPWP指高绩效工作系统实践（high-performance work practice）；FP指企业绩效（firm performance）；BS指以竞争战略（business strategy）为代表的权变因素；HPWS理想型指由不同HPWPs构成，具有"殊途同归"效应的高绩效工作系统的不同理想形态；情境变量指国家发展阶段、社会经济环境、人口学特征等经济、社会等相关因素。

普适视角。普适视角下，学者专注研究单一实践活动对企业绩效的作用效果。换言之，普适视角研究认为，特定人力资源管理实践对企业绩效的提升效应具有普适性，不同人力资源管理实践以一种简单相加的方式作用于企业绩效。例如，Pfefer（1995）梳理以往研究并归纳了内部职业发展、培训与开发、基于过程的评价体系、利益共享、职业安全、建言机制和工作设计 7 项高绩效工作实践。

虽然以上高绩效工作实践对企业绩效的提升在后续实证研究中得到证实，但是单一 HR 实践或一组 HR 实践组合均易被对手企业模仿而无法为企业带来竞争优势。如 360 度评估体系虽能带来财务绩效的提升，但其实施成本或实施难度对同一行业企业是接近于无差异的，在市场范围内该工作实践对企业竞争优势获取的促进效应是微乎其微的。意识到这一点，人力资源管理学者开始探索人力资源管理实践在不同企业情景下对企业绩效的作用效果，即权变视角。

权变视角。权变视角认为企业所实施的人力资源活动对于企业绩效的提升作用并非简单线性相加，而是受到了第三方变量（权变变量）调节作用的影响。并不存在所谓的"最佳实践"能够普适任一企业，人力资源管理实践对当前企业绩效和竞争优势的作用效果应考虑其所处的特定行业、社会环境或法律法规等权变因素的影响。该视角集中探讨了战略因素、组织因素和环境变量等对人力资源管理实践或系统与组织绩效之间关系的调节效应；其中，战略因素被视为最为重要的权变因素。与组织竞争战略相匹配的高绩效工作实践能够有效提升组织绩效；反过来，高绩效工作实践的实施也对企业竞争战略制定具有一定影响（Wright et al.，2001）。

权变观虽将权变变量纳入理论模型，但对 HR 实践或系统分析时仍集中于研究单一实践或实践组合对组织绩效的提升作用，因此权变观与普适观在分析层面上并没有太大差异，该视角并未涉及 HRM 系统内部各不同实践彼此之间的互补性问题或契合性问题，彼此冲突的 HRM 实践会相互抵消，甚至混淆员工对于组织所需行为的感知而阻碍组织绩效提升（Arthur，1994）。

构型视角。以上两种视角下的学者并未考虑人力资源管理实践间的交互效应，认为不同实践活动对企业绩效的影响是一种线性叠加状态。而构型视角则认为，不同实践活动对企业绩效的影响是一种要素间互补与递增的效果。由不同实践管理活动构成的人力资源管理系统具有不同的外在形态和内在构成，这些不同形态的人力资源管理系统通过彼此的搭配和协调在"殊途同归"机制下对企业绩效实现一致的影响效果。这种对于不同人力资源系统构型的研究与探索，标志着构型视角的形成。

构型视角与权变视角一致，均认为组织应根据战略所需制定 HR 政策、实施 HR 实践。不同点在于构型视角认为在相同战略下存在多种理想型 HRM 系统能够满足战略所需并实现相同的绩效提升功效，即 HRM 系统的等效性（equifinality）。因此，在研究过程中，采用构型观的研究者倾向于探索整体 HRM 系统对于组织绩效的影响效果，而不是普适视角或权变视角在普遍情形下研究特定 HR 实践活动的优劣性问题。

在此视角下，之所以将 HRM 系统称为系统，目的在于强调构成 HRM 系统的实践活动间的彼此耦合状态，这被称为横向匹配性（horizontal fit）。不同 HRM 实践通过彼此组合能够构型出实现横向匹配性的 HRM 系统，这些系统在普遍意义下具有实现企业效率和利润最大化的潜能。而使特定人力资源管理系统构型的功效最大化的前提条件是，选择和实施与企业战略最为匹配的人力资源管理系统形态，即实现纵向匹配性（vertical fit）。换言之，鉴于 HRM 实践活动的横向匹配存在无限可能，那么企业应在实现横向匹配的同时确保人力资源管理系统实现与组织战略的纵向匹配性。鉴于企业真实制定和实施的战略类型可能与理想型战略具有一定的偏离程度，那么 HRM 系统与理想型 HRM 系统的偏离程度应同其实际执行战略与理想型战略偏离的程度保持一致。构型视角的独特之处在于，其所秉承的等效性原则一方面是对权变观做了一定的传承，而另一方面又摒弃了其与普适视角相一致的寻求最佳实践模式的目标。

情境视角。情景视角立足于更宏大视角探索人力资源管理系统，认为人力资源管理系统之所以具有企业绩效提升效应，不仅是因为其内部和外部匹配，还在于这些管理活动能够很好地适应所在国家的发展阶段、文化背景和特定政治需求等并对这些国别差异产生一定的影响（Brewster，1999）。采用情景观的 SHRM 学者认为 HRM 系统与其所处环境之间是一种双向影响关系。双向影响，一方面是指在特定环境下 HRM 系统能够提升组织绩效，环境因素对这一提升效果具有一定调节作用；而另一方面是指 HRM 系统在改变组织内部环境的同时会延伸至组织外部环境中。该视角重新思索环境与 HRM 系统间关联问题并拓展 HRM 系统的利益相关者。HRM 系统并不再局限管理员工与组织关系，而扩展至对经理、高管团队甚至 CEO 等人的管理；更进一步，公共管理部门、工会、社会制度调整等都归类于利益相关群体；不同国家文化特征亦应纳入研究。

（三）研究范式

伴随人力资源管理实践或系统具有企业绩效提升和战略支撑效应得到普遍认可，越来越多的学者转向研究这一效应是如何实现的。换言之，学者已逐渐开始从探索"哪一些或哪一类人力资源管理实践能够影响企业绩效"这一研究问题，转向到"特定人力资源管理实践或系统是如何和为何会影响企业绩效"这一研究问题，由"内容范式"（content paradigm）转向"过程范式"（process paradigm）。

内容范式。内容范式是战略人力资源管理领域的主流研究范式，集中讨论了人力资源管理系统应包含的内容结构以及这些实践活动及其协同效应对企业各层面产出的影响（唐贵瑶、魏立群和贾建锋，2013）。以往大部分研究均采用该范式，其具较为成熟的理论框架和研究基础，构型视角被广泛运用于该范式研究（陈笃升，2014）。

在采用内容范式进行高绩效系统研究时，人力资源配置（HR configuration）和人力资源捆绑（HR bundle）是极为重要但侧重维度不同的相关概念。人力资源配置是在差异化管理哲学下展开的，探索同一组织内不同员工群体所采用的差异化管理政策和实践。Lepak 和 Snell（1999）根据员工所内嵌的人力资本的价值性和稀缺性将雇佣模式分类为联盟式、内部开发式、契约式和获取式雇佣模式，将员工关系分类为伙伴性、组织专注性、交易性和互惠性雇佣关系，并针对不同类型的雇佣模式和员工关系将差异化的人力资源配置定义为合作型、承诺型、服从型和市场导向型。人力资源捆绑是从职能角度探索人力资源管理实践组合，较多学者以 AMO 模型为分析框架，将人力资源配置中发挥不同职能的 HRM 实践归类为技能提升、动机增强和机会提供三种 HR 捆绑（Jiang，Lepak，Hu，and Baer，2012）。在此基础之上，Jiang 等（2012）进一步针对人力资源配置和人力资源捆绑，将系统中的人力资源配置、人力资源捆绑和人力资源构成之间的关系明晰如下：人力资源配置层面上，组织根据特定人员制定差异化人力资源管理政策并选择与之匹配的实践活动；人力资源捆绑层面，人力资源政策以组织意图（或技能提升，或动机增强，或机会提供）而捆绑成为与之对应的人力资源簇或丛（cluster）。不同职能的人力资源捆绑构型为有助于个体、单元和组织层面绩效增强的人力资源管理系统。

　　过程范式。过程范式是人力资源管理研究中的新兴范式。源起于 Bowen 和 Ostroff（2004），过程范式强调人力资源管理在实施过程中应重视组织氛围（climate）和组织强度（strength）。Bowen 和 Ostroff（2004）认为，在以资源基础论为理论基础的战略人力资源管理研究中，研究者过于关注探索对组织目标实现所必需的 HRM 实践组合，即内容范式；而非研究 HRM 系统如何将战略信息传达给员工并引导员工实施组织所预期的适宜战略行为，以及从群体层面探索员工群体对 HRM 系统的情感及行为回应。为此，他们提出了"HRM 强度"这一概念，并认为 HRM 强度使组织氛围由心理氛围涌现而成。组织通过实施高强度的 HRM 系统，帮助员工准确感知管理层拟传达的信号并了解所处的工作环境，依此调整工作行为。在此基础上，Li、Frenkel 和 Sanders（2011）发现，员工对 HRM 强度的感知有助于其工作满意度和工作活力的提升以及离职意图的降低，这一作用机制被群体层面的 HPWS 氛围强度所调节。Frenkel、Restubog 和 Bednall（2012）发现，员工对于人力资源管理政策和实践的感知有助于提升程序公平感和分配公平感，从而影响员工组织认同，并进一步激发员工的自主性工作努力和同事的协助行为。

　　在组织氛围与人力资源强度之外，过程范式还出现了人力资源管理系统的分层研究。Wright 和 Nishii（2007）在多层面视角下将人力资源系统区分为规划类、实务类和感知类三种。规划类 HRM 是指 HR 战略、政策及计划等指导性规章制度；实务类 HRM 是指企业根据规划类 HRM 所实际实施的 HR 措施；感知类 HRM 是指员工以自身对 HRM 实务的感知而产生特定态度和行为并最终提升组织绩效。陈笃升（2014）梳理以往研究，认为其虽区分了规划性人力资源管理（人力资源管理政策）和实务性人力资源管理（人力资源管理实践），但定位不明、界定不清等问题的存在导致了人力资源管理系统对员工行为和态度的内在机制难以明晰，组织常规管理、员工认知程式等因素在这一过程中的影响尚不清楚。相似地，Kepes 和 Banks（2015）在多层级视角下将人力资源架构（architecture）分层为由人力资源理念、政策、实践和流程所组成的多层系统；其中，人力资源理念（HRM philosophy）指在组织特定系统中人力资源价值性的指导原则；人力资源政策（HRM policies）指为开发和实施特定人力资源系统要素的实践和流程所提出的关于雇佣关系的陈述；人力资源实践（HRM practices）指人力资源政策付诸实施的具体举措和活动；而人力资源流程（HRM process）则指员工对具体人力资源管理实践的体验和感知。

二 高绩效工作系统的概念界定与相关概念辨析

高绩效工作系统是战略人力资源管理研究中关注的重要焦点，现有研究趋势集中于利用构型研究视角探索高绩效工作系统所包含的人力资源实践与政策，并采用过程范式探索这一高绩效工作系统如何影响企业绩效和竞争优势。而情境观视角下的战略人力资源管理学者认为，高绩效工作系统的构成实践和组合模式会因文化差异、人口结构等国家相关因素的不同而有所差异。因此，为明晰适合于经济转型阶段中国企业的高绩效工作系统，本小节首先对高绩效工作系统这一概念进行梳理并将其与相关概念进行辨析。在此基础上，梳理适宜于转型期中国企业的高绩效工作系统——"混合型" HRM 系统，并对以此系统为基础的相关研究进行评述。

(一) 概念界定

从广义来看，高绩效工作系统是企业所实施的包含人力资源管理在内的管理手段和实践措施的总和。然而，在（战略）人力资源管理领域，多数研究采用高绩效工作系统的狭义界定，探索不同人力资源管理实践所组合而成的人力资源管理系统对企业绩效和竞争优势的作用机制问题。

早期战略人力资源管理学者从普适视角出发关注具有绩效提升效应且适用于所有企业的人力资源管理实践，并称之为高绩效工作实践（practices）。权变学者开始探索适用于特定企业战略的高绩效工作实践组合，被称为高绩效工作实践捆绑（bundles）或簇（clusters）（Wright and McMahan，1992）。随着构型视角的盛行，越来越多的学者在此视角下对人力资源管理系统进行研究。Edwards 和 Wright（2001）认为高绩效工作系统可改善员工工作态度、增加满意度和承诺感并改善工作行为，最终实现企业绩效的提升。Way（2002）认为高绩效工作系统是以甄选、发展、保留与激励等基本职能为主的一系列差异但互补的人力资源管理实践组合，这些实践组合既提高员工能力，又使他们愿意将能力用于与工作相关的活动。与之类似，Combs、Liu、Hall 和 Ketchen（2006）指出高绩效工作系统由企业绩效的一系列人力资源管理实践构成，这些构成一方面能提升员工知识、技能和能力，另一方面通过授权、激励等给予员工实践知识的机会的同时提升其展开行动的意愿。

目前，情境视角下的高绩效工作系统研究尚处于起步阶段，在该视角下对高绩效工作系统的概念界定尚不多见。总体而言，该视角研究多集中在特定国家情境下构建适合社会发展阶段和历史背景的高绩效工作系统。以中国情境为例，苏中兴（2010b）从外部环境因素（劳动力规则、劳动力市场、国家文化和产业结构等）和内部环境因素（企业规模、发展阶段、竞争战略和员工特征等）出发，分析中国企业所处的管理情境，并认为身处转型期中国情境下的高绩效工作系统应同时包含承诺导向和控制导向的管理实践，这种混合型的高绩效工作系统与中国企业绩效之间存在显著正相关性。

对不同视角下高绩效工作系统定义总结可知，特定人力资源管理实践构型应满足高绩效、工作实践和系统效应这三个标准方可称为高绩效工作系统。具体如下。

系统效应。相对于单一实践，高绩效工作实践的捆绑或簇等对管理者和员工的互动路径具有更为重要的影响（Boxall and Macky, 2009）。Appelbaum（2000）认为实施互补性工作实践系统的企业能够获高绩效。这种互补性不仅是人力资源管理系统内部实践的互补，更是从探索人力资源管理系统与所在企业或业务单元的整体管理系统、所处国家的经济社会情境互补。

绩效。所谓组织绩效/组织效率，从狭义上指企业长/短期经济产出，从广义上则涵盖如社会正当性（social legitimacy）、企业社会责任（corporate social responsibility）等概念（Boxall and Purcell, 2000; Edwards and Wright, 2001; Paauwe, 2004）。但 Godard（2004）研究显示，人力资源研究多专注于探索 HRM 实践的经济绩效。换言之，高绩效工作系统被认为成功的重要标准在于其具成本有效性。当财务收益无法抵消投入成本，实施高绩效工作系统对企业并非理性决策。

工作实践。高绩效工作系统是一系列最佳实践的组合，而非单一实践。Huselid（1995）认为其是由严格招聘流程、激励性薪酬、绩效管理系统、员工参与和培训所构成的高绩效工作实践。但当该概念拓展至其他国家时，是否还具有高绩效工作系统的相关特征仍有待商榷，或在其他国家情境下是否存在特定的高绩效工作实践仍待研究。如在 Huselid（1995）的研究中，员工申述程序是员工参与这一高绩效工作实践的重要维度，而对英国企业而言，该实践是法律规定的必需程序（Boxall and Purcell, 2000）。

（二）相关概念辨析

除高绩效工作系统外，学者研究了其他具有系统效应、绩效和工作实践标准的人力资源管理系统。其中，"高参与工作系统"和"高承诺工作系统"等是学者讨论的重点（Bareket-Bojmel, Hochman, and Ariely, 2014）。这些概念模糊，术语混淆使用，内容维度不统一，甚至同一研究中理论构建和测量指标也存在不一致（Wood and Wall,

2007）。

　　无论是高绩效工作系统还是高参与工作系统或高承诺工作系统，其相同点在于有助于企业绩效的提升和企业战略的实践，即从功能上看可被视为等同概念，但三者对企业绩效发生作用的内在机制有所差异（Evans and Davis，2005；Snell and Wright，1999；张正堂和李瑞，2015）。高参与工作系统通过对工作流程和结构再设计等工作实践赋予员工决策参与、自我管理等，一方面员工知识、技能和能力得以提升，另一方面员工参与感、责任感和融入感得以增强（Guthrie，2001）。高承诺工作系统通过促进员工承诺而非规范/控制员工，以实现组织绩效增强的实践活动（Arthur，1994；Baron and Kreps，1999；Whitener，2001）。鉴于高参与工作系统和高承诺工作系统的最终目的均在于企业绩效的提升，Boxall 和 Macky（2009）认为高参与工作系统和高承诺工作系统被视为高绩效工作系统的不同术语。

　　实际而言，以上三种工作系统对企业绩效的提升路径也并非如此单一。举例而言，若想通过提升员工承诺实现企业绩效提升，可以通过提升员工工作保障的感知（Appelbaum，2000；Iverson and Roy，1994）、改进晋升决策的制定（Lemons and Jones，2001）、薪酬体系的设计（Appelbaum，2000）等承诺类雇佣实践，也可以通过工作设计的改善以实现员工授权、自我管理（Wood and Wall，2007）等参与工作实践实现这一目的。换言之，员工承诺的提升并不一定依靠高承诺工作系统，高参与工作实践也可实现这一目的。

　　因三者侧重点不同，同一企业有可能或有必要同时实施高绩效、高参与和高承诺工作系统。Bélanger、Edwards 和 Wright（2003）认为，组织管理应包括三个维度，分别为生产运作管理、工作组织管理和员工关系管理。高绩效工作系统关注于生产运作层面的效率提升，高参与工作系统侧重于工作组织层面的员工参与机会，而高承诺工作系统则强调员工关系层面的雇佣环境和组织认同。Xiao 和 Bjorkman（2006）认为高参与强调员工的自我管理属性，高承诺强调员工的组织承诺属性，而高绩效工作系统则强调以上工作系统所带来的高绩效属性。Boxall 和 Macky（2009）则将人力资源管理系统分为工作实践和雇佣实践。前者指具体工作的组织模式,如与问题解决和变革管理等相关的工作流程;后者则包括员工招聘、发展、维持或解聘等实践措施。高参与工作系统属于工作实践,高承诺工作系统属于雇佣实践,是高绩效工作系统的不同维度。

三 转型期中国企业的高绩效工作系统研究

无论是高绩效工作系统,还是高参与工作系统或高承诺工作系统,之所以引起广大学者与实践者的关注,重要的原因在于其能够通过一定的内在机制使得员工能力、动机和机会得以提升,进而影响个体层面、单元层面和组织层面产出(Collins and Smith, 2006)。然而,现有高绩效工作系统研究存在以下核心问题仍未取得共识,有待深入研究(Guest, 2011)。

首先,如何界定有助于企业绩效提升的人力资源管理系统仍未达成共识,存在多种称谓(张正堂、李瑞,2015)。

其次,高绩效工作系统的内容结构和测量方式仍未取得共识。Becker 和 Gerhart(1996)梳理 1990—1996 年所出版或发表的权威论著,发现这些研究探索的高绩效工作系统包含的实践活动和内容维度并不一致。Boselie、Dietz 和 Boon(2005)对 1994—2003 年发表在国际顶级期刊上的研究进行分析,发现不同研究所包含和测量的人力资源实践存在较大差异。Combs 等(2006)采用元分析(meta - analysis)对以往实证研究进行统计,发现如激励和薪酬、培训、招聘与筛选等 13 项人力资源措施被广泛探索。

最后且最重要的是,在中国情境下高绩效工作系统对企业绩效的促进作用并未取得一致。部分研究证实了高绩效工作系统正向促进企业绩效(张弘和赵曙明,2006;徐国华和杨东涛,2005;范秀成和英格玛·比约克曼,2003;许龙、高慧英和于慧,2015;高慧英、赵曙明和张艳丽,2011),另一部分研究则未发现相关性(刘善仕、周巧笑和晁罡,2005;张弘和赵曙明,2006;蒋春燕和赵曙明,2004)。究其原因在于,一方面,中国企业现阶段管理水平低、管理理念落后且管理人员专业素养差使拟实施的人力资源管理活动和实际实施的人力资源管理活动具有一定差距（张弘和赵曙明，2006）；另一方面，对多数中国企业而言，人力资源管理仍扮演着附加值低的行政支持，并不适于强调市场导向、高资源投入的高绩效工作系统（苏中兴，2010b；许龙等，2015）。

具体而言，处于转型期的中国经济社会背景与西方具有较大差异。在相对较发达的西方环境下，经过工业革命和科学管理的洗礼，职业规范和专业行为准则已被员工所内化，西方企业已由强调竞争流动和市场机制的管理理念转变为建立长期雇佣和联盟关系的管理哲学（苗仁涛等，2015）。但在中国情境下，伴随着国家政府对私营企业人事管理的放权和国有企事业单位的人事改革，中国企业开始向西方借鉴，试图打破以往传统"铁饭碗"的管理体系并构建起强调人才流动、市场竞争和末位淘汰的市场机制（Chen et al.，2016）。对比而言，当前中国企业更为强调规章制度的严格执行、绩效考核指标的完成和优秀人才的外部选拔，即强调人力资源管理实践活动的"控制"属性；而西方则更看重员工的自我管理，寄希望于通过授权和赋能等举措赋予员工自主权，以此来提高员工的角色外绩效，即强调人力资源管理实践活动的"承诺"维度（Su，Wright，and Ulrich，2015；苗仁涛等，2015）。

在不同发展阶段，面对不同管理情境和管理对象，所谓的高绩效工作系统从内涵要素到外在形态都有所差异。在学术和实践过程中直接借鉴西方理论来指导和探索中国企业的人力资源管理问题会出现指标失效等问题。为此，大量学者立足于转型期中国管理情境对符合中国特色的人力资源管理问题进行探索，如家长式人力资源管理系统（吴坤津、刘善仕和彭娟，2013）、关系导向型人力资源管理系统（李召敏和赵曙明，2016）、内控导向型人力资源管理实践（罗海滨、刘善仕、王红椿和吴坤津，2015）、合作型人力资源管理实践（刘善仕、冯境铭、王红椿和吴坤津，2016；王红椿、刘学和刘善仕，2015）等。苏中兴（2010b）在经济转型期中国情境下所构建的高绩效工作系统得到学者的认同，其包括8个HR实践簇：员工竞争流动和纪录管理、基于结果导向的考核、严格的员工招聘流程、薪酬考核、员工参与及管理、广泛培训、内部劳动力市场和信息分享。该模型是一种"混合型"HRM系统，其由控制和承诺两个维度组合而成；其中，控制维度由前三项HR实践簇构成，承诺维度则由后五项HR实践簇构成。在以该"混合型"HRM系统为基础的研究中，苏中兴（2010a）发现该系统能够有效规范员工角色内行为从而提升企业绩效，苗仁涛等（2015）验证了该工作系统能够有效促进员工建言行为。

综上所述，中国企业广泛采用"混合型"HRM系统的原因有二：其一是当前国家经济发展阶段所致。在当前中国情景下，国家政府对私营企业人事管理的放权和国有企业单位的人事改革方兴未艾，各行业企业均试图打破传统"铁饭碗"的管理体系并试图构建起强调人才流动、市场竞争和末位淘汰的"控制型"HRM管理实践。但传统的人事管理理念并未完全被打破，且伴随着西方管理理念逐渐向日本终身雇佣制度的转变，试图借鉴西方管理的中国企业在继承"铁饭碗"制度的同时也进一步吸收西方的"承诺式"HRM管理体系。其二是当前国家劳动力人才结构所决定。不同于经过工业革命和科学管理洗礼的西方劳动力市场（已构建了完善的职业规范和专业行为准则且基本被员工内化），中国劳动力市场尚未建立起有效的行为准则和内化标准。因此，在企业实际经营过程中，更为强调规章制度的严格执行、绩效考核指标的顺利完成、优秀人才的外部选拔策略等"控制式"HRM管理实践。

"混合型"HRM系统与其他单一维度的人力资源管理系统的差异及其自身特色是该系统与Belangerd等（2003）、Li等（2011）、Boxall和Macky（2000）等学者对高绩效工作系统职能属性的论述相一致。在这些理论背景下，"混合型"HRM系统与其他高绩效工作系统的区别与特色在于其由发挥不同职能的工作系统构成：控制型工作实践和承诺型雇佣实践。与其他单一维度的人力资源管理系统（如高承诺工作系统、高参与工作系统等）不同，该系统涵盖了更为全面的人力资源管理的职责与功能。简单而言，从工作角度上严格管理员工在完成任务时的态度和行为，试图从制度层面上构建一种高绩效的工作组织。与此同时，在雇佣角度上则实施一种试图与员工建立互惠关系的管理实践，试图构建一种友善、和谐的劳资关系。

如前所述，"混合型" HRM 系统的功效在于促进企业绩效的提升和战略目标的实现。在以往研究中，苏中兴等（2010a）发现，HRM 系统能够促进企业绩效的提升，而该绩效提升效应是通过对员工角色内行为的控制实现的。为明晰"混合型" HRM 系统是否及如何影响员工的角色外行为，本书选择员工建言行为作为研究的因变量。原因在于，相对于知识分享、员工互助等其他角色外行为，员工建言行为所具有的独特属性使得该行为在中国情景中更为匮乏。本书聚焦研究问题，探索了"混合型" HRM 系统对员工建言行为的作用机制及内在机理，试图将员工建言行为作为代表，明晰"混合型" HRM 系统对员工角色外行为的影响机理。因此，"混合型" HRM 系统并非仅着眼于促进员工建言行为的实施，其功效在于通过"控制型" HRM 实践调控员工角色内行为/绩效行为的同时，通过"承诺型" HRM 实践触发员工实施以员工建言为代表的角色外行为，进而从整体上实现组织绩效提升和组织战略实现的目标。

四　员工感知视角下的"混合型" HRM 系统研究

以上研究虽然推动了中国人力资源管理本土化研究，但仍留下一定理论空间值得本书进一步探索。

其一，以上研究专注于探索"混合型" HRM 系统与员工行为（角色内行为、组织公民行为和建言行为）的直接作用机制，并未涉足两者间内在的作用机制。

其二，以上研究选取人力资源管理者为研究对象，探索企业人力资源管理政策或意图对组织绩效和员工行为的影响，而非企业实际实施的人力资源管理实践或员工真实察知的人力资源管理活动。与员工态度、行为和绩效最为近端的因素并非人力资源管理政策或实际实施的人力资源管理实践，而是员工对这些政策和实践的感知与理解。

预期与公平理论（expectancy and equity theory）认为，当员工感知到组织实践能确保其努力转化为有效工作绩效（努力—绩效预期）

且认为工作绩效的提升会为自身带来可预期的公正奖励（绩效—产出预期）时，员工会尽最大努力致力于提升自身绩效以满足组织战略需求（Lawler and Jenkins, 1992）。Van Buren Ⅲ、Greenwood 和 Sheehan（2011）也曾表明在既有战略人力资源管理领域盛行的"一元利益相关"将员工与管理者和企业所有者视为同一利益主体，认为员工是一群具有相同利益和目标的同质化群体。然而，个体差异客观存在，不同员工对企业所实施的人力资源管理实践有不同感知；人际关系差异使基层管理者针对不同个体所实施的人力资源管理实践也有所差异。员工对企业 HRM 系统的认知是人力资源管理实施质量的决定性因素，是员工态度和行为最近端和最直接的决定因素（Banks and Kepes, 2015；Lengnick-Hall, Lengnick-Hall, Andrade, and Drake, 2009）。

综上所述，本小节首先从战略人力资源管理领域的理论基础、研究视角与范式出发，梳理和分析了该领域的研究现状和研究趋势。之后，论述转型期中国情境下，能够显著提升企业绩效和获取竞争优势的高绩效工作系统，是融合"控制维度"和"承诺维度"的"混合型"HRM 系统。进一步，本书从员工感知视角对苏中兴（2010b）所提出的"混合型"人力资源管理系统进行拓展，并提出"混合型"HRM 系统感知这一概念。这一概念的提出，一方面是在构型观基础上引入情境观探索契合中国情境的人力资源管理系统，另一方面也是在过程研究范式下深入探索契合中国情境的人力资源管理系统是否以及如何影响个体层面员工的情感与行为。

第二节　员工建言行为

员工面对组织运营过程所出现的各项问题时往往面临"畅所欲言或三缄其口"的决策难题。畅所欲言，意味着员工针对组织政策、运营和实践中现存问题或待改进不足表达自身以问题为焦点、变革为导向的建设性观点、看法和意见。但是，处于工业化时代的企业往往因追求效率而要求员工遵守标准、服从命令，从而迫使员工选择三缄其口。随着管理环境的日趋复杂、科学技术的高速发展以及市场环境的快速变化，企业管理者和决策者愈加意识到倾听多方声音、获取多元信息的重要性。Detert 等（2013）指出建言者能够为同事和管理者提供关键性信息而提升团队决策效率。Nemeth（1997）发现，即使观点不被采纳，作为少数持有异议的建言者也能够迫使团队其他成员审视该观点并探寻拒绝理由，从而使团队从多角度思考问题而使创造力得以提升。此外，建言能够有效降低组织人才流失率（Bryson et al., 2013），提高员工组织承诺、工作满意度以及公平感知（Colquitt et al., 2013）等。

虽建言有益于组织健康发展的观点已获得普遍认可，但研究层面（个体、团队或组织）和研究对象（主动行为、向上反馈、揭发等）的差异，使建言内涵、动因及其影响的相关结论尚未达成共识（Bashshur and Oc, 2015）；而不同研究领域所关注焦点的差异更使得这些结论彼此独立且难以交流（Klaas, Olson-Buchanan, and Ward, 2012）。鉴于此，本小节从员工建言概念、维度、测量、影响因素及作用结果等梳理和解析员工建言研究、构建整合模型并总结现有研究不足。

一 概念界定与相关概念辨析

（一）建言概念

"建言"这一概念始于 Hirschman（1970），其吸引了广大学者的关注，涌现了大量创新研究并出现两大流派：退出—建言—忠诚—忽略（exit, voice, loyalty and neglect, EVLN）流派和组织公民行为（organizational citizenship behavior, OCB）流派。EVLN 流派以 Hirschman（1970）所提 EVL 模型为蓝本，将建言认为是因员工对组织产生不满而提出建设性意见的行为。Dyck 和 Starkes（1999）首次将建言视为一种过程，指出当建言被认可和采纳时，员工会更加忠诚于组织；若建言未被采纳或认可，员工或选择忽略该问题，或选择退出组织。Bashshur 与 Oc（2015）进一步加入员工对组织的惩罚和改进两个维度，分别探索建言被忽视、建言被认可和建言被实施三个情形带来的结果。

不同于 EVLN 流派，OCB 流派认为员工实施建言行为的目的在于提升组织机能，故而对工作和组织的不满情绪无法触发该行为。OCB 流派对建言的界定有所差异（见表 2-1），但关于建言行为的三点特征基本达成共识。

表 2-1　　　　　　　　　　建言概念界定

文献	概念界定
Hirschman（1970）	员工本着改变或改进组织现存不良状态而直接向上级提出意见
Van Dyne 和 Lepine（1998）；Lepine 和 Van Dyne（1998）	一种强调改进而非仅批评的建设性挑战，旨在提供新颖变革建议或标准流程改进方案的促进行为（promotive behavior）和非应具行为（non-required behavior）
Premeaux 和 Bedeian（2003）	就工作事项公开表达自身观点和看法，包括他人的观点与看法、改变建议和要求、替代方案或推理演绎路径等
Detert 和 Burris（2007）	旨在改进组织机能（organizational functioning）而主动向决策者提供信息的言语行为，即便该行为挑战或惹恼当权者
Tangirala 和 Ramanujam（2008）	员工就工作相关事项提供挑战且建设性的表述
Takeuchi、Chen 和 Yin Cheung（2012）	员工自愿向组织提供有利于提升组织或团队效能的想法和建议
Bashshur 和 Oc（2015）	因试图改变组织内不良状态或改进现有机能而主动向组织内外任意特定主体提供深思熟虑的想法、观点、建议或替代方案的行为

其一，建言作为一种言语表述，意味着建言由信息发出者（sender）传达给信息接收者（recipient）。前者可为个体员工或群体（如工会等）；后者可为组织内上级、同事、下属，或组织外被建言者认为有权力且有能力实施建言所涉内容的主体。其二，建言是一种主动、自愿且非必需的行为。建言者可自主选择是否实施该行为（建言或沉默）、如何实施该行为（向上反馈、揭发或流程控制等）。其三，作为一种建设性行为，建言以问题为焦点、变革为导向，目的在于纠正被建言者现有不足并提升组织机能。因此，建言不可能仅是针对组织状况的抱怨和批评，还应包含有效信息帮助被建言者提升效率、改变现状。

（二）相关概念辨析

为更好理解员工建言行为，将其与沉默、上谏、揭发、异议、议题营销等相关概念进行辨析。

建言与沉默（silence）。当个体形成潜在观点时有且仅有两种选择：建言或沉默。部分学者认为沉默是个体无意识、惯性行为延续或顺从性格的表现，但主流研究则视沉默为员工决策结果（Miceli，Near，and Dworkin，2009；Pinder and Harlos，2001；段锦云、孙维维和田晓明，2010；段锦云和钟建安，2012；陈文平、段锦云和田晓明，2013），是员工察知问题并建构解决方案后的主动沉默选择。

建言与上谏（upward communication）。上谏是指决策关键信息在组织阶层中自下而上地传递。对比建言，上谏限制了信息传递方向（下属向上级），将焦点置于改进程序、反对不当指示等行为，且作用于团队或组织层面，属特殊的建言行为（Bashshur and Oc，2015）。

建言与揭发（whistle-blowing）。揭发是指员工向权责主体公开组织/他人非法、违规或无德行为并希望实现纠正他人的目的（Miceli et al.，2009）。与以改善为目标的建言行为不同，揭发行为的目的既可为改良组织现状也可为惩罚组织恶行。此外，不同于建言的自发性，揭发常因建言未被采纳而不得已实施。

建言与异议（dissent）。异议指员工察觉自身与组织政策、运营等存在分歧并表达的行为（Bashshur and Oc，2015）。异议旨在强调员工对抗行为，用于表达不满或抗拒。若组织未能及时有效处理异议，会转变为揭发。而建言除表达不满或提出反对意见外，还可表达赞同、提出建议或参与决策。

建言与议题营销（issue selling）。议题营销指员工为唤起组织对关键趋势和事件的关注而开展的推广和倡议行为（Dutton，Ashford，Lawrence，and Miner-Rubino，2002），属于促进效应的建言。

图 2-2 以图形方式展现概念间关系。沉默与建言互斥，在特定情况下沉默和建言可共存。上谏、异议和议题营销是建言的特殊形式，异议是抑制性，议题营销是促进性，上谏既可为抑制也可为促进。而揭发则需考虑员工目的。

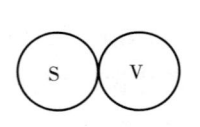

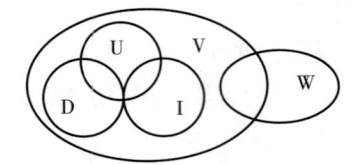

建言与沉默　　　建言、上谏、议题营销、异议与揭发

图 2-2　建言与相关概念辨析

注：S 为沉默，V 为建言，U 为上谏，I 为议题营销，D 为异议，W 为揭发。

二　维度与测量

（一）维度

LePine 和 Van Dyne（1998）、Van Dyne 和 LePine（1998）从动机出发认为建言包括亲社会型建言（以合作为目的、以帮助他人为导向，有意表达工作相关想法、信息和观点的利他行为）、防御型建言（因恐惧产生的以自我保护为目的的，表述工作相关想法、信息和观点的行为）和默许型建言（因个体感知无力改变现实而顺从表达自身想法、信息和观点的消极行为）。Liang、Farh 和 Farh（2012）从导向、功能和影响出发，将建言分为促进性建言（员工为改进团队或组织整体机能而表达新观点和建议）和抑制性建言（员工就不良行为或实践表达意见）。前者以未来为导向，关注如何使组织更有效率；而后者以过去和未来为导向，目的在于暴露组织现有或潜在不足，进而导致冲突和消极情绪等。

以上研究从狭义角度对建言维度进行研究，未考虑其他特殊类型建言。从广义角度，Klass 等（2012）从渠道（mechanism）、焦点（focus）和识别（identification）维度进行研究。渠道是指员工通过正式或非正式渠道建言。非正式渠道指员工通过闲谈、便条等非结构化流程直接建言。利用非正式渠道建言时，被建言者有权决定是否回应、如何回应该建言。正式渠道建言指建言通过正式意见系统、检举机制、投诉或申诉机制表达。此时，建言依程序记录、评估决定是否被采纳，被建言者必须通过正式渠道回应并知会他人。焦点是指建言所关注的重点是绩效、公平或其他内容。以绩效为焦点的建言类似于促进性建言；以公平为焦点，是指为改善组织不公而提出建言，类似于抑制性建言。识别是指建言实名或匿名。无论是当面建议或使用正式建议系统均以身份可辨识为前提，潜在风险使员工沉默。

（二）测量

最早且具有代表性的量表由 Van Dyne 和 LePine（1998）开发，被试根据实情填答以下问题："该员工针对影响工作团队的事项开发并提供建议""该员工针对影响工作团队事务发声并鼓励其他人参与讨论""即使与其他成员持不同观点，或他人不赞同自身观点，该员工仍会就该问题与团队成员讨论""该员工知晓自身意见对团队工作有益""该员工参与影响工作质量的事务""该员工针对团队新项目或程序变革提出新想法"。

随后，Premeaux 和 Bedeian（2003）根据自身研究需求，遵循量表开发程序形成以下量表："提出其所感知的不当冲突发生""有证据证实时，支持他人的行为和想法""当事情必须被点明时，能够依靠该员工指出""若认为计划或想法难以实施时表明担忧""当探讨争议问题时，保持沉默而非勇于发言"。Van Dyne 等（2003）依建言类型编制量表：默许型建言"员工因未融入而消极表达支持""员工消极表达同意且很少提出新想法""员工因顺从而赞同团队""因自我效能较低，员工仅表示赞同""员工消极同意他人的解决方案"；防御型建言"因恐惧，员工除了赞同外较少发声""因恐惧，员工表达观点通常将焦点转移给他人""为自保，员工通常以他人为焦点提供解释""为自保，员工表示赞同并支持工作团队""因恐惧，员工通常表达赞同"；亲社会型建言"就有损工作绩效的不良行为劝说同事""即使存在异议，就可能导致严重损失的问题坦率发声""即便会使他人尴尬，也敢于指出影响工作效率的事情""敢于指出工作中出现的问题，不怕得罪人""主动向管理层汇报谬误"。

在中国情景下，Liang 等（2012）针对不同类型设计如下量表：促进性建言以"为有益公司事项，员工积极发展并提出建议""积极提出有益工作团队的新项目""为改进工作流程积极提出建议""为帮助工作单元达成目标积极提出建设意见""为改进运营工作提供建设意见"测量，抑制性建言以"就有损工作绩效的不良行为劝说同事""即使存在异议，就可能导致严重损失的问题也坦率发声""即便会使他人尴尬，也敢于指出影响工作效率的事情""敢于指出工作中出现的问题，不怕得罪人""主动向管理层汇报谬误"测量。

三 影响因素

在多层面框架下，本书分别从个体、团队和组织层面对建言实施动因进行梳理。

（一）个体因素

早期建言研究认为建言是因员工不满组织而产生的行为，验证了工作满意度和组织承诺对建言虽较弱但积极的效应（Farrell and Rusbult, 1992; Withey and Cooper, 1989）；现有建言的个体层面影响因素主要集中于个人特征、感知和态度以及人口统计学因素等考量。

个人特征。个人特征中，学者探讨大五人格特质、变革倾向、随和性格等对建言的影响。在大五人格特征研究中，Thomas 等（2010）发现，相对于其他类型的人格，尽责型乐于参与改进工作相关问题的决策，外向型人格敢于自我表达，能促进建言行为的产生。在非大五个人特征研究中，学者发现变革倾向（Lipponen, Bardi, and Haapamäki, 2008）、主动性格（Parker and Collins, 2010）和亲社会动机（Grant and Mayer, 2009）等对建言有积极影响，随和性格与中立主义（LePine and Van Dyne, 2001）和绩效目标导向（Parker and Collins, 2010）对建言行为有抑制效应。在心理监督研究中，Fuller、Barnett、Hester、Relyea 和 Frey（2007）从形象管理视角验证了心理监控程度高的员工为给上级留下好形象会更多建言。

感知和态度。感知和态度主要从工作满意度、心理疏离、组织承诺（情感承诺及专业承诺）以及领导支持和组织支持感知等方面进行研究。较高工作满意度（Olson-Buchanan, 1997）、心理依附（Burris, Detert, and Chiaburu, 2008）、情感承诺（Mellahi, Budhwar, and Li, 2010）和专业承诺（Tangirala and Ramanujam, 2008）等对组织中建言具有积极影响，而高心理疏离（Burris et al.，2008）则会降低员工建言频率。就领导—下属交换而言，当员工感知与领导具有积极关系且感知领导支持时，更可能建言；当员工感知领导的凌辱行为时，更可能沉默（Burris et al.，2008）。Burris 等（2008）认为当员工感知与领导具有高质量关系时会减缓其撤回认知，从而增加了员工致力于组织发展的可能性，即建言得以增加。

人口统计学因素。人口统计学因素对建言影响效果并不统一。如性别因素，Bamberger、Kohn 和 Nahum-Shani（2008）认为相较于男性，女性在工作场合更多地申诉不满（grievance filing）；Miceli 等（2009）并未发现基于性别的建言差异；而 Detert 和 Burris（2007）发现男性建言多于女性。Bamberger 等（2008）证实，相较于白种人，非裔和拉丁裔美国人在工作场合更容易产生抱怨行为。

（二）团队因素

团队因素包括团队结构、团队氛围和领导风格等方面。

团队结构。Islam 和 Zyphur（2005）研究表明，相对于掌握较少权力的成员，团队中权力较大成员更易提出意见。而当个体具有社会主导取向（个体认为社会阶层存在的合理程度）时，这种倾向更加明显。Van Dyne 和 Lepine（1998）对 95 个工作团队的 441 名全职员工的对比调查发现，在小团队工作的员工比大团队成员更易建言。从社会交换视角解析，当团队规模较小或结构扁平化时，成员权力相对平均，成员异议表述的社会成本较低，更可能实施建言行为。进一步，当组织授权团队自我管理时，相对于传统团队，该团队成员建言更频繁。

团队氛围。Morrison、Wheeler-Smith 和 Kamdar（2011）跨层面调研一家大型化工企业的 42 组工程师团队，发现当团队氛围是安全且认可建议、意见和观点表达行为时，个体员工更可能建言。这种建言氛围不仅影响团队成员的工作态度，还会增强团队认同对于建言的促进作用。当团队成员高度认同团队时，不论团队是否形成建言风气，都会从事更多建言活动。当成员普遍对建言行为产生认可和接纳时，团队的建言氛围也会因此形成。Erez、Lepine 和 Elms（2002）针对自我管理团队的准实验研究发现，当团队实施轮流领导制和同事互评等实践活动时，团队会形成一种公平氛围。这种氛围降低成员的危机感并提升其效能感，从而实施更多建言活动。

领导风格。大量研究致力于研究团队直接领导者对于建言的影响作用，主要集中于变革型领导、伦理型领导以及领导开放度等。Detert 和 Burris（2007）指出变革型领导有利于构建集体承诺和责任并鼓励员工成为具有创造力的问题解决者，从而促进员工建言。而 Liu、Zhu 和 Yang（2010）证实变革型领导能提升员工认同而触发上谏，与此同时，这种领导风格同时使员工更加认同组织而诱发更多同事建言。Walumbwa 等（2011）证实了伦理型领导能够创造一种相互信任的团队环境使员工认为提出建设性言论是安全的，进而提供更多建言。而当团队领导者易接近、对团队成员观点有兴趣且切实思考这些观点（即高开放程度高）时，团队成员更易实施议题营销、揭发等建言行为。

（三）组织因素

组织因素主要从组织文化、组织结构、人力资源管理系统进行研究。

组织文化。Dutton 等（2002）发现，当组织文化支持议题营销时，员工更乐意从事议题营销；而当团队文化保守、排外或缺乏支持时，议题营销行为会降低。而 Stamper 和 Van Dyne（2003）对比了兼职员工和全职员工，发现无论组织文化如何，兼职员工的建言行为相对较少；而因组织未来发展关系自身，全职员工会在组织官僚程度较低时更多从事建言行为。同样，Pinder 和 Harlos（2001）认为当组织形成一种威胁及恐惧氛围时，即便员工受到不公正对待也不会打破沉默。进一步，Milliken 和 Lam（2009）认为员工因组织文化缺乏支持环境而决定不实施建言行为，意味着该建言行为决策在组织中往往是普遍且共性的。组织也会因缺乏信息的共享与沟通而错失学习机会。此外，如果缺乏员工所提供的潜在问题的信息，管理者的决策往往有所偏差，且管理者也难以真实地了解组织政策和流程的有效性。

组织结构。Glauser（1984）指出上谏行为的产生不仅受到谏言双方物理距离的影响，还受彼此组织阶层和阶层间正式沟通渠道的影响。扁平化组织结构和正式的沟通渠道能降低员工建言成本且提升员工建言效能感，从而鼓励员工更多建言。同样，Morrison 和 Milliken（2000）、Miceli 等（2009）分别研究员工沉默和揭发，指出当组织存在正式沟通渠道（如申诉系统）时，会降低员工沉默概率并提升揭发意愿。

人力资源管理系统。以往人力资源管理和建言关系研究多集中探讨组织氛围、组织支持感等因素的中介效应。Van Dyne、Kamdar 和 Joireman（2008）指出，当人力资源管理将建言等行为作为工作角色职责的一部分时，员工会因感知到组织对建言行为的支持而产生更多的建言行为。Rapp 和 Eklund（2007）认为，当人力资源管理传达给员工一种组织需要员工为改进组织效率而实施建言的信号时，组织边界内也会出现更多员工乐于建言。同样，当组织将建言行为作为绩效考核的构成并奖励建言行为时，也能进一步激发建言行为。苗仁涛等（2015）针对 39 名人力资源经理和 309 名员工组成的配对数据研究发现，高绩效工作系统对员工建言有正向影响，而组织支持感在二者关系中具有部分中介作用。

四　作用效果

建言吸引了大批学者及实践者关注的原因在于"建言益于个体、团队和组织健康成长"这一假设前提。Morrison 和 Milliken（2000）认为上谏有利于组织战略决策的有效性和错误识别的精准性。因高层管理者无法完全掌握组织流程或问题的所有信息，员工建言有可能为高管团队提供信息的多方来源和替代方案。在团队层面，LePine 和 Van Dyne（2001）指出，观点、知识和看法的共享是团队的天然属性，当团队成员彼此以建言等方式实现信息共享时，团队才得以形成。同样，大量研究也证实建言对员工满意度（Parker，1993）、工作态度（Morrison and Milliken，2000）以及身心健康（Cortina and Magley，2003）有显著影响。

（一）个体结果

有关建言对个体影响的实证研究相对丰富，但尚未达成共识。多数研究证实建言对员工工作满意度、工作态度及自我效能等具有正向效应，但仍有部分研究认为建言会破坏建言者人际关系、晋升机会、薪酬提升等。因此，本书从正面和负面分别讨论建言在个体层面的作用结果。

正面效应。因建言会降低个体对不确定的感知、提升个体在工作中的掌控感，在提高个体绩效的同时，会提升其满意度、工作动机并减缓压力。针对个体绩效而言，建言行为与主观绩效（Thomas et al., 2010）（如上级评估、同事互评、自我评价）和角色内绩效（Ng and Feldman, 2012）提升均存在显著正向影响，而与实际客观绩效无显著相关（Thomas et al., 2010）。Ng 和 Feldman（2012）还发现建言能有效降低员工的组织情感疏离和组织身份否认。

负面效应。因建言的挑战性和颠覆性，其实施后可能会为员工个体带来损害。Milliken、Morrison 和 Hewlin（2003）指出，建言者会被组织中他人或领导视为爱发牢骚或麻烦制造机而被惩罚（低绩效评估或糟糕的工作分配）。Seibert、Kraimer 和 Crant（2001）发现建言往往使建言者难以获得晋升或薪酬提升的机会。

（二）团队结果

在团队层面上，学者集中检验了团队创新、决策制定和领导效率等。

团队创新。在团队创新研究中，建言被界定为团体中少数派或异议者的观点和看法。Nemeth（1997）认为，异议的提出能迫使团队大多数成员思考异议产生的原因和拒绝理由。纵然最终证实该异议是没有意义的，但整个团体仍被迫采用多角度看待所面临的问题。De Dreu（2002）引入团队反身性探索异议与建言的关系，结果显示当团队反身性较低时，异议的提出也无法迫使团队反思自身的决策与行为。鉴于此，团队成员因建言效用低而倾向于选择沉默；反之则积极参与决策制定和讨论过程，从而形成更强的团队创新能力。

决策制定。在团队决策研究中，员工建言行为也被局限为异议。

De Dreu（2002）指出当团队中存在异议者时，异议者会加剧团队冲突并破坏团队和谐。若该异议被采纳并得到实施，团队决策制定效率会得以提升。但若该异议被团队大多数成员或被组织忽略，会进一步加剧冲突。若该成员具有较高忠诚感则会期待组织解决该问题；但当期待落空时，则会选择退出；极端情况下甚至会引发团队整体退出。与此相似，McClean、Burris 和 Detert（2013）也提出建言的处理不当会导致团队退出。

领导效率。Detert 等（2013）利用来自93个团队的801位信用社成员的时滞现场数据研究上谏对团队绩效的提升效应并给出如下解释：首先，因建言目的在于服务团队或组织，其天然具有改进导向和亲社会性。其次，因建言所具有的危险属性，建言者往往深思熟虑后才会将建议表达给管理者。最后，因高质量且改进导向和亲社会性，该建言行为往往能促使团队管理者学习并了解团队实情。因团队成员建言而获得高质量信息的团队管理者能够更好地制定团队决策并将建言实践于团队运营管理。

（三）组织结果

建言在组织层面的结果主要从人才流失率和组织绩效两方面展开。

人才流失率。基于 EVLN 理论，建言行为可分为直接建言与代表建言两种。员工通过工会渠道与组织集体协商能帮助其获得高于市场水平的薪酬或其他福利政策，进而减少其离职倾向。Bryson 等（2013）发现相对单一渠道，企业工会渠道和非工会渠道共存时建言抑制人才流失率的作用更显著。

组织绩效。一般而言，建言有利于组织绩效的提升。如 Gittell、Von Nordenflycht 和 Kochan（2004）研究显示员工通过工会实施的建言正向促进组织运营效率和营业利润，而员工直接建言则能促进更好的财务绩效（Bryson et al., 2013）。然而，大量研究并未发现建言对劳动生产率的正向影响效应，仅 Kim、MacDuffie 和 Pil（2010）验证当直接建言和工会建言水平均较高时能够促进组织劳动生产率的提升。

综上所述，虽现有研究为学者进一步探索组织中员工建言行为夯实了研究基础，但该领域探索尚存在一定不足和局限有待深入研究。首先，以往员工建言研究多集中于个体维度（性格特质、工作情感等）与领导维度（不同领导风格与行为、上司—下属关系等）的探索。虽人力资源学者指出，人力资源管理所具备的信号效应和认知控制效应能够显著影响员工的认知、情感和行为（Alvesson and Kärreman，2007；Bowen and Ostroff，2004），但相关研究相对匮乏（Kish-Gephart et al.，2009；苗仁涛等，2015）。所以，本书从人力资源管理角度切入员工建言行为研究，探索员工对于"混合型"HRM系统感知是否及如何影响员工建言行为。

与此同时，以往研究也忽视了建言的提出与识别对员工个体能力的要求。现有员工建言行为研究的假设前提之一是员工所提意见均具有建设性。建构有建设意义的想法、观点或方案，不仅要求员工提出有价值观点的意愿，还要求员工有能力构建有意义的建议（Van Dijke，De Cremer，Brebels，and Van Quaquebeke，2015）。此外，员工最初能否发现组织问题或不足，对其自身能力也具有一定的要求。然而，以往研究集中探索了如何激励员工，却忽视了如何开发员工察觉组织不足并构建有益想法的知识和能力，即明晰员工人力资本在"混合型"HRM系统感知和员工建言行为关系中的影响机制。

第三节 人力资本

人力资本研究源于经济学领域，后被组织管理学者借鉴并引入组织管理领域。由于本书研究焦点在于探索组织边界内人力资源管理如何影响个体行为的相关问题，本节综述聚焦于组织管理研究，分别从理论基础、研究范式与多层面理论的整合，概念界定与相关概念辨析，以及人力资本资源涌现三个方面论述现有人力资本研究。

一 理论基础、研究范式与多层面理论的整合

组织背景下的人力资本研究多以资源基础论为基础且集中在战略

管理和战略人力资源管理领域，分别采用"自上而下"的宏观范式或"自下而上"的微观范式研究（Nyberg, Moliterno, Hale, and Lepak, 2014）。但宏观、微观范式的并行与分歧使学者难以形成关于"人力资本"的完整描述并产生各自研究的局限与瑕疵（Ployhart et al., 2014）。为弥补这些瑕疵，Wright、Coff 和 Moliterno（2014），Ployhart（2015）和 Ployhart 等（2014）倡导采用多层面理论整合宏观和微观范式，跨学科对人力资本进行研究。

（一）理论基础：资源基础论

资源基础论是探索组织持续竞争优势的重要理论之一，其基本观点为企业竞争优势的获取在于其拥有和控制的具有 VRIN 属性的资产，而人力资本则是企业持续竞争优势的源头之一（Barney, 1991）。

在研究初期，人力资本被界定为促进个体行为和经济增长的知识与能力等，其与体力工作所需能力具有显著区别。对比人力资本与土地资本、资金资本等，Coff（1997）认为虽然土地资本和资金资本等与人力资本均可成为企业的战略资产，但是土地资本和资金资本所具有的如下特征使其与人力资本有所差异：（1）不会离开当前企业或受雇于竞争企业；（2）不会提出加薪或升职等要求；（3）不会拒绝企业权威或产生偷懒等回撤行为（withdrawn behavior）；（4）不需要对上级、同事或工作具有满意感。鉴于此，诸如员工意图、动机等代理问题对人力资本研究而言是独特且至关重要的。

在资源基础论下，企业资源从广义上被定义为能够被视为企业优势或劣势的任何资产（Wernerfelt, 1984），从狭义上则指由企业控制且有助于企业制定并实施提升效能和效率战略的资产、能力、组织流程、企业属性、信息、知识等（Barney, 1991, 2001）。该界定暗含企业能够完全控制企业资源，但因作为人力资本载体的员工所具备的主观能动性使得该假设并不适用人力资本。

首先，如同 Coff（1997）所言，员工个体有权也有可能决定在何种程度上为企业工作、何时离开企业。换言之，企业对员工所拥有的知识、技术和能力等仅具备部分决策权和使用权，而员工则对自身人力资本具有完全的决策权（Kraaijenbrink, 2011）。

其次，资源基础论的人力资本研究往往采用构成范式，认为以知识为代表的人力资本内嵌于个体员工而具有主观性和象征性。组织经济边界内的人力资本也存在于组织惯例、结构、文化等集体范式（Bowman and Swart，2007）。而这些集体范式下的人力资本在个体离开企业后仍继续存在于企业边界内。

最后，资源基础论认为人力资本价值由外界市场（人才市场）所决定。实际而言，外部市场价值并不等同于该资源对当前企业或对手企业的价值或其实际价值。对特定企业而言，特定人力资本的价值取决于掌握该人力资本员工的其他特质与企业文化、社交技能、态度和预期的契合程度（Barney，2001；Priem and Butler，2001），取决于该人力资本与特定企业的工作机会、整合能力和其他资源的互补效应（Kor and Leblebici，2005；Teece，2007），甚至取决于特定企业与其他企业的关系（Dyer and Singh，1998）。

（二）资源基础论下的宏微观研究范式及其局限性

Nyberg 等（2014）整合和梳理了资源基础论的人力资本研究，认为此类研究多集中于战略管理领域和战略人力资源管理领域，二者都关注于如何形成具有战略价值的人力资本和该战略资源如何与组织绩效相关联，然而因研究范式差异使研究结论呈现差异但彼此互补的局限。

立足于资源基础论的根本逻辑，战略管理学者认为人力资本是一种具有战略价值的组织资源（Barney and Wright，1998；Kraaijenbrink，2011）。对于人力资本的研究兴趣使得战略学者在宏观视角下采用自上而下的范式对人力资本的"微观基础"（microfoundations）问题进行探索，即寻求人力资本资源如何由个体层面概念（Felin and Foss，2005；Felin and Hesterly，2007）和组织流程（Teece，2007）等构成或引发（Nyberg et al.，2014），如 Ployhart 和 Moliterno（2011）所构建的人力资本资源涌现模型。

战略人力资源管理学者则从人力资源管理角度出发对"人力资源—企业绩效"之间的黑箱问题即人力资源管理政策和实践对组织绩效的内在影响机制及人力资本所发挥的功效进行研究（Nyberg et al.，

2014）。为实现此目的，战略人力资源管理领域研究试图在微观视角下采用自下而上范式，探索个体层面 KSAOs 在人力资源管理实践下的质变和对个体或组织绩效的作用（Huselid and Becker, 2011; Maltarich, Nyberg, and Reilly, 2010; Ployhart and Moliterno, 2011）。例如，Liao、Toya、Lepak 和 Hong（2009）检验了高绩效工作系统对企业人力资本资源形成的促进效应，该战略资源进一步提升企业服务绩效；高素英、赵曙明和张艳丽（2012）验证了具有战略契合特性的人力资源管理系统可以通过对企业战略人力资本的提升实现竞争优势的获取。

总体而言，微观视角下人力资本被定义为个体 KSAOs 的差异，采用宽泛且无情境特征的测量方式衡量个体 KSAOs（如认知能力、个性等）；宏观视角下人力资本被认为能够促进企业竞争优势获取的组织资源，重视人力资本的情境或组织专有性，并采用管理者自我汇报或代理方式进行测量。此视角、范式等的差异使宏微观人力资本研究具有如下差异。首先，微观研究认为个体 KSAOs 有助于个体绩效的提升进而促进组织绩效，但并未从实证角度验证该关联机制（Ployhart and Moliterno, 2011）。其次，微观研究在普适视角下认为诸如认知能力和个性等普适性 KSAOs 在多数职业和情境下均与个体绩效显著正相关（Schmidt and Hunter, 1998）。以此为前提，假设与"越多越好"（more is better）管理理念的结合使得企业尽可能汇集与个体绩效提升相关的人力资本，并且此类普适性人力资本的集聚使得企业绩效在整体层面上得以提升（Ployhart and Moliterno, 2011）。而宏观研究并不认同微观研究结论，并在权变视角下认为只有具有单元专有性的人力资本被视为对单元层面绩效和企业竞争优势具有支撑效应的战略性资源（Barney and Wright, 1998）。再次，宏观研究仅将组织专有的技术、经验和知识等特定个体特质视为人力资本，而忽视了微观研究中有关个体差异对个体/组织绩效的影响。最后，宏观研究视人力资本为组织层面资源并采用代理指标对其进行测量，而非直接测量个体特质，进而难以探索人力资本源起、蜕变和生成（Felin and Hesterly, 2007; Ployhart and Moliterno, 2011; Teece, 2007）。

(三) 多层面理论与资源基础论的整合

Kozlowski 和 Klein（2000）认为宏微观研究存在差异的原因在于，企业的多层嵌套系统属性决定其内部不存在独立于其他层面存在的现象和因素。但因以往数十年间人力资本研究尚处于起步阶段，单一视角有利于学者在组织背景下形成内涵、构型及影响和作用因素的初步了解。伴随多层面理论的兴起，人力资本资源研究也步入成熟期。Wright 等（2014）指出多层面视角下探索人力资本资源的契机已成熟，整合宏观和微观视角有助于形成人力资本资源的完整描述。

多层面学者认为组织研究应重视组织多层面属性，而非微观和/或宏观视角（Ployhart and Moliterno，2011）。宏观视角认为存在一种超越社会行动者差异的实体社会行为规则，在特定情境限制和人口特征下群体间行为具有趋同性。微观视角认为因个体差异而产生的个体行为差异会导致集体行为的不同（Kozlowski and Klein，2000）。多层面视角则认为微观概念和现象内嵌于宏观情景，宏观概念和现象源自微观要素间动态交互。宏观研究关注宏观情境，微观研究关注微观差异，多层面研究则强调组织的多层面影响，不仅在于整合宏观和微观现象，还在于关注组织中内生要素涌现和跨层面现象形成等。人力资本资源研究差异与此类似，因此可通过多层面理论进行修正（Nyberg and Wright，2015）。

二 概念界定与相关概念辨析

人力资本研究始于 20 世纪 60 年代并涌现于经济学、战略管理及人力资源管理领域。Schultz（1961）从国家角度论证了人力资本对经济增长的驱动作用，Becker（1994）从教育角度阐释了人力资本对企业绩效的推动力。在管理领域，Campbell、Coff 和 Kryscynski（2012）将其定义为企业对员工进行的投资，认为具有人力资本的员工能够为组织带来价值。Ployhart 和 Moliterno（2011）将其界定为源于个体员工知识、技术、能力和其他特质的组织层面资源。不同领域的人力资本概念如表 2-2 所示。

表 2-2 人力资本概念界定

学科	层级	界定
经济学	个体	个体所具有的知识、信息、想法、技能以及健康状况
心理学	集合	由个体知识、技术、能力和其他特质突现而成的集合性资源
战略管理	个体	个体所储备或具有的知识、技术和能力
	组织	组织资产,是员工技能在组织层面的集合
	组织/个体	内嵌于个体的知识、技能和能力
	组织	高层管理人员的教育程度、经验和技能
	组织	具有战略价值的人力资源,如专业人士所具备的相关知识
	组织	组织所聚集的员工知识、技术、天赋和经验
战略HRM	组织	员工知识、技术和能力的集合
	集体	为集体创造价值而以某种特殊形式组合的个体层面人力资本
	个体	个体员工的知识、技术和专长

资料来源:根据 Ployhart 等(2014)整理。

由表2-2可知,在不同领域从不同层面所采用的"人力资本"概念相近但仍有一定差异。为进一步明晰人力资本与相关概念差异,本书引入"个体差异""KSAOs""人力资本""人力资本资源"和"战略人力资本资源"并辨析这五个概念(见图2-3)。个体因基因、成长环境等差异而掌握和拥有不同能力,这些能力在组织和管理背景下构成个体差异。个体差异既包括相对稳定的认知或非认知要素,又包括相对可塑或环境依赖要素,还包括遗传性或体质性要素(Murphy,2012)。但并非所有差异均能够被称为 KSAOs。态度、满意度、动机及其他具有强可塑性、情景专有和环境依赖等特性被排除于 KSAOs 范畴。这是因为 KSAOs 被定义为由内在思维过程(相对于情景、环境等)产生且在相对时间内趋于稳定的个体(Ployhart et al., 2014)。

人力资本是指那些有助于个体实现经济产出的 KSAOs。所谓资本是指该 KSAOs 能带来经济流入,而 KSAOs 并非一定能够为个人带来经济效益。Becker 曾指出某些教育能够为个体带来物质财富,而另一些教育仅具有文化和心理价值。该方法同样适用于辨别不同类别的 KSAOs。那些能够为个体带来经济收益的 KSAOs 被称为人力资本。举例而言,从事中文文学创作的作家所掌握的中文文字功底有利于个体

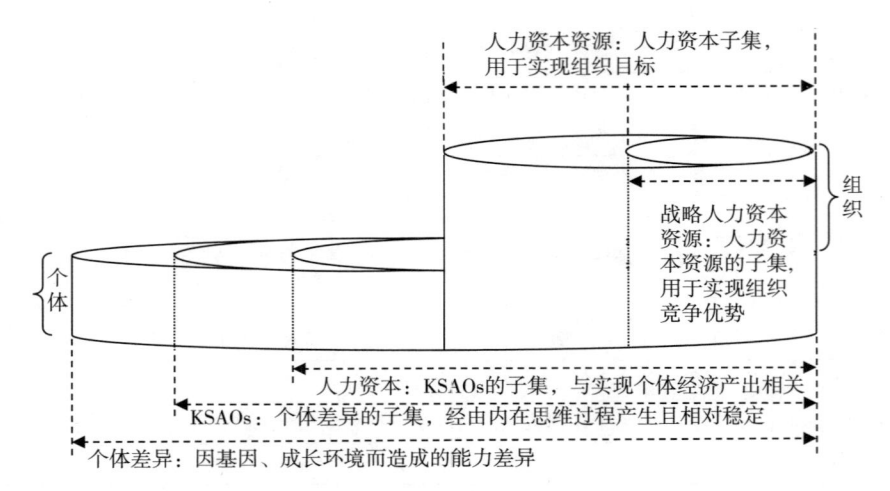

图 2-3 人力资本相关概念辨析

资料来源：根据 Ployhart 等（2014）整理。

未来获益，而英文能力不具备该潜质，故英文能力并不能纳入此中文作家人力资本范畴。

人力资本资源与人力资本具有同源异构性，两者常被不当使用，且已形成"巴别塔效应"使学者难以有效沟通（Nyberg and Wright，2015）。Nyberg 等（2014）认为可依据所在层面进行区分，人力资本嵌于个体层面，人力资本资源存在集体层面。然而，Hess 和 Rothaermel（2011）的实证研究发现，内嵌于明星科学家（star scientists）的 KSAOs 对集体绩效具有显著影响；Sanders 和 Hambrick（2007）也证实 CEO 能力和个体差异对组织绩效具有显著影响。因此，简单采用存在层面的方法对人力资本和人力资本资源辨析难以明晰二者差异。

人力资本资源作为组织资源，存在的根本目的在于为企业创造价值，所具备的任务相关性和获取性是其区别于其他概念的主要特征（Ployhart et al.，2014）。任务相关性表征资本属性，任务获取性凸显资源属性（田立法，2014）。如中文文字功底与中文文学创作任务相关且可被获取，在为出版社创造价值而蜕变为人力资本资源的同时，也在为作家带来报酬时蜕变为人力资本。但并非所有 KSAOs 均可同时蜕变为人力资本和人力资本资源。将劳动力市场竞争程度视为连续体，Molloy 和 Barney（2015）认为处于连续体顶端时组织占有个体 KSAOs 所创造的价值而蜕变为人力资本资源，处于低端时个体获取此能力所创造的价值而蜕变为人力资本，居中时价值由个体和组织分享而同时蜕变为人力资本资源和人力资本。

三　人力资本资源涌现：涌现赋能流程和混合组合机制

人力资本资源具备任务相关性和获取性的原因在于其涌现过程受涌现赋能流程影响。首先，企业单元面临任务的复杂程度不同，单元成员完成任务所需呈现的涌现赋能流程（行为、认知和情感）也有所差异。其次，依据任务环境复杂程度和成员所呈现的涌现赋能状态，KSAOs 通过以同层面因果或交互、跨层面同质加成或异质互补为基础的混合组合机制蜕变为人力资本资源（Ployhart et al., 2014）。

（一）任务环境复杂度

任务环境复杂度具有时间节奏、任务动态性、成员联结强度和工作流程结构四个维度（Chen, Ployhart, Thomas, Anderson, and Bliese, 2011）。其中，（1）时间节奏包括同步节奏或异步节奏，指单元成员工作步调一致与否；（2）任务动态性包括静态和动态，判断单元任务的多变性和预测性；（3）成员联结强度指单元成员关系网络和互动频率；（4）工作流程结构包括汇总型（pooled）、顺序型（sequential）、往复型（reciprocal）和密集型（intensive）四种类型。汇总型工作流程结构中，群体成员面对静态任务环境而不需要强联结，成员彼此同步完成任务且个体绩效汇总为群体绩效。重物搬运工作是典型的汇总型工作流程结果。顺序型工作流程结构中，单元任务在成员间按照单向顺序依次传递，上游成员产出成为下游成员输入。典型的顺序型工作流程结构是装配工厂流水线。在如同餐饮业作业流程的往复型工作流程结构中，单元任务按流程在成员间往复传递，相邻成员互动频繁且时间节奏异步。而如创新团队等的密集型工作流程结构最复杂，其单元任务动态，难以预测，传递方向多样，单元成员间节奏异步且联结较强，如研发团队。

(二) 涌现赋能状态

Barney、Ketchen 和 Wright（2011）指出若员工群体不能成功展现任务所需的行为、认知和情感状态，人力资本资源则无法涌现。首先，行为状态是单元成员因任务所需而实施的协调、沟通和调节等行为（Kozlowski and Klein，2000）。任务环境复杂程度为成员设定了具体行为准则，行为状态是成员工作环境中的实际行为。汇总型工作流程结构中，任务的静态性和易预测性、单元成员的高同步节奏和弱联结强度仅需单元成员呈现较小程度的协调、沟通和调节行为。密集型工作流程结构中，任务的动态性和难预测性、单元成员的高异步节奏和强联结强度要求单元成员必须多方沟通协调、关注彼此工作进度并调节自身行为以确保任务的完成。

其次，认知状态是单元成员完成任务所必须呈现的氛围、记忆和学习状态（Kozlowski，Chen，and Salas，2017）。氛围是成员对领导模式、任务目标、绩效预期及价值与奖励等的共同感知（刘云和石金涛，2009）；记忆是成员有效合作必需的过程性和陈述性信息；学习是信息、知识等在成员间获取、转移和共享的过程（Argote，McEvily，and Reagans，2003）。简单任务环境仅需要成员具备较低共同感知、较少过程性和陈述性信息以及较低知识转移效率。随着复杂度提升，任务动态性增强，成员联结变强且彼此节奏转为异质，为成员所需呈现的感知状态、合作效率及信息传递提出了更高要求。

最后，情感状态是将单元成员凝聚为整体的群体情感和情绪体验，如单元凝聚力、团队信任和团队情绪等（Ployhart and Moliterno，2011）。简单任务环境下任务静态且可预测，成员协作较少，对积极情感和情绪需求较少。随着任务复杂度上升，单元成员需协调节奏并广泛交换信息等以增强对动态环境的响应能力。为此，成员彼此需具有更高的承诺度和依附度、信任彼此的能力且相互依赖，并形成整体的积极工作情绪。

(三) 混合组合形式

任务环境复杂度和涌现赋能状态耦合效应下，内嵌于个体的

KSAOs通过以同层面因果与交互、跨层面同质加成与异质互补为基础的混合组合形式涌现为人力资本资源。其中，同层面组合（个体层面或群体层面）具有因果关系或交互关系；跨层面组合（个体层面跃至群体层面）具有同质加成或异质互补关系；混合形式以此为基础产生多样化组合，如先同质加成后互为因果、先异质互补后互为因果等，如图2-4所示。

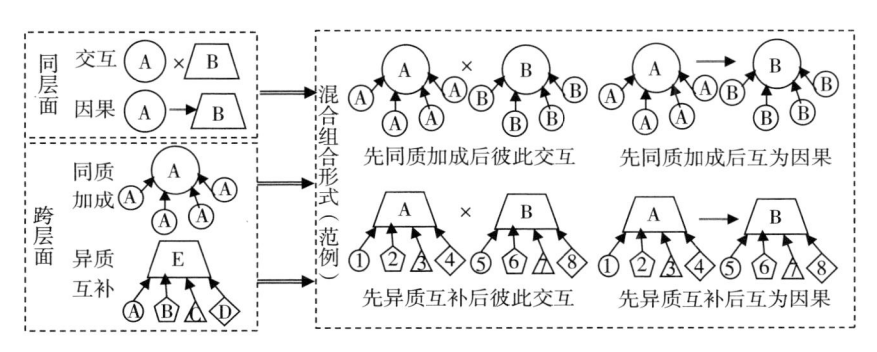

图2-4 人力资本资源基本组合形式及混合组合形式范例

资料来源：根据Ployhart等（2014）绘制。

同层面因果组合是指某类KSAOs引发另一类KSAOs的获取与发展。在个体层面，一般认知能力被视为个体知识和技术等获取的基础，有助于个体新知识的吸收及运用（Fagan and Ployhart，2015）。在群体层面，Maritan和Peteraf（2011）证实了群体资源获取能力对资源集聚能力的促进和提升效应；Ployhart和Moliterno（2011）阐述了一般性人力资本资源对组织专有型人力资本资源提升的促进作用。

同层面交互组合是指不同类型KSAOs组合所带来的互补效应远大于单独之和。Witt、Burke、Barrick和Mount（2002）验证当个体具备尽责个性和随和个性时，其个体绩效会显著提升。群体层面与之类似。Ployhart等（2014）论述信用银行可通过聘用掌握较强问题解决技能的员工实现集体层面问题解决能力增强的目标，同时也可聘用具有高服务导向的员工增强集体层面服务导向。对银行而言，强问题解决能力和高服务导向在集体层面发生交互时，银行整体业绩会得到大幅提升，即形成互补资源的协同效应。

跨层面同质加成是个体同质 KSAOs 彼此加成后构成群体构念，如上例中个体服务导向汇集为群体服务导向。此形式常见于组织行为研究，认为企业因吸引、筛选和留任同质员工而具有更高效率（Ployhart，2015）。成员间的同质性使得个体员工的去留与人际关系并不影响人力资本资源最终形态（Kozlowski and Chao，2012）。以同质加成而生成的人力资本资源相对其低层级源头更具有难以模仿性和不可转移性。

跨层面异质互补是个体异质 KSAOs 彼此互补后构成群体构念。Ployhart 等（2014）指出高层管理团队能够发挥效能的根本原因在于成员间具有互补知识结构（如财务专家、人力专家、市场专家等）且彼此沟通有效、互动良好。但因异质性的存在，个体去留和关系对人力资本资源最终形态产生较大影响。如 Groysberg、Lee 和 Nanda（2008）证实明星财务分析师以团队方式跳槽所承受的绩效损失远低于独自跳槽。

在真实工作环境中，KSAOs 组合形式因任务环境复杂度和涌现赋能状态耦合程度而呈现复杂性和多样性。图 2-4 以同层面和跨层面组合为基础列举了四种混合组合形式：先同质加成后彼此交互、先同质加成后互为因果、先异质互补后彼此交互、先异质互补后互为因果。因 KSAOs 组合形式过于繁杂而不赘述。在涌现赋能流程中以混合组合机制涌现而成人力资本资源，路径依赖提升、社会复杂增强、因果关系更为模糊。

综上所述，虽然将人力资本作为人力资源管理和企业绩效两者关系的中介因素的相关研究已取得了一定进展，但是将人力资本作为中介变量，在个体层面上采用过程范式对人力资源管理系统感知对员工个体行为的影响进行探索的相关研究尚处于起步阶段。另外，员工建言行为作为组织行为领域中重要的核心概念之一，将其与人力资本相结合，既能够促进不同研究领域的跨领域整合，也能够弥补员工建言行为研究中对于员工个体能力维度关注不足的现状。但是，在研究中仅考虑"人力资本"这一能力维度是不能全面理解人力资源管理对员工建言行为的作用机制的，仍需考虑动机维度。具体而言，在 AMO

模型下，人力资源管理主要通过能力、动机与机会三个途径实现对个体绩效的提升效应；而员工建言行为的产生同样需要员工具有建言的能力、动机及机会。诚如战略人力资源管理领域中关于过程范式研究的论述，员工对于企业所实施的人力资源管理系统的情绪反应和认知评估是决定其行为的重要因素，已有建言研究也多集中于其动机维度的讨论。因此，"员工幸福感"作为一个伞状概念，其既包含个体对于工作场所遭遇人、事、物的主观感受和认知评价，还涵盖在工作过程中个人所体验到的积极和消极情绪，是个体从感知组织所实施的HRM实践到实施具体的建言行为间的重要中介因素。鉴于此，本书进一步将"员工幸福感"纳入研究框架，对该概念的相关研究进行论述。

第四节 员工幸福感

本节旨在对现有员工幸福感的相关研究进行系统性的整合。首先，从现有实际工作中所出现的矛盾和学术领域对于员工幸福感的重视出发，整体性介绍了现有员工幸福感研究所出现的问题。其次，针对这些研究问题，分别从概念界定、结构维度、测量工具、前因和后果研究以及中国传统本土文化对员工幸福感的影响这五个方面进行论述。最后，对现有研究的不足和局限性进行简要论述并明晰与本书研究的关联性。

中国经济转型带来物质生活富足，使个体逐渐摆脱了为温饱问题而透支健康、挤占生活的不良工作状态，转而认识到工作场所作为个人生活的单一维度，是实现幸福的手段而非幸福生活（吴欢伟、李燕萍和李锡元，2014）。成为劳动力市场主体的新生代员工更看重工作场所的开放与自由、工作意义与乐趣的获取以及工作和生活质量的提升（黄亮，2014）。然而，当前企业所实施的管理实践却使员工工作压力日益攀升，亚健康、过劳死、抑郁症甚至自杀等恶性事件也频繁见诸报端。工作场所内普遍存在的压力源与员工对幸福感的迫切需求，使得员工幸福感（employee well-being，EWB）成为未来组织研究的十大趋势之一。苏宁、阿里巴巴等本土企业也尝试实施员工幸福感提升项目（Zheng, Zhu, Zhao, and Zhang, 2015；孙建敏、李秀凤和林丛丛，2016）。梳理现有员工幸福感研究，发现该领域研究具有以下不足。

第一，员工幸福感的概念与内涵尚未达成共识。目前，主观幸福感（subjective well-being, SWB）与心理幸福感（psychological well-being, PWB）通常作为员工幸福感的替代指标，二者能否及多大程度上真实反映员工幸福感仍存较大争议（Page and Vella-Brodrick, 2009；Zheng et al., 2015）。

第二，员工幸福感的结构维度仍有分歧。心理幸福感多从认知维度研究员工幸福感，认为其应由工作满意度、工作投入、工作卷入等维度构成（Spector, 1997）；主观幸福感多从情绪维度进行研究，认为其应由个体在工作场所中体验的积极和消极情绪构成（Page and Vella-Brodrick, 2009）；还有学者认为员工幸福感不应局限于员工在工作场所内的认知评价和情感体验，应包含身心健康、家庭关系及生活整体维度（Siegrist and Rödel, 2006；Vanhala and Tuomi, 2006）。

第三，员工幸福感的操作性定义和测量工具尚不成熟。现有研究在测量水平（个体、群体到组织）、时间维度（瞬时性到持久性）、测量指标（认知、情绪、生理等）和评价对象（自评与他评）方面均存在显著差异（Ashkanasy, 2011；彭怡和陈红，2010；张兴贵等，2012；陈建安和金晶，2013）。

第四，不同理论基础下的员工幸福感研究呈现分散化研究状态。在积极情感的拓展与构建模型（broaden-and-build model of positive emotions）、情感事件理论（affective events theory）和以工作要求—资源模型（job demand-resource model）为基础的工作要求相关模型为员工幸福感研究提供逻辑线索和理论支撑的同时，也产生了一系列彼此相关却又分离的研究结论。

第五，员工幸福感的中国本土研究尚处于起步阶段，仍需深入讨论。员工幸福感源于个体对工作场所的人、事、物的客观认知评价和主观情感体验，而个体认知、情感与行为极易受到根植于潜意识下儒家文化、集体主义等中国传统文化的影响。遗憾的是，目前研究尚未深入探析类似因素对员工幸福感的边界效应和权变影响。

鉴于此，本节梳理国内外员工幸福感研究，重点讨论员工幸福感的概念演进、结构维度和测量工具及其形成和作用机制的相关研究，探索中国传统本土文化对该机制的权变作用，并提出现有研究的局限和与本书研究主题的关联。

一　员工幸福感的概念

（一）幸福感的不同哲学视角与研究取向

何为幸福？不同哲学流派对其有不同界定。Ryan 和 Deci（2000）梳理以往幸福感研究，发现其存在两种基本的哲学视角：享乐主义视角（hedonic/happiness - oriented approach）和自我实现视角（eudaimonic/self-realization approach）。在享乐主义视角下，主观幸福感是一种快乐的主观体验，其源于快乐获取和痛苦规避。古希腊哲学家亚里斯提卜认为人生的目标在于尽可能体验愉悦（pleasure），个体快乐（happiness）程度是其享乐时间的总和。英国哲学家霍布斯认为快乐取决于人类欲望的成功满足。法国作家萨特认为感官与愉悦的追求是人生的终极目标。功利主义哲学家认为美好社会是通过个体在利己主义作用下试图最大化自身愉悦而构建的。

自我实现视角下的幸福感则更专注生活的意义，认为幸福感源于自我实现，幸福感程度的高低取决于个体潜能的激活程度，被称为心理幸福感。亚里士多德认为享乐主义视角下将个体视为欲望奴隶的界定过于世俗，真实的幸福来自个体价值的实现。弗洛姆提出幸福感的实现并非只与主观感受满足后所带来的短暂愉悦相关，而是根植于人性深处，实现后有助于个体成长和成就感的需求，其为个体带来真正幸福。

然而，越来越多的实证研究显示幸福感是一种多维概念，整合享乐主义视角和自我实现视角有助于幸福感研究的发展。如 Compton、Smith、Cornis 和 Qualls（1996）的研究显示，幸福感与心理健康的 18 项指标可被区分为主观幸福感和心理幸福感，两者具相关性；

McGregor 和 Little（1998）发现一系列心理健康指标可被归为快乐与意义两类，即主观幸福感和心理幸福感的核心概念。因此，幸福感研究出现了享乐主义视角和自我实现视角的整合并形成了整合幸福感（integrated well-being）相关研究。

（二）员工幸福感的概念界定

Warr（1994）首先将幸福感引入工作场所，并认为其是幸福感在工作情境的衍生，是领域专有（domain-specific）属性的幸福感（Page and Vella-Brodrick, 2009; Warr, 1994）。

（1）享乐主义视角下的员工主观幸福感。Diener 等（2000）界定员工幸福感为个体工作中的即时体验和认知评价的综合。Bakker 和 Oerlemans（2011）认为，当员工对所从事工作的满意程度较高且在工作过程中更频繁体验积极情绪而较少体验消极情绪时，个体在工作场所具有更高幸福感。此视角视员工幸福感为个体对工作相关内容的整体认知评价和即时情绪体验，是个体面对工作场所物质性和精神性内容所产生的结果。该体验与评价依赖个体主观感受，易于感知与判断，易受外界影响，具有主观性、外显性和波动性（彭怡和陈红，2010）。

（2）自我实现视角下的员工心理幸福感。张兴贵、罗中正和严标宾（2012）认为员工幸福感是工作中个体自我价值实现、有意义活动参与和潜能充分发挥的感知与体验。陈建安和金晶（2013）将员工幸福感视为个体对自身工作质量的整体评价，是个体在工作过程中个体价值实现和潜能发挥的副产物。黄亮（2014）则将员工幸福感界定为个体对工作中的价值实现和潜能发挥的感知与评估。此视角下的员工幸福感重点关注个体对工作意义及挑战的体验以及自我潜能发挥与自我实现的感知，是个体在工作中对精神性内容体验的过程。因为工作场所各维度均与个体的内在精神或价值观相匹配，从而使个体在精神上体验到长期持续满足感，故而具有延展性、内在性和稳定性特征（彭怡和陈红，2010）。

（3）整合视角下的员工整合幸福感。彭怡和陈红（2010）认为，员工幸福感既应包含主观幸福感的不可积累的体验型幸福感，还应包含心理幸福感的可积累的积淀型幸福感。体验型幸福感和积淀型幸福感共同构成员工幸福感，不同类型的幸福感在个人工作历程和职业发展中融合与交汇（彭怡和陈红，2010）。以此为基础，本书认为员工幸福感是个体在工作场所的情感、感知等即时性主观体验结果和在完成工作中体会到自我实现与自我满足等持久性客观评价过程。该界定既包含主观幸福感的主观性、即时性和结果导向，也强调心理幸福感的客观性、持久性和过程导向。

（三）相关概念辨析

在探索员工幸福感时，学者根据取向差异使用工作幸福感（work well-being，WWB）、职业幸福感（occupational/career well-being，OWB/CWB）、工作场所幸福感（well-being in workplace）或工作相关幸福感（work-related well-being）等术语讨论员工在工作场所的幸福感。因工作幸福感、工作场所幸福感或工作相关幸福感的内涵一致，故本书专注于辨析工作幸福感、职业幸福感和员工幸福感。

工作幸福感指个体对当前工作的物质（工作环境、薪酬和职位）和精神（情感、潜能发挥和自主性）两个维度的整体认知评价和情感体验（孙建敏等，2016）。职业幸福感是指个体对职业生涯经历和职业发展过程的主观感受和情感体验，不仅包含对当前工作的评价和体验，还包括其个人职业生涯经历的整体感受（Kidd，2008）。由概念界定可知，工作幸福感是构成员工幸福感和职业幸福感的一个维度。职业幸福感不仅涵盖个体对当前工作的评价与体验（工作幸福感），还包括个体对自身整体职业生涯的认知和感受（翁清雄、陈银龄，2014）。员工幸福感除了包括工作幸福感，还包括个体在非工作维度的体验与认知（Ilies，Aw，and Pluut，2015），强调的是员工为整体（工作维度和非工作维度）的主观和心理幸福感（Page and Vella-Brodrick，2009）。员工幸福感和职业幸福感的差别在于，前者还强调了除工作外的其他维度对当前工作幸福感的影响，后者则以个体职业生涯发展为核心关注其职业经历、现状和前景对个体幸福感的影响。

综上所述，员工幸福感是与工作幸福感和职业幸福感等概念有所差异但彼此相关联的伞状概念（umbrella concept）。工作幸福感和职业幸福感是员工幸福感在不同维度下的特殊研究。前者聚焦于员工对当前工作的认知和情感，后者聚焦于个体对整体职业生涯的认知和情感，而员工幸福感则囊括以上两个维度，探索个体对自身工作和非工作生活的整体认知和体验。

二　员工幸福感的结构维度

（一）员工主观幸福感的结构维度

员工主观幸福感多关注个体工作的情绪体验（Diener, Oishi, and Lucas, 2003）。Bakker 和 Oerlemans（2011）的研究以情感环状模型（circumplex model of emotion）为基础，该模型认为个体情感状态源自两个基本神经心理学系统。依此，员工幸福感可分为工作投入（快乐且激活）、工作满意（快乐但未唤醒）、工作狂热（不快乐但唤醒）和工作倦怠（不快乐且未唤醒）。也有学者从认知维度进行研究。Diener（2000）认为员工主观幸福感是个体基于其内在标准对自身整体生活（工作和非工作）质量的整体评价。Van Praag、Frijters 和 Ferrer-I-Carbonell（2003）进一步明确指出员工整体生活应包含工作满意、财务满意、住房满意、健康满意、娱乐满意和环境满意等维度。综合而言，Diener（2000）、Diener 等（2003）认为员工幸福感应包括个体对过去、现在和未来工作的满意度、快乐等积极情绪，焦虑等消极情绪，家庭或健康等其他领域的满意度。Panaccio 和 Vandenberghe（2009）采用相似维度，认为员工主观幸福感应包括其在工作和其他领域的满意度以及较多积极情感和较少消极情感。

（二）员工心理幸福感的结构维度

员工心理幸福感的维度与潜能发挥和自我实现相关。Ryff（1989）对员工心理幸福感的结构维度研究获得了大量学者的认可（Cheng and Chan, 2005; Linley, Maltby, Wood, Osborne, and Hurling, 2009）。该研究中，员工心理幸福感的获得应满足以下六种基本需求：自主性（autonomy）、环境驾驭（environmental mastery）、自我成长（personal growth）、积极关系（positive relations）、意义目标（purpose in life）和自我接纳（self-acceptance）。此外，Ryan 和 Deci（2000）从能力需

求、关系需求和自主需求将员工心理幸福感分为三个维度；Dagenais-Desmarais 和 Savoie（2012）则以工作人际匹配、工作旺盛、工作胜任感、工作认可知觉和工作卷入意愿进行划分。

（三）员工整合幸福感的结构维度

研究员工整合幸福感多将主观幸福感和心理幸福感维度组合。如 Warr（1994）采用情绪幸福感、工作抱负、胜任感、自主性四个维度，苗元江、冯骥和白苏妤（2009）使用自我价值、人际关系、自我成长、积极和消极情绪五个维度，邹琼、佐斌和代涛涛（2015）采用工作投入、心流体验、工作旺盛度、工作满意度和工作积极情感五个维度。

也有学者将员工幸福感作为全新概念进行研究。Van Horn、Taris、Schaufeli 和 Schreurs（2004）基于 Ryff（1989）和 Warr（1994）的研究，将员工幸福感分为情绪幸福感、专业幸福感、社会幸福感、认知幸福感和身心幸福感。情绪幸福感包括焦虑、抑郁等负面情绪，愉悦、快乐等正面情绪，以及承诺和无情绪衰竭；专业幸福感包括理想、能力和自主；社会幸福感包括无人格解体和社会功能质量；认知幸福感指无认知疲惫；而身心幸福感指无身心不适。与以往研究相比，Van Horn 等（2004）新增了认知幸福感和身心幸福感。

黄亮（2014）参考 Van Horn 等（2004）的研究，将员工幸福感分为情绪幸福感、认知幸福感、职业幸福感和社会幸福感四个维度。其中，情绪幸福感指员工工作中的情绪体验；认知幸福感指员工完成工作的认知效能质量；职业幸福感指员工与职业相关的胜任感、受认可度和发展抱负；而社会幸福感指员工工作场所的社会关系质量。他与 Van Horn 等（2004）的研究大体一致，但两个研究所包含维度的内在构成有所差异。例如，工作自主性在 Van Horn 等（2004）的研究中是工作幸福感的要素，而黄亮（2014）则将其作为工作幸福感的前置变量。同时，黄亮（2014）认为工作认可感是工作幸福感的构成要素。

Page 和 Vella-Brodrick（2009）将员工幸福感分为主观幸福感（生活满意度和倾向类情感）、工作场所幸福感（工作满意度和工作相关情感）和心理幸福感三个维度。Zheng 等（2015）在此基础上以生活幸福感替代主观幸福感，将工作场所幸福感简化为工作幸福感。其中，生活幸福感指个体对其生活整体的满意程度；工作幸福感聚焦于工作场所，指个体对相关工作的满意度；而心理幸福感指个体对其工作和个人生活的心理体验和满意度表征。与以往研究相比，该员工幸福感维度并未包含任何负面情绪，将意义目标归类于生活幸福感而非工作幸福感，而工作自主性同样未被 Zheng 等（2015）的研究纳入员工幸福感范畴。

综上所述，主观幸福感主要从情绪体验和认知评价角度对员工幸福感维度进行研究，心理幸福感则从自我实现和潜能发挥维度进行研究，而整合视角下的员工幸福感则在包含主观幸福感和心理幸福感的同时对其进行拓展，将员工对非工作生活的情绪体验和认知评价纳入员工幸福感维度。

三 员工幸福感的测量

员工幸福感的测量在测量指标（认知、情绪、生理等）、时间维度（瞬时性到持久性）和测量层面（个体、群体到组织）等方面显著差异。

（一）测量指标：认知、情绪和生理指标

认知指标和情绪指标在测量员工幸福感时最为常用。认知指标旨在测量员工基于当前生活的长期考察而产生的一种相对稳定的评估，如工作满意度、工作胜任感、工作抱负、工作认可感、生活满意度等（Page and Vella–Brodrick，2009；Van Horn et al.，2004；Zheng et al.，2015；黄亮，2014）。黄亮（2014）对认知幸福感、职业幸福感和社会幸福感的测量属于员工幸福感的认知指标；而 Zheng 等（2015）从生活幸福感和工作幸福感的测量来衡量员工幸福感的认知指标。其他量表也被用于研究，诸如工作描述指数、明尼苏达工作满意度量表和需求满意量表。

情绪指标指员工对当前工作场所遭遇的人事物所产生的一系列情绪体验，如兴奋、愤怒、快乐、压抑等（Page and Vella–Brodrick，

2009；Zheng et al.，2015；黄亮，2014）。黄亮（2014）采用积极情感体验和消极情感体验作为员工幸福感的情感指标，而 Zheng 等（2015）仅采用积极情感对员工幸福感的情感指标进行测量。此外，如情感平衡量表、积极与消极情感量表、工作情感量表、工作情绪量表和工作相关情绪幸福感量表也被用于幸福感研究。

除认知指标和情绪指标外，部分研究试图整合更为客观的生理指标来衡量员工压力、情感唤起和幸福感（Bono, Glomb, Shen, Kim, and Koch, 2013; Ilies, Dimotakis, and De Pater, 2010; Jacobs, Tytherleigh, Webb, and Cooper, 2007; Moen, Lam, Ammons, and Kelly, 2013）。这些生理指标包括心率、血压、体温、计步设备测量的个体活动水平、唾液中皮质醇含量、通过活动变化记录仪测量的睡眠质量和脑电图描记器来判断（积极和消极）的情绪类型。负面情绪和工作压力同增加的血压和心跳等生理指标相关联，因此可以被作为员工幸福感的替代指标。

（二）时间维度：瞬时性与持久性维度

一般而言，认知指标被用于测量持久性员工幸福感，情绪指标和生理指标用于测量瞬时性员工幸福感。瞬时性员工幸福感是指个体在当下工作环境中所体验到的短暂性心境（mood）和情绪（emotion）等，如积极心境状态、心流体验，以及高兴、快乐、抑郁或愤怒等具体情感（Bealand Ghandour, 2011; Ceja and Navarro, 2012; Spence, Ferris, Brown, and Heller, 2011）。持久性员工幸福感是指个体根据自身评估标准对当前工作环境所产生的心理感受，如工作满意度、工作认可度、组织承诺等（Zheng et al., 2015；邹琼等，2015；郑晓明和王倩倩，2016；黄亮，2014）。

部分研究也将持久性员工幸福感量表用于测量瞬时性员工幸福感。Dimotakis、Scott 和 Koopman（2011）以天为基本单位，探索员工在当天的社会互动对其情感和工作满意度的影响，研究发现高质量互动能够很好预测积极情感，进而影响个体当日的工作满意度。换言之，虽然一般工作满意度被视为较为稳定的概念，但是在以天为单位时仍呈现波动（Binnewies and Wornlein, 2011; Vandenberghe, Panaccio, Bentein, Mignonac, and Roussel, 2011)。

(三) 测量层面：从个体到组织

现有研究集中于个体层面对员工幸福感进行测量，但 Fisher (2010) 和 Ashkanasy (2011) 指出不同员工幸福感研究应采用不同的测量层面。

Fisher (2010) 识别了员工幸福感的三个测量层面：暂时层面 (transient level)、个体层面 (person level) 和单元层面 (unit level)。在暂时层面上，员工幸福感可由暂时工作满意度、瞬时情感、心流状态、即时工作心境等测量。在个体层面上，员工幸福感可由工作满意度、倾向性情感、组织情感承诺、工作卷入等测量。在单元层面上，员工幸福感可由集体工作满意度、集体情感语调、集体心境等测量。

Ashkanasy (2011) 以 Ashkanasy (2003) 的研究为基础，认为员工幸福感应区分五个测量层面：个体内 (within person)、个体间 (between-persons)、人际 (dyadic/relationships level)、群体 (group level) 和组织 (organizational level)。个体内层面指以神经心理和认知指标对个体积极情感进行测量，即 Fisher 所界定的暂时层面；个体间层面探索积极情感的个体间差异，即 Fisher (2010) 所定义的个体层面；人际层面和群体层面是 Ashkanasy (2011) 新增的层面，前者探索配对员工的积极情感交流，后者探索员工群体的情感表征；组织层面与 Fisher (2010) 一致，研究组织氛围、组织文化等组织层面幸福感。在此基础上，Ashkanasy 和 Humphrey (2011) 对五个测量层面进一步细化，指出在个体内层面可以采用个体对情感事件的情绪反应，如心境、情绪等瞬时性状态；在个体间层面采用因性格、情感智力差异所造成的工作满意感、工作认可感等态度差异；在人际层面采用因情感表达、回应质量、情绪劳动等而产生的人际信任程度和互依水平；在群体层面 (工作单元) 采用因领导行为和方式而形成的不同情感语调、团队成员交换和集体情感智力等；而在组织层面上选用情感氛围、有限情绪等概念。

除测量指标、时间维度和测量层面存在差异之外，学者测量员工幸福感时，所采用的调查对象也有所差异。自陈报告/自我评价是最为常见的数据采集方式，调查者根据自身认知和情感对自我幸福感进行评估。部分学者因认为个体会隐瞒真实情感并拒绝披露消极情感，故而采用知情者/观察者报告法请第三方评价被试的幸福感。

综上所述，现有员工幸福感研究多集中在个体间层面，采用认知和情感指标对持久性员工幸福感进行研究，并将此研究拓展至群体和组织层面。然而，此类研究一方面无法完全解析个体幸福感波动，另一方面也无法明晰特定情境现象（如工作场所事件、经验和认知等）对员工幸福感的影响（Ilies, Schwind, and Heller, 2007; Reis, Sheldon, Gable, Roscoe, and Ryan, 2000; Sonnentag and Ilies, 2011）。

四 工作场所幸福感的相关研究

（一）影响因素

人口学因素。现有研究已验证性别、年龄、学历等人口学因素对员工幸福感具有显著影响。Siltaloppi、Kinnunen 和 Feldt（2009）发现男性员工幸福感的平均水平高于女性员工，而对于医务人员和教师等职业，性别对员工幸福感的影响并不显著（谭贤政、卢家楣、张敏、王忠玲和秦雪联，2009）。Diener（2000）发现25岁及以下和36—40岁人群所体验的负面情感远高于26—40岁人群，张兴贵和郭杨（2008）则未发现年龄与员工幸福感的关联性。翁清雄和陈银龄（2014）发现高学历员工具有更高幸福感，Lam、Zhang 和 Baum（2001）则发现高学历员工的工作满意度更低，而张兴贵和郭杨（2008）则未发现学历对生活满意度和积极情感的影响，但高学历员工更频繁体验消极情感。

人格与情绪。大五人格、情绪智力等人格和情绪因素与员工幸福感关系也被学者研究。外向型人格与员工积极情感和满意度正相关，尽职型员工更易获得上级与同事认可而具有高幸福感，外倾人格员工更易体验工作场所中的积极事件，神经质员工的满意程度较低，更易体验工作场所中的消极事件从而更频繁体验消极情绪（Barrick and Mount, 1991; Rusting and Larsen, 1997）。高情绪智力员工更易与他人建立良好关系，感知工作中的积极和消极情感，并具有高情绪调节能力，故而更有可能获得高工作满意度和幸福感（Brown and Ryan，2003；Brunetto，Teo，Shacklock，and Farr-Wharton，2012；Schutte et al.，2001；Zeidner，Matthews，and Roberts，2004）。Avey、Luthans、Smith 和 Palmer（2010）以资源保留理论为支撑，认为与工作相关的积极心理资本与员工幸福感正相关，随着时间推移，该积极资源使员工幸福感维持在较高水平。

主动性职业与工作行为。自我职业生涯管理、工作重塑、时间管理等主动性职业/工作行为可提升员工幸福感。翁清雄（2010）发现有效职业管理行为有助增强员工对当前职业满意度，增强职业发展自信，在长期过程中体验更多积极情绪。Heuvel、Demerouti 和 Peeters（2015）在工作要求—资源模型（job demand-resource model，JD-R）和社会认知理论下探索工作重塑，发现员工工作重塑行为可改变工作要求与资源的博弈从而提升自身幸福感。周永康、姚景照和秦启文（2008）发现企事业单位的处级干部的时间管理行为有助于主观幸福感的提升和工作倦怠的降低。

领导风格与行为。现有研究从领导风格与行为角度研究员工幸福感。郑晓明和王倩倩（2016）发现伦理型领导对员工幸福感的提升具有显著效应，Chughtai、Byrne 和 Flood（2015）发现伦理型领导通过提升员工信任感提高工作融入并降低情感衰竭。DeGroot、Kiker 和 Cross（2000）发现魅力型领导有助于提升员工工作满意度。Tepper（2007）梳理辱虐型领导研究时发现其和员工幸福感显著负相关。诸如信任、授权和共情等行为有助于员工幸福感的提升，而诸如粗鲁、不尊重等领导行为则会对员工幸福感造成负面影响（Dirks and Ferrin，2002；Einarsen，Aasland，and Skogstad，2007）。

主管—下属关系。Gerstner 和 Day（1997）采用元分析方法发现主管—下属关系对员工工作满意度和组织承诺具有显著正效应。Van Vianen、Shen 和 Chuang（2011）认为主管对组织资源和权利分配具有决定权，高质量主管—下属关系有助于提高下属的幸福感。张征（2016）将主管—下属关系分为主管—下属交换、主管—下属匹配等维度，并发现主管—下属交换在主管—下属匹配与员工幸福感之间具有中介效应。

组织文化与氛围。Ogbonna 和 Harris（2000）发现创新组织文化和团队组织文化有助于提升员工幸福感，前者为员工提供充分的才能展示机会，后者为员工提供组织和同事支持；但结果导向组织文化则过于看重硬性指标且缺乏人性关怀而有碍于员工幸福感提升。Carr、Schmidt、Ford 和 DeShon（2003）发现员工对于组织氛围的感知与工作满意度和组织承诺等员工幸福感正相关。Parker 等（2003）运用元分析发现，角色、工作、领导、群体和组织五个维度的组织氛围均与员工幸福感正相关。而李燕萍和徐嘉（2014）在中国情景下发现员工幸福感是个体价值导向和组织集体主义氛围综合作用的结果，且组织集体主义氛围能够调节个体集体主义价值导向和员工幸福感的组织认同感维度关系。

组织活动。组织变革、文化改造等组织活动因给员工带来高压力而降低其幸福感。Greubel 和 Kecklund（2011）认为，组织规模的消减、任务分配的变更等均会引起员工压力的小规模上升、睡眠质量的下降，从而降低员工幸福感。McHugh（1996）认为组织改善和塑造企业文化的活动是员工所感知压力的重要来源从而使员工幸福感普遍降低。Rafferty 和 Griffin（2006）指出，员工因感知过于频繁的组织变革而对自身工作产生心理不确定感，进而降低其工作满意度并提升其离职意向；此关系又被员工对组织变革的情感、认知和行为抵制所调节。Bernerth、Walker 和 Harris（2011）同样证实了组织过于频繁的变革活动会增加员工感知匮乏的频率从而降低幸福感。

人力资源管理。Guest（2002）认为工作设计、员工参与和信息提供等人力资源实践与员工高水平的工作和生活满意度相关，而机会平等、家庭友好和反歧视等人力资源实践与员工高水平的工作满意度相关。Macky 和 Boxall（2009）发现高参与工作流程有助于提高员工工作满意度并降低压力、衰竭和工作—生活冲突，但当高参与工作流程伴随着工作时长增加、工作超载等状况时，此正向效应变为负向效应。Kooij 等（2013）发现，员工年龄在发展型人力资源实践与员工幸福感的正相关关系中具有负向调节效应，在维持型人力资源实践对员工幸福感的正相关关系中具有正向调节效应。杜旌、李难难和龙立荣（2014）发现高绩效工作系统通过提高员工活力并降低情绪衰竭而显著提升幸福感，自我效能具有部分中介作用。

此外，在工作要求—资源模型支撑下学者对人力资源管理的工作设计和角色分配这一维度进行了大量研究。诸如非合规任务（illegitimate tasks）、工作特征（角色模糊、角色冲突和角色契合）、工作复杂度和工作控制权因增加员工的工作要求而增加压力、降低工作满意度和积极情感等维度（Eatough et al.，2016；Vandenberghe et al.，2011）。

（二）影响效果

态度与行为。幸福感高的员工更易体验积极工作态度，从事积极组织行为并降低消极组织行为的实施。员工对工作场所整体的主观体验和客观评价影响其对当前工作和职业人事物的情感和行为反应（Chao，1990）。高水平的幸福感有助于员工工作投入、职业认同和情感依赖，进而提升员工承诺（Goulet and Singh，2002；Meyer，Allen，and Smith，1993）。员工幸福感的降低会提高员工离职倾向、职业转换、缺席率、离职率等并降低助人行为、主动行为和组织公民行为等（Podsakoff，Whiting，Podsakoff，and Blume，2009；Podsakoff，MacKenzie，Paine，and Bachrach，2000；Wright and Bonett，2007；翁清雄和席酉民，2010）。

个体绩效。幸福感强的员工更易获得外界（同事与主管）的积极评价（Cropanzano and Wright，2001；Judge，Weiss，Kammeyer-Mueller，and Hulin，2017）。Wright 和 Bonett（2007）发现在控制工作满意度、积极情感和情感衰竭等因素后，员工的幸福感程度与上级绩效评价仍显著正相关。黄亮和彭璧玉（2015）发现员工幸福感的提升通过提高内部人身份感知和组织自尊来增强员工创新绩效。

健康、家庭与生活。Wright、Cropanzano、Bonett 和 Diamond（2009）发现控制年龄、性别、体重等后，员工幸福感仍与员工个体健康（以脉搏率衡量）负相关。Culbertson、Mills 和 Fullagar（2012）采用经验取样方法对 52 名员工为期两周的跟踪调查显示，员工工作敬业度对其家庭生活具有正向效应，积极情感对此正向关系具有部分中介效应，故员工幸福感能够减缓其工作—家庭冲突。Diener（1999）认为，员工幸福感高意味着积极情感更高和消极情感更低，故而生活意义更强且生活幸福感更高。White 和 Dolan（2009）认为工作场所的幸福感通过溢出效应影响员工个人生活，高水平的工作和职业满意度增强员工的生活幸福感。

组织绩效。组织层面员工幸福感的提升能够增强组织绩效。Schneider、Hanges、Smith 和 Salvaggio（2003）对 35 家企业展开的为期 8 年的追踪研究显示，组织层面的员工满意度能有效预测企业财务绩效（资产回报率）和市场绩效（每股收益）。Patterson、Warr 和 West（2004）对 42 家制造业企业的研究发现，组织边界内普遍的员工工作满意度与次年生产效率显著相关联，这一正向机制在控制前年生产效率后仍存在。Koys（2001）对连锁餐饮企业的调查研究显示，员工在时间点 1 所展示的态度和行为有助于时间点 2 组织效率的提升，而时间点 2 组织效率的提升却并不能促进员工的积极态度和行为。Brown 和 Lam（2008）运用元分析方法分析员工工作满意度和顾客满意度的关系，发现组织层面上员工满意度的增加对顾客满意度和服务质量感知均具有正向效应。施涛和曾令凤（2015）也发现工作幸福感对组织绩效具有提升效应。

在员工幸福感影响因素的研究中，学者分别从个体、群体和组织层面着手。但在探索员工幸福感的作用机制时则主要集中研究个体层面的员工幸福感对员工自身工作场所和非工作场所相关因素的影响与组织层面员工幸福感对组织绩效的影响，缺乏在团队、单元层面的研究。

五　中国传统本土文化的权变作用

中国情境下的员工幸福感研究起步相对较晚，在理论探索上不仅滞后于西方相关研究又落后于中国企业实践（Zheng et al., 2015）。员工幸福感指员工面对工作场所人事物所作出的认知评价和情感体验，而东西方文化差异对员工的情感、认知和行为具有显著影响

（Arrindell et al.，1997；Zheng et al.，2015；黄亮，2014）。西方情境下员工幸福感的获取源于个体对环境掌控、自主性和个体情感等需求的满足（Cheng and Chan，2005；Linley et al.，2009；Ryff，1989），东方情境下员工幸福感则强调人际和谐和社会价值（Zheng et al.，2015；黄亮，2014）。因此，探索中国本土传统文化对员工幸福感的形成和作用机制的边界条件与权变因素，既为管理学界提供中国经验，又为中国企业实践提供理论参考。

Hofstede（1985）使用权力距离、不确定规避、个体主义或集体主义、男性化或女性化四个维度来评价国家文化差异。相对西方文化情境，中国文化具有更高权力距离、更强不确定规避、集体主义和女性化特征。高权力距离，意味着相对西方员工，中国员工更易接受上级和权威的存在，故而对工作自主需求的要求较低而使自主性不构成中国员工幸福感的维度（Zheng et al.，2015；黄亮，2014）。在集体主义下，中国员工更可能参考外界标准进行自我价值实现、潜能发挥的评估，故而黄亮（2014）将来自组织、领导和同事的工作认可感作为中国员工幸福感的构成要素之一，并使用实证方法证实该观点。同时，集体主义文化意味着员工更重视与组织、社会成员的关系和相互依靠，而个人主义文化下的员工更强调独立自主。这也能从另一维度解释工作自主性被Ryff（1989）视为员工幸福感维度，但黄亮（2014）和Zheng等（2015）并未纳入。

这些中西方文化差异也对员工幸福感的形成和作用机制存在权变效应。黄亮和彭璧玉（2015）认为，在集体主义文化影响下，幸福感较高的员工更会致力于将自身幸福感拓展至其所在群体（家庭、国家或社会等），由此实现"齐家、治国、平天下"的角色责任和自我追求。因此，员工幸福感通过员工内部人身份感知对员工创新绩效产生影响。李燕萍和徐嘉（2014）发现，员工个人层面集体主义导向和组织层面集体主义氛围以增强组织认同感而提升其个体的幸福感，而组织层面集体主义氛围对员工幸福感的形成机制具有调节效应。

除Hofstede（1985）的国家文化差异维度之外，中国特有传统文化也具有一定影响。如Zheng等（2015）发现，中国情境下的员工幸福感并不包含消极情绪维度，原因在于中国儒家传统文化下的员工往往具有"知足常乐"和"喜行不露于色"的思维和行为倾向。中庸模式也是解释中国员工态度和行为倾向的重要构念，其被分为执中一致、慎独自修、消极成就和消极规避四个维度（杜旌和姚菊花，2015）。执中一致意味着根据对外在环境和周遭人际变化的预估而自我调节的前摄行为，相对于西方员工指向"环境掌控"时，中国员工更有可能调整自身态度和行为；慎独自修是强调个体的情绪掌控和谨言慎行，故与Zheng等（2015）的观点相似，中国员工更少展现消极情绪；而消极成就和消极规避则弱化了西方情境对自我成长和实现的强调。

目前研究多在整合视角下将员工幸福感界定为员工对工作场所和非工作场所人事物的主观感受和客观评价的总和。在情感事件理论、工作要求—资源（JD-R）及相关模型和资源保护理论的支撑下，学者在组织边界内探索不同层面因素对员工幸福感形成机理和作用机制的影响，并在溢出理论支撑下探索员工幸福感对其家庭生活和整体人生的影响。而中西文化差异和儒家传统文化等中国本土文化结构则在这一形成和作用机制中具有边界/权变效应。

梳理以往研究并形成如图2-5所示的多层面模型。如年龄、性别和学历等人口学因素，如情绪智能、心理资本等稳定性人格和情绪等个体因素将决定员工幸福感的基准水平（Xanthopoulou et al., 2012）。而组织层面和群体层面相关因素则使得员工幸福感以基准水平为标杆上下波动，具体包括领导风格与行为、主管—下属关系等团队层面概念和组织文化与氛围、组织活动与人力资源管理等组织层面概念。以上构成员工幸福感的前因变量研究。

采用由上至下的传统管理视角，学者认为组织层面概念能调节群体层面和个体层面概念对员工幸福感的影响。如组织层面的集体主义氛围能够促进员工集体主义导向对员工幸福感的提升效果（李燕萍和徐嘉，2014）。而员工主动工作行为则同样能够调节群体和组织层面因素对员工幸福感的影响。以工作重塑行为为例，Van den Heuvel等（2015）发现在高压力工作环境下，员工工作重塑行为能够调节其对

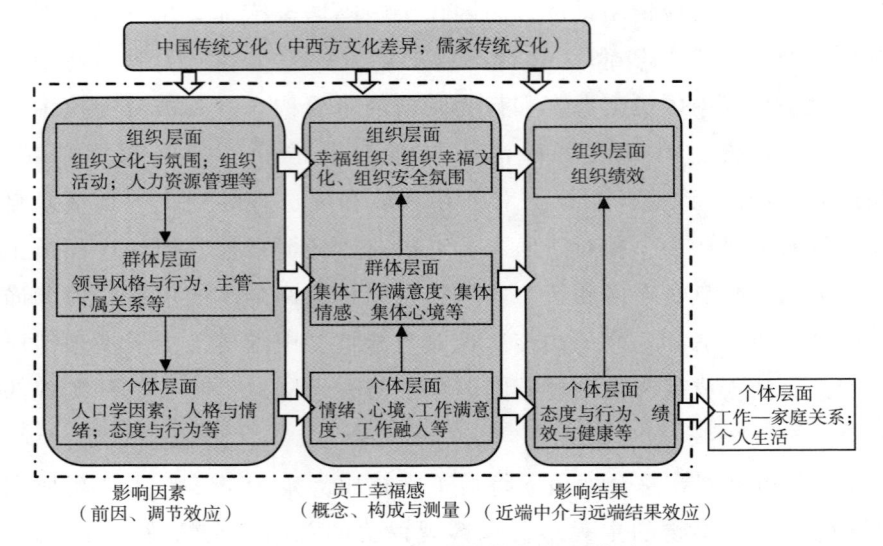

图 2-5 员工幸福感的多层面模型

员工幸福感的负向效应。以上研究构成了员工幸福感的调节变量研究。

个体层面员工幸福感的提升有助于集体层面和组织层面员工幸福感的提升。Bakker 和 Xanthopoulou（2009）认为个体员工幸福感在工作场所传播并"感染"其同事而有助于幸福组织的构建。除在工作场所具有传播效应之外，员工幸福感也具有影响员工家庭生活、个人生活的溢出效应（Bakker and Xanthopoulou, 2009; Culbertson et al., 2012; Koopmann, Lanaj, Bono, and Campana, 2016）。而在工作场所内，个体层面员工幸福感的提升有助于员工积极态度（组织承诺等）和利组织行为（互助行为）的提升、消极态度（离职意图）和反生产行为的降低，因此提高组织整体绩效。以上研究构成了员工幸福感的近端中介和链式结果效应。

综上所述，本书所选取的前因变量（"混合型"HRM 系统感知）是中国情境所独有的概念，将其与员工幸福感关联，一方面有助于理解我国现有企业管理实践对员工幸福感的作用效果，另一方面有助于从员工幸福感角度审视和确认现有管理实践是否具有一定负面效应。

第五节　本章小结

本章分别对相关研究概念进行综述，依据各概念研究演进逻辑针对单一概念进行现有研究的汇总，绘制现有研究模型，提出现有研究局限与尚待解决的问题并简要说明与本书研究问题的相关性。为形成以上各变量与本书研究问题、研究意义等的整体关联与逻辑，此节将在综述过程中所发现的与本书研究相关联的研究不足进行汇集，并聚焦于本书研究目的进行简要论述。具体如下。

第一，"混合型"HRM系统对员工个体行为的作用机制问题。自苏中兴（2010b）以Wright等学者的理论为基础在中国情境下展开实证研究并提出"混合型"HRM系统以来，学者聚焦组织层面探索"混合型"HRM系统对组织绩效的提升效应和对战略的支撑效应，尚未深入探索该系统所释放的差异信号（signals）如何影响个体的认知、情感与行为。人力资源管理领域的信号理论（signal theory）认为，人力资源管理之所以能够提升组织绩效的原因在于其能够通过直接或间接作用向组织员工传达组织所预期和鼓励的个体反应（陈笃升，2014）。因此，本书拟在个人层面探索"混合型"HRM系统对员工个体行为的作用机制。

第二，员工建言行为影响因素中人力资源管理相关研究有待进一步探索。为解决现有人力资源管理研究中对员工个体行为关注不足的问题，本书选择"员工建言行为"作为代表。建言行为是一种特殊的组织公民行为，其是个体针对组织中所出现的问题提出具有建设性意见的角色外行为。从对建言行为研究的梳理可知，以往研究多集中于探索不同领导行为和风格对下属的建言行为的影响，而忽视了"人力资源管理"这一重要的组织管理活动。因此，本书将人力资源管理系统与员工建言行为相关联，以填补建言行为前因变量研究中缺乏人力资源管理作用效果的研究。

第三，能力视角下建言行为研究存在的问题。在建言行为研究综述部分，本书指出以往建言行为过于关注动机维度，即如何激励员工以鼓励其勇于发言、敢于发言，却忽视了能力维度。换言之，以往研究往往包含一个潜在假设：员工有能力发现组织中的不足与缺陷，故个体针对组织现象及问题提出建设性意见仅需要个体具有意愿提出自身观点即可。然而，大量研究证实能力是个体在组织中行为发生的重要前因变量，如创新行为的产生在需要个体具有创新意愿的同时，仍需个体具有创新知识、专业技能等（Amabile，1983）。基于此，本书进一步加入"人力资本"这一概念以探索建言行为的能力维度。

第四，人力资本涌现及其跨学科整合问题。在梳理"人力资本"以往研究时，本书发现，现有研究趋势是探索个体能力与意愿对个体绩效的交互效应问题，即人力资本资源的跨学科整合。为此，本书选择"员工幸福感"作为个体意愿的表征。员工幸福感是一个总括性概念，其既指个体对于现有工作环境和工作任务等的认知评价，又包含个体的主观情感体验等，以其为代表能够全面了解个体在工作中的动机问题。同时，与建言行为相类似，其前因变量的研究中缺乏对于人力资源管理的探索。人力资源管理研究演进至今，学者已开始反思人力资源管理实践与系统在为企业带来绩效提升的同时，是否能够促进并提升员工福祉（孙健敏和王宏蕾，2016）。

综上所述，本章梳理相关概念及以往研究并提出研究模型与未来研究展望。不同概念的研究展望最终汇集为一个研究主题：以"混合型"HRM系统为起点，探索其如何影响员工人力资本与员工幸福感，并最终促进员工建言行为的产生。本书在第三章对这一作用机制及影响关系展开详细论述。

第三章 理论模型、概念界定与假设提出

第一节 理论模型提出

为解答所提出的科学问题和实现研究目标,本书整合社会心理学的计划行为理论(the theory of planned behavior,TPB)和源于经济学领域的信号理论(signalling theory)以提出本书的初始理论模型。

一 信号理论和计划行为理论的整合

信号理论指出,为改善因买方无法获知卖方所提供商品或服务质量的信息不对称状况,卖方致力于释放一系列显示商品或服务质量的信号,买方则致力于努力收集并察知卖方信号从而知晓卖方商品或服务的价值(Ehrnrooth and Björkman,2012)。自该理论提出以来,在公司治理、市场营销等组织管理领域得到了广泛运用。人力资源管理领域中,卖方指企业所有者和管理者,买方指企业员工,所需释放的信号是企业整体战略需求和为实现这一战略目标需要员工呈现的态度与从事的行为,信号释放途径是企业所实施的人力资源管理政策和实践,而员工所感知的企业所实施的人力资源管理意味着其所接收到的企业释放的信号(Ehrnrooth and Björkman,2012)。人力资源管理领域的 AMO 模型对此进行了进一步的细化:管理者制定的人力资源政策和实施的人力资源实践可被分为能力提升、动机提升和机会提升这三种类型的人力资源簇。这三种不同职能的人力资源簇在传达战略目标和引导员工行为方面具有以下三种不同机制:

(1)增强员工有助于战略目标实现的知识、技术和能力等人力资

本储备（A）；

（2）提升员工促进组织战略目标实现的动机（M）；

（3）提供员工从事有助于战略目标实现的工作机会（O）。

在理性人假设前提下，Ajzen（1991）提出计划行为理论。其指出个体行为的实施与否取决于个体对该行为的认知状态，由三个维度构成：行为控制认知（the perception of behavior control）、个体行为态度（attitude toward behaviour）和行为规范信念（subjective norms）。行为控制认知是指个体在多大程度上认为自己成功实施特定行为的能力，个体行为态度是指个体对实施特定行为的态度倾向，行为规范信念则是指个体主观上所感知到的实施特定行为的外界压力。因此，个体在实施特定行为之前，会思考以下信息：

（1）是否具备成功实施该行为的知识、技术和能力等（A）；

（2）是否对该行为具有正向和积极的态度，是否有足够动机去实施该行为（M）；

（3）外界是否期待该行为的实施，对于该行为的实施与否是否具有强制规范（O）。

综上所述，人力资源管理的信号理论指出，人力资源管理政策与实践对员工态度和行为的管理具有三种机制，分别是能力、动机和行为。而计划行为理论指出，当个体认为自身有能力实施特定行为，对该行为具有正向态度且外界期待该行为的实施时，个体更有可能实施该行为。因此，人力资源管理的信号理论所提出的三种人力资源管理职能恰好契合计划行为理论个体行为实施的行为认知的三个维度。

二　概念模型与测量模型的提出

鉴于此，本书整合信号理论和计划行为理论，并认为企业员工通过感知企业所实施的"混合型"HRM系统，提高自身的建言能力、增强自身建言动机并知觉企业所提供的建言机会，从而进一步增强实施建言行为的可能性。本书以员工人力资本表征建言能力，以员工幸福感表征建言动机，构建如图3-1所示的"混合型"HRM系统感知对员工建言行为作用机理的初始概念模型。

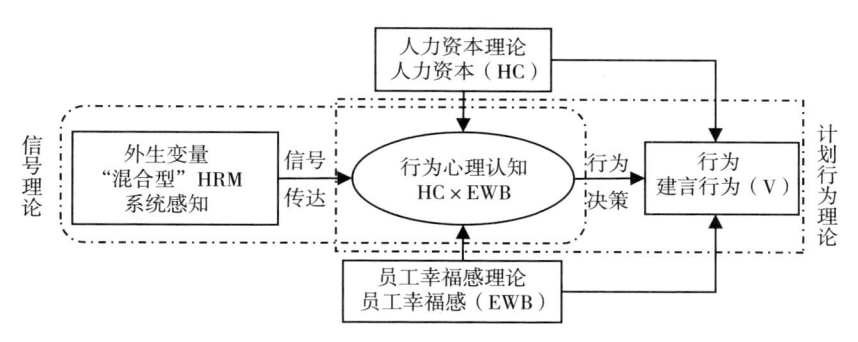

第三章　理论模型、概念界定与假设提出　　73

图 3-1　初始概念模型

为检验该初始概念模型是否有效，本书进一步构建如图 3-2 所示的待检测模型。其中，H1—H4 分别指高绩效工作系统、员工人力资本、员工幸福感和员工建言行为的测量模型假设，H5—H10 指代各变量之间关联机制的假设。

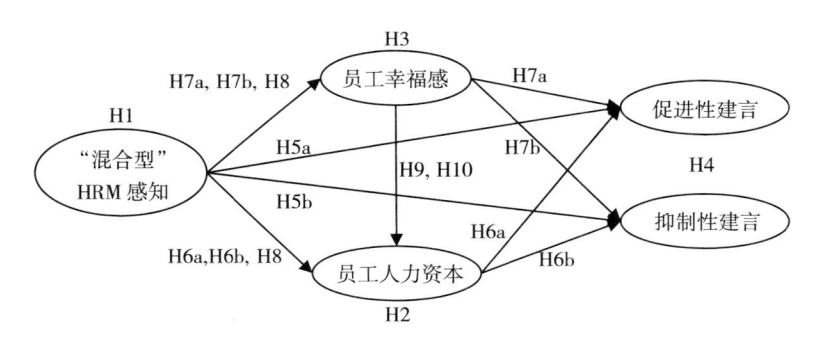

图 3-2　待检测模型

第二节　测量模型假设提出

本书拟采用结构方程模型对测量模型进行检测，首先提出研究构念的测量模型假设，并依据理论模型提出构念间关系的结构模型假设。

一　"混合型" HRM 系统感知

"混合型" HRM 系统感知是从员工个体感知角度对苏中兴

(2010b) 在经济转型期的中国情境下所提出的高绩效工作系统的拓展及运用。

从上文所述可知，在当前中国经济转型阶段，能显著提升企业绩效的高绩效工作系统具有两种不同的维度：控制维度和承诺维度（苏中兴，2010b）。这一观点从理论和实证角度均得以验证，且得到了诸如苗仁涛等（2015）的关注和认同。该"混合型"HRM系统由八个不同的人力资源管理簇构成，分别是：广泛培训、竞争流动与记录管理、信息分享、严格招聘、基于结果的考核、薪酬管理、内部劳动力市场和员工参与管理。

从员工个体感知层面对其进行拓展，是基于 Wright 和 Nishii（2007）、Banks 和 Kepes（2015）对于人力资源管理系统的分层研究框架，在员工层面探索处于"混合型"HRM 系统中的员工对于这些实践活动的感知。对于员工感知视角下的人力资源管理研究源自学者认为以往人力资源政策或人力资源实践的研究并不能代表员工实际体验的人力资源实践，员工对人力资源管理政策和实践的感知是其情感和行为反应的重要前因变量（Jiang, Hu, Liu, and Lepak, 2017）。因员工视角下人力资源管理研究的匮乏，以往集中于单元层面和组织层面探索人力资源管理实践与单元和组织层面不同维度绩效关系的研究存在以下局限性。

首先，管理者偏差的存在。学者过于关注企业管理者的人力资源意图或人力资源管理者的实践举措，但对于人力资源管理政策或实践的最终端接收者——员工关注不足。Boon、Den Hartog、Boselie 和 Paauwe（2011）的研究显示，现有研究仍集中于探索人力资源管理政策或实践与员工产出的关联问题。然而，因职位不同、角色差异等原因，管理者对于人力资源管理的意图和实践与员工对于人力资源管理系统的体验和感知具有较大差异（Jiang et al., 2017）。人力资源管理政策与人力资源管理实践并非一致，同样地，人力资源管理实践也不一定与员工对于这一实践的感知是一致的（Nishii, Lepak, and Schneider, 2008）。

其次，一元视角下人本主义的缺失。一元视角下，学者认为对组织具有积极效应的人力资源管理对员工具有同样的积极效应。同时，员工群体被视为是同质且抽象的客体（object），其对同一人力资源管理系统具有一致的态度与反应（Liao et al.，2009；Messersmith et al.，2011；Van De Voorde，Veld，and Van Veldhoven，2016；Wood，Van Veldhoven，Croon，and De Menezes，2012）。但越来越多的研究发现企业员工作为组织中的积极活动者，其并非绝对客观且存在较大差异，不同个体会根据自身情绪和态度来感知与塑造周围情景（Grant and Shields，2002）。

基于此，本书认为从员工视角对人力资源管理及其对员工态度和行为的作用机理进行研究，有助于对人力资源管理领域中"黑洞"问题的明晰（Guest，2011）。因此，在员工感知视角下，对苏中兴所提出的"转型期中国的高绩效工作系统"进行拓展，研究员工对这一"混合型"HRM系统的感知，即"混合型"人力资源系统感知。其测量模型是，员工"混合型"HRM系统感知作为二阶潜在变量，员工对广泛培训、竞争流动与记录管理、信息分享、严格招聘、基于结果的考核、薪酬管理、内部劳动力市场和员工参与管理这些实践簇的单独感知作为一阶潜在变量的二阶八因子模型，即假设H1：

H1：员工"混合型"HRM系统感知是由员工对于广泛培训、竞争流动与记录管理、信息分享、严格招聘、基于结果的考核、薪酬管理、内部劳动力市场和员工参与管理感知八个一阶因子构成的潜在二阶因子。

二 员工建言行为

本书采用 Van Dyne 和 Lepine（1998）对员工建言行为的经典界定，认为员工建言行为是一种以组织现存问题及不足为焦点，以改进和变革为导向的员工角色外行为。本书选择 Liang 等（2012）对于员工建言行为的划分和测量，将员工建言行为分为促进性建言行为（promotive voice behaviors）和抑制性建言行为（prohibitive voice behaviors）。原因在于，首先，Liang 等（2012）对于员工建言的分类具有显著差异，更能够明晰人力资源管理对不同类型的建言行为的作用机理；其次，量表的开发是基于中国情境，更适宜于本书所提出的研究问题和目的。

促进性建言行为是指员工对能够提升工作单元或组织整体功能的新想法和建议的表达；抑制性建言行为是指员工针对那些有损工作单元或组织的工作实践、事件和行为关注的表达。前者因其关注构建出建设性解决方案和建议以改善组织现状，故而是促进性的。后者服务于组织的健康发展，其主要关注现存于组织中的尚未被意识到的问题以引发集体对于该问题的关注和探索，以避免问题的进一步发生或恶化，因此其是抑制性的。异同如表 3-1 所示。

表 3-1　　　　促进性建言行为和抑制性建言行为的对比

		促进性建言行为	抑制性建言行为
同		●未列于工作职责和角色描述，属于角色外行为 ●有利于员工所处工作单元或组织整体的功用，具有建设性意义 ●因帮助工作单元或组织而产生，体现员工对于组织的责任感和态度	
异	内容	●改善组织现状的意见和观点的表达 ●未来导向，工作完成方式的改进	●对现存不利组织发展因素的指明 ●过去与未来导向，现有或未来可能存在的不利因素的表达
	功能	●改善组织效率	●防止不利于组织发展因素的蔓延
	影响	●在短期可能为利益相关者带来不便，但最终有利于整体组织的改善 ●善意易识别，且常被视为是正向的	●对于现有或未来不利因素的指明，暗指他人工作责任的未履行 ●善意难被认可，且常被视为负向

注：根据 Liang 等（2012）绘制。

由表 3-1 可知，员工的促进性建言行为和抑制性建言行为虽具有一定的相似性，但在内容、功能和影响上具有较为显著的差异。因此，本书对员工建言行为进行测量时，认为员工建言行为是由两个一阶因子（促进性建言行为和抑制性建言行为）构成的有相关两因子一阶模型，即假设 H2：

H2：员工建言行为是由促进性建言行为和抑制性建言行为构成的有相关两因子一阶模型。

三　员工幸福感

本书从整合视角界定员工幸福感，其是个体在工作场所的情感、感知等即时性主观体验结果和在完成工作中体会到自我实现和自我满足等持久性客观评价过程。该界定既包含主观幸福感的主观性、即时性和结果导向，也强调心理幸福感的客观性、持久性和过程导向。

在整合视角下，本书借鉴 Zheng 等（2015）对于员工幸福感的分类，将其分为生活幸福感（life well-being）、工作幸福感（work well-being）和心理幸福感（psychological well-being）。其中，生活幸福感是指个体对于其整体生活和家庭的认知评价与情感体验，如其对于现有生活感到满意、现有生活与理想生活很接近、在生活中感到快乐和有趣、处于较好的生活情境、并不愿改变现有的生活状态。工作幸福感是个体对于其整体工作的认知评价和情感体验，如个体对现有工作责任感到满意、很满意现有工作状态、在工作中很享受、能够找到方式使工作变得愉悦且认为工作对自身很有意义等。心理幸福感则指个体对于自身成长可能性的认知评价和情感体验，如认为自身有很好的成长空间、能够很好地处理生活中的各项事务、对自己感到自信和满足等。鉴于员工幸福感由生活幸福感、工作幸福感和心理幸福感三个维度构成，且此三个维度均为个体对于自身作为整体的认知评价和情感，本书提出假设 H3：

H3：员工幸福感是由生活幸福感、工作幸福感和心理幸福感三个维度构成的二阶三因子潜在模型。

四 人力资本

本书选择经典概念界定人力资本，其是指内嵌于个体员工的知识、技术和能力的集合。采用狭义人力资本界定是为了整合员工幸福感，将其作为广义人力资本界定下的非认知型人力资本，探索员工幸福感（非认知型人力资本）和人力资本（认知型人力资本）之间的关联问题。因此，人力资本是内含知识、技术和能力的构念，可提出假设 H4：

H4：人力资本是由知识、技术和能力构成的一阶潜在模型。

第三节 结构模型假设提出

一 "混合型" HRM 系统感知与员工建言行为

人力资源管理领域的行为流派认为，人力资源实践对企业绩效的提升效应通过对员工能力、动机和机会的提升而实现（Jackson et al., 2014）。该系统作为员工个体态度和行为的驱动者与触发器，是人力资源管理系统之所以具有战略重要性的根本原因（Lepak, Takeuchi, and Snell, 2003; Liao et al., 2009）。AMO 框架下彼此契合的人力资源管理实践通过增强员工能力与动机、授权员工来影响和塑造员工行为，从而提升企业绩效和实现战略目标（Appelbaum, 2000; Chuang, Jackson, and Jiang, 2016; Gardner, Wright, and Moynihan, 2011; Lepak, Liao, Chung, and Harden, 2006）。诸如员工建言系统、团队工作和工作自主性等实践活动能够有助于员工识别并利用组织所给予的机会（Ehrnrooth and Björkman, 2012）；诸如技能发展和员工参与等实践活动能够影响员工的工作满意度（Boxall and Macky, 2009）。

然而，人力资源管理对于员工个体态度和行为的作用效果并非直接，而是受员工个体感知到的人力资源管理政策和实践所释放的信号影响所致。人力资源管理领域的信号理论认为，企业管理者通过实施特定人力资源管理政策与实践活动向员工释放工作场所预期行为和管理意图等信号（Bowen and Ostroff, 2004; Den Hartog, Boon, Verburg, and Croon, 2013）。Bowen 和 Ostroff（2004）认为，人力资源实践活动可被视为符号象征或信号职能，其通过向员工传达一定信息以帮助员工从心理角度重构工作场所并解析工作意义。通过感知人力资源管理实践所释放的信号，员工可以知晓在所在工作情景下何种 KSAs 被认知且何种态度、行为被视为可接受和赞赏的。

人力资源管理系统的信号效应对于不同员工而言并非完全一致。换言之，员工会根据其自身经验、价值观或行为倾向等以不同方式感知和知觉同一人力资源管理所释放的信号（Bowen and Ostroff,

2004）。Bowen 和 Ostroff（2004）认为，人力资源实践以一种持续且无意的方式释放信息，而员工对信息的解读是个性且独特的，不同员工对于相同实践的解构是有差异的。Wright 和 Nishii（2007）指出，组织管理者的人力资源意图和人力资源管理者的人力资源实践通过员工对于这些意图和实践的感知来影响员工的态度和行为。

目前虽较少从员工感知视角研究"混合型"HRM 系统感知对员工建言行为的作用，但该系统通过增强员工能力、动机和机会而成为员工态度和行为的驱动器与触发器已得到广泛认同。苗仁涛等（2015）的一项中国企业调研显示，高绩效工作系统通过提升员工组织支持感来促进员工的建言行为；刘帮成、周杭和洪风波（2017）对长三角地区公共部门人员的调查显示，公共部门高承诺工作系统与员工建言行为具有正向关系，员工的公共服务动机具有部分中介效应；段锦云、施嘉逸和凌斌（2017）的一项以中国企业员工为研究对象的调研也得出类似结论。

"混合型"HRM 系统是在转型期的中国企业中广泛实施的高绩效工作系统（Su and Wright，2012）。该系统一方面通过控制型工作实践向员工释放组织的建言预期、建言奖励和建言认可等信号（苗仁涛等，2015），另一方面通过承诺型雇佣实践向员工传递在工作场所中建言行为是安全的、互惠的、值得依赖的等信号（Chen，2017；Whitener，2001；Wood et al.，2012）。具体而言，那些试图筛选并聘用有能力发现组织现有不足并构建创新想法的严格招聘实践，向员工释放组织所需要且重视的知识和技能类型的信息；那些基于结果的考核体系中所纳入的关键绩效指标，向员工传达在企业运营过程中对企业整体绩效和竞争优势息息相关的行为和产出；而组织的竞争流动和记录管理等实践活动则让这些信号更为清晰与明显。相对而言，广泛培训的提供在传达组织所需能力的同时，也向那些被提供培训的员工传达一种组织对其个人发展的看重；基于创新观点的提供、建设言论的发表和交流行为等奖励与评估在激励员工建言动机的同时，也向员工传达组织对建言行为的包容和重视；与此类似，信息分享、员工参与管理等实践在向员工传达组织重视的同时，也让员工知晓组织运营现状以帮助员工更有可能发现现有不足等。

综上所述，本书认为员工感知的"混合型"HRM 系统有助于提升员工建言行为的实施，即"混合型"HRM 系统感知对员工促进性建言行为和抑制性建言行为有促进效应。因此，可提出假设 H5 及分假设 H5a 和 H5b。

H5："混合型"HRM 系统感知对员工建言行为有正向作用；

H5a："混合型"HRM 系统感知对员工抑制性建言行为有正向作用；

H5b："混合型"HRM 系统感知对员工促进性建言行为有正向作用。

二 人力资本的中介机制

用行为视角和人力资本视角探索人力资源管理与组织绩效之间的"黑箱"问题，引起了学者的普遍关注。行为视角下的"黑箱"研究将员工行为视为 HRM 实践和组织绩效之间的中介机制。人力资源管理系统对组织绩效的提升，源自其对诸如任务相关行为和组织公民行为等的引导与维持作用（Coff and Kryscynski，2011）。AMO 模型进一步明晰了这一作用效果的内在机制：通过作用于员工能力、动机和机会，人力资源管理促进和提升了员工相关产出和组织绩效产出（Appelbaum，2000；Boxall and Purcell，2000；Purcell and Hutchinson，2007）。在此模型下，学者倾向于将企业所实施的人力资源管理实践分为能力增强型人力资源簇、动机增强型人力资源簇和机会增强型人力资源簇三簇（Delery and Gupta，2016），并探索此三类人力资源簇对个体行为或组织绩效的影响。换言之，在 AMO 框架下将人力资源管理实践划分为能力、动机和机会进行研究，但未从个体层面检验这些实践对于个体行为和绩效的影响。

然而，人力资本视角下的人力资源学者虽强调人力资源管理实践通过提升员工所具备的知识、技术和能力（即内嵌于个体的人力资本）促进组织绩效提升，但此类研究多集中于组织层面而未探索个体层面人力资本对个体产出或组织产出的影响。在资源基础论

(resource-based theory of a firm, RBT) 框架下，学者通常在组织层面界定人力资本，认为组织实施的人力资源管理系统通过培养和积聚具有 VRIN 属性的组织人力资本资源而为组织带来竞争优势（Barney, 1991）。MacDuffie 和 Kochan（1995）发现，企业对于培训的高额投资与其高水平生产率正向关联。Snell 和 Dean（1992）证实，企业对严格招聘、基于发展目标的绩效评估和广泛培训等的投资使企业更有可能成功实施新技术系统。高素英等（2011）发现，人力资源管理实践对企业绩效的影响效应是通过人力资本的部分中介作用实现的。

整合以上领域，本书认为，在"混合型" HRM 系统下，员工个体对于这些实践系统的感知有助于其提升自身的知识、技术和能力，从而提升员工的建言行为。具体而言，企业在招聘环节对员工基础知识和能力的甄选与聘用、在培训环节对组织所需能力的传授与教导、在绩效评估阶段对组织绩效产出必需的知识和能力的指明等均可向员工传达企业战略实现和工作任务完成所必需的知识、技术和能力等相关信息。除此之外，组织通过鼓励员工参与管理决策过程、积极与员工分享组织重要信息等有助于增强员工对于企业现阶段运营重点、战略难题等信息的获知，从而提升员工关于组织环境、人事等的专有知识和信息。员工通过积极融入组织所实施的人力资源管理活动，感知到组织所释放的信号、重塑自身对于组织期待的认知，从而形成了对于"混合型" HRM 系统的感知，并因此提升自身一般性人力资本和专有性人力资本。

员工人力资本通过"混合型" HRM 系统感知得以提升后，会促进其建言行为的产生。诚如上文所述，以往建言研究往往忽视了如何开发和培育员工觉察组织不足并构建有益想法的知识、能力等（许龙等，2016）。在对于员工创新行为的前因因素研究中，Amabile（1983）认为创新行为的产生需要个体具备领域相关技能（domain-relevant skills）、创造力相关技能（creativity-relevant skills）和任务动机（task motivation）三方面。类推至建言行为研究，个体从事建言行为也需要具备行为能力和行为动机。因此，Ployhart（2015）曾提出"战略组织行为"（strategic organization behavior, STROBE）以呼吁学者整合人力资本研究与组织行为研究以对人力资源管理进行研究。Wright 等（2014）也指出战略人力资源管理领域的发展有赖于两者交叉与融合。因此，本书将"人力资本"纳入"混合型"HRM 系统感知与员工建言行为的作用机理之中并探索其中介机制。

综上所述，本书提出人力资本在"混合型"HRM 系统感知和员工建言行为之间的中介效应假设，即假设 H6 及分假设 H6a 和 H6b：

H6：人力资本在"混合型"HRM 系统感知和建言行为间具有中介效应；

H6a：人力资本在"混合型"HRM 系统感知和促进性建言行为间具有中介效应；

H6b：人力资本在"混合型"HRM 系统感知和抑制性建言行为间具有中介效应。

三　员工幸福感的中介机制

现有主流人力资源管理研究多秉持着"互惠"观点，认为组织管理者和员工个体的利益是一致的，其对组织和员工的作用方向是一致的。组织实施人力资源管理实践的目的就在于诱发和引导员工行为从而促进组织绩效的整体提升（Wright and McMahan，1992）。在 AMO 框架下，人力资源管理的实施通过提高员工能力、提供参与机会并增强员工动机的方式来改善组织绩效（Appelbaum，2000）。社会交换理论（social exchange theory）在"互惠"研究中也被广泛采用。在社会交换理论视角下，员工个体将组织所实施的人力资源管理实践解读为组织支持与关注的标志，并因此以组织承诺、工作满意度和信任等方式构建彼此的互惠关系（Whitener，2001）。简言之，一元视角下将员工（以员工幸福感为表征）和组织（以组织绩效为表征）视为统一整体，认为员工和组织均可从人力资源管理实践的实施中受益，人力资源管理在增强员工幸福感的基础上，最终提升组织运营绩效和财务绩效（Van De Voorde，Paauwe，and Van Veldhoven，2012）。

随着研究的深入，越来越多的学者意识到人力资源管理对员工幸福感和组织绩效之间的作用效果可能存在着一定的冲突（Van De

Voorde et al., 2012), Peccei (2004) 和 Dorenbosch (2009) 将此类观点区分为"怀疑论"或"悲观论"。此时,员工幸福感被视为组织绩效的并行维度,人力资源管理实践对两者的作用机制和影响因素不尽相同 (Boxall and Purcell, 2000)。因此,组织在实施人力资源管理实践或分配人力资源投资决策时需在组织绩效与员工幸福感两者间权衡。以劳动过程理论 (labour process theory) 为基础,Godard (2001) 认为,人力资源管理对组织绩效的增强效应会伴随着员工压力的提升而降低。在寻求高财务绩效的组织中,员工往往经历着高强度的工作负载和工作压力 (Ramsay, Scholarios, and Harley, 2000)。因此,在"悲观/怀疑论"视角下,学者认为人力资源管理实践虽有助于组织绩效的提升,但员工并不一定受益于人力资源管理实践的实施。员工作为组织绩效的实际驱动者,若以组织绩效提升衡量会受益于人力资源管理实践,但以其自身幸福感为尺度,人力资源管理实践并不一定使员工获益(怀疑论),甚至会损害员工利益(悲观论)(Van De Voorde et al., 2012)。

梳理以上观点,本书在思考员工与组织二元利益者的基础上秉持互惠视角。换言之,本书认为,组织所实施的"混合型"HRM 系统之所以能有助于组织绩效的提升,原因在于可提升员工幸福感。员工幸福感的提升之所以有助于组织绩效的提升,原因在于幸福感更高的员工更有意愿从事和实施那些有助于组织绩效提升和战略目标实现的角色外行为或利组织行为,如员工建言行为。

具体而言,本书将员工幸福感界定为员工个体在工作场所的情感等即时性主观体验结果和在完成工作中体会到自我实现和自我满足等持久性客观评价过程,其包括生活幸福感、工作幸福感和心理幸福感。在"混合型"HRM 系统之下,控制型工作实践通过诸如明确的角色描述和工作任务向员工传达具体且清晰的角色预期,通过招聘与筛选和广泛培训等向员工传达工作所需知识与技术等信息,通过以结果为导向的绩效评估系统等向员工传达组织战略实现和目标达成所必需的关键绩效指标和努力方向等。这些实践虽在一定程度上降低了员工的工作自主程度,但是其能够向员工构建一个明确的图景,降低了员工对自身工作角色的模糊预期，从而有助于员工有效完成工作任务，提升其在工作中的成就感和满足感，有助于实现员工工作—家庭富足状态，即"工作—家庭—生活"等个体不同维度之间幸福感的良性扩散效应。此外，对于中国员工而言，工作自主性的降低并不意味着其幸福感的降低。

在控制型工作实践以完善角色预期、降低角色模糊来提升员工幸福感的同时，"混合型"HRM系统的承诺型雇佣实践维度对员工幸福感的提升效应则更易理解。从条目字面含义解析，企业实施承诺型雇佣实践的目标在于，通过一系列诸如内部劳动力市场等实践活动与员工建立一种长期、互惠的雇佣关系，员工对这些实践的感知有助于提升工作安全的感知、组织承诺的增强。诸如知识分享、员工管理参与等实践活动向员工传达一种组织对其重视、组织希望且允许员工了解组织信息和参与管理等信号。这些信号在弥补控制型工作实践对员工自主性一定程度的损害的同时，有助于提高员工在工作中的价值感、意义感及其他与员工幸福感积极相关的因素。

综上所述，本书认为当员工感知到由控制型工作实践和承诺型雇佣实践组合而成的"混合型"HRM系统时，员工对工作、生活等的情感体验和认知评价均有所提升。换言之，"混合型"HRM系统感知对员工幸福感有正向提升效应。虽然员工幸福感与员工建言行为这两个变量未得到以往研究的检验，但是工作幸福感、积极情感等作为员工幸福感的特定维度，在以往员工建言行为的研究中已被学者证实，诸如工作满意度、情感承诺等员工态度和情感均显示对员工建言行为的正向效应。针对促进性建言，诸如工作满意度等员工幸福感的认知维度、积极情感等员工幸福感的情感维度的增强，意味着员工所感知的与组织的"互惠"关系越强烈，员工为回报组织越倾向于实施促进性建言以进一步改善组织效率和促进组织绩效。针对抑制性建言，因该类型建言会指明组织中他人行为不当而具备了潜在的人际风险属性，从而使员工因担忧建言后果而倾向于不实施该行为。但员工幸福感中工作满意度等对组织领域中工作的正向认知评价和快乐、自我实现等积极情绪体验等，均意味着员工感知到现有工作环境是值得信任且安全的，能够在一定程度上消减对抑制性建言的潜在风险的担忧，故而有助于提高员工实施抑制性建言的频率。鉴于此，本书提出员工幸福感在"混合型"HRM系统感知和员工建言行为之间的中介效应假设，即假设H7及分假设H7a和H7b：

H7：员工幸福感在"混合型"HRM系统感知和建言行为间具有中介效应。

H7a：员工幸福感在"混合型"HRM系统感知和促进性建言间具有中介效应。

H7b：员工幸福感在"混合型"HRM系统感知和抑制性建言间具有中介效应。

四 员工幸福感和员工人力资本的双重中介机制

以往员工建言行为多集中探索个体心理因素、环境因素或思维因素的影响，而未将个体所储备的知识、技术和能力纳入研究体系，即忽视了员工建言行为的能力维度。而以往人力资本流派又过于重视人力资本对个体绩效和行为的重要意义，认为个体所具备的知识、技术和能力会自发转化为个体和组织绩效（Barnes, Liang, and Lepak, 2016）。Barnes等（2016）对此反驳并认为，人力资本对绩效的提升效应当且仅当其转化为那些有助于组织和工作单元的行为时才成立。换言之，以往建言行为研究和人力资源管理研究对员工个体的能力和动机研究是彼此独立的，尚未实现有效整合（Ployhart, 2015）。员工所提出的想法、建议或解决方案能被称为建言的根本原因是，其于组织和工作单元均具有建设性和重要性。这一标准的达成，意味着员工不仅需要具备实施此行为的动机，还需要具备实施该行为的能力，二者缺一不可（Van Dijke et al., 2015）。

为此，本书在能力（人力资本）和动机（员工幸福感）的双视角下探索员工的"混合型"HRM系统感知对其建言行为的作用机制。其中，采用经典概念界定人力资本，其是指内嵌于员工的知识、技术和能力的集合。知识是员工所掌握的组织相关流程、运营等陈述性信息；技术是指员工执行组织任务时的技巧、操作和方式；而能力是指员工所具有的具有普适性意义的能力，如理解能力、思辨能力等（Ployhart et al.，2014）。员工实施建言行为时，不仅需要了解组织具体的流程、运营的相关陈述性信息以了解何种建言、何时建言、如何建言是合适的且被接受的，还需要掌握一定的技术和操作等才有可能发现并识别现有组织的不足或局限等；更需要具有如思辨能力、创新能力等普适性能力去构建和发展能够针对组织不足与局限性进行改善与完善。鉴于此，人力资本作为员工知识、技术和能力的总称，能够在本书中作为员工建言行为的能力维度。

在整合视角下，将员工幸福感界定为"员工对工作场所遭遇的人、事、物的正向主观评价和积极情感体验"，其包括员工的生活幸福感、工作幸福感和心理幸福感。以往基于社会交换理论的研究发现，当员工对当前工作更满意，体验更高幸福水平时，因感知到组织对自身的示好，员工为回报组织而更有意愿从事利组织行为（pro-organizational behavior）。以往基于积极情感的拓展与构建模型的研究也显示，当员工在组织中能够更频繁地体验积极情感、更少地体验消极情感时，员工会更为投入工作，形成更高的职业认同和对组织的情感依赖，从而触发更多的利组织行为。而探索工作—家庭富足的相关研究也显示，当员工在家庭等非工作领域中体验更高水平的满足感和幸福感时，该幸福感会通过溢出效应向工作领域扩散，从而成为员工利组织行为的驱动力。鉴于此，员工幸福感作为一种包含工作幸福感、积极情绪及生活幸福感等维度的"伞状概念"，能够在本书中作为员工建言行为的动机维度。将员工幸福感作为员工建言行为的动机维度还具有以下优势：一方面，在影响个体创造力的动机研究中，员工幸福感对个体行为的作用机制仍未明晰，幸福感较强的员工是否真的会从事更多的建言行为仍存在着较多争议且结论尚未得到统一。因员工感知到工作场所中人际、工作等的积极情绪，是否以及在何种程度上影响其指正工作场所现有不足的意愿仍需要进一步探索。另一方面，在强调和谐社会的中国情境下，组织生活是个体生活的重要组成成分且对个体生活的其他维度（家庭生活、社交生活等）具有显著影响，在组织背景下对员工幸福感的影响因素和作用效果进行探索有利于和谐社会的建设。

因此，本书进一步探索人力资本和员工幸福感在员工 HRM 系统感知和建言行为关系中的双中介效应。据此，提出假设 H8 及分假设 H8a 和 H8b。

H8：员工幸福感和员工人力资本在"混合型"HRM 系统感知和建言行为间具有双重中介效应。

H8a：员工幸福感和员工人力资本在"混合型"HRM 系统感知和促进性建言行为间具有双重中介效应。

H8b：员工幸福感和员工人力资本在"混合型"HRM 系统感知和抑制性建言行为间具有双重中介效应。

五　员工幸福感的链式中介机制

以往人力资本研究多秉持"人力资本会自发转化为积极的组织和个体绩效"的前提（Nyberg et al.，2014）；员工建言行为则多秉持"员工有能力发现组织中现有不足并有能力发展出建设性解决方案"的前提（许龙等，2015）。实际而言，人力资本并不会天然促进组织绩效，而员工建言行为的能力维度和动机维度是缺一不可的。在整合员工建言行为的能力维度（员工人力资本）和动机维度（员工幸福感）的基础上，本书进一步提出：员工建言行为的意愿维度要先于员工建言行为的能力维度。具体而言，当员工具有能力发现组织现有不足并有能力构建建设性解决方案时，并不一定有意愿从事建言行为。而当员工有意愿从事建言行为，或员工有意愿为组织效率改善和绩效提升做出贡献时，其通过自主学习或充分利用组织培训、信息分享等提升自身能力（员工人力资本），从而提升员工从事建言行为的可能性。如 Wright 和 McMahan（2011）以及 Nyberg 等（2014）指出，在组织层面上，人力资本成为组织潜在竞争优势源头的前提在于，组织可以通过有效手段（通常是人力资源管理实践活动）"撬动"（leveraged）这一杠杆效应。在个体层面上也是一致的。要使员工人力资本蜕变为有助于组织绩效提升的组织资源，也必须使用某一支点"撬动"员工人力资本（Delery and Roumpi，2017），在本书中这一支点是员工幸福感。

采用规范性分析，Ployhart 和 Moliterno 从心理学角度对人力资本进行广义定义，将其界定为内嵌于员工个体的知识、技术、能力和其他特质的集合，并分类为认知型（can do）和非认知型（will do）人力资本，并认为后者有助于前者的产生与生成（Ployhart and Moliterno，2011）。在实际工作环境中，因未能有效激活员工而影响组织实践的实施效果的例子比比皆是。举例而言，在企业培训环节，纵使组织为员工提供了各类在职培训、专业培训等活动，但因员工自身积极性和主动性不高而使得培训效率无法有效实现。于此，本书认为，员工有关"混合型"HRM 系统的感知通过提高员工幸福感而促进员工人力资本的提升，即本书的假设 H9：

H9：员工幸福感在"混合型"HRM 系统感知和员工人力资本间具有中介效应。

将该假设与以上各假设进行整合，提出本书员工幸福感在"混合型"HRM 系统感知与员工建言行为之间的链式中介效应假设，即假设 H10 及 H10a 与 H10b：

H10：员工幸福感在"混合型"HRM 系统感知和员工人力资本间具有链式中介效应。

H10a：员工幸福感和员工人力资本在"混合型"HRM 系统感知和促进性建言行为间具有链式中介效应。

H10b：员工幸福感和员工人力资本在"混合型"HRM 系统感知和抑制性建言行为间具有链式中介效应。

第四节　本章小结

针对所构建的初始概念模型和待检验模型，本书拟回答以下科学研究问题：首先，员工对中国情境下广泛实施的"混合型"HRM 系统的感知是否影响、如何影响其建言行为的实施？其次，在员工 HRM 系统感知对员工建言行为的作用机制中，员工人力资本和员工幸福感具有怎样的作用效果？最后，员工人力资本和员工幸福感彼此的作用机制如何？为解答以上问题，本书提出假设进行研究，假设归纳具体见表3-2。

表3-2　　　　　　　　　　　假设汇总

测量模型假设与结构模型假设	
H1	员工的"混合型"HRM系统感知是一个潜在的二阶八因素模型，由员工对广泛培训、竞争流动与记录管理、信息分享、严格招聘、基于结果的考核、薪酬管理、内部劳动力市场和员工参与管理感知八个一阶因子构成
H2	员工建言行为可分为促进性建言行为和抑制性建言行为，均为有相关两因子一阶模型
H3	员工幸福感是由生活幸福感、工作幸福感和心理幸福感维度构成的二阶三因子潜在模型
H4	人力资本是由知识、技术和能力构成的一阶潜在模型
H5	"混合型"HRM系统感知对其建言行为具有正向促进效应
H5a	"混合型"HRM系统感知对其促进性建言行为具有正向促进效应
H5b	"混合型"HRM系统感知对其抑制性建言行为具有正向促进效应
H6	人力资本在"混合型"HRM系统感知和建言行为关系间具有中介效应
H6a	人力资本在"混合型"HRM系统感知与促进性建言行为关系间具有中介效应
H6b	人力资本在"混合型"HRM系统感知与抑制性建言行为关系间具有中介效应
H7	员工幸福感在"混合型"HRM系统感知和建言行为关系间具有中介效应
H7a	员工幸福感在"混合型"HRM系统感知与促进性建言行为关系间具有中介效应
H7b	员工幸福感在"混合型"HRM系统感知与抑制性建言行为关系间具有中介效应
H8	员工幸福感与人力资本在"混合型"HRM系统感知与建言行为关系间具有双中介效应
H8a	员工幸福感与人力资本在"混合型"HRM系统感知与促进性建言行为关系间具有双中介效应
H8b	员工幸福感与人力资本在"混合型"HRM系统感知与抑制性建言行为关系间具有双中介效应
H9	员工幸福感在"混合型"HRM系统感知与人力资本间具有中介效应
H10	员工幸福感在"混合型"HRM系统感知与建言行为关系间通过人力资本具有链式中介效应
H10a	员工幸福感与人力资本在"混合型"HRM系统感知与促进性建言行为关系间通过人力资本具有链式中介效应
H10b	员工幸福感与人力资本在"混合型"HRM系统感知与抑制性建言行为关系间通过人力资本具有链式中介效应

第四章 测量工具的形成及其性能检验

第一节 初始量表的筛选与确认

一 量表的筛选

本书所用量表均在国内外成熟研究量表的基础之上,结合本研究的实际情况修改而成。具体筛选过程及各量表初始信效度简述如下。

"混合型"HRM 系统感知。本书所研究的"混合型"HRM 系统源自苏中兴(2010b)提出的"转型期中国企业的高绩效人力资源管理系统"这一概念,其在本质上是一种根据中国特定情境将控制型工作实践和承诺型雇佣实践相结合的"混合型"HRM 系统,是一类具有中国特色的高绩效工作系统。

在构建测量"转型期中国企业的高绩效人力资源管理系统"量表时,苏中兴首先梳理并总结西方高绩效工作实践,以此为基础设计结构化访谈提纲,对 36 名任职于中国本土企业的人力资源经理进行访谈。在访谈中,苏中兴询问人力资源经理所提炼的经典工作实践在中国本土企业中的实施情况,并请被访者根据以往经验提出未包含在其中但适宜在中国企业实施的人力资源管理实践。作为补充,苏中兴采用内容分析法对 2002 年后刊发于中国财经类报纸和管理类杂志上的 86 篇人力资源管理案例进行编码和归纳。结合访谈和二手案例,苏中兴最终确认了 28 项适合中国企业的高绩效人力资源管理实践,既包含一些以承诺为导向的西方高绩效工作实践,又包含一些以控制为导向的本土人力资源实践。

采用五维李克特量表将这些陈述语句设计为调查问卷,对 149 名任职于北京与上海两地企业的人力资源经理进行问卷调查。最终实证结果显示,该"混合型"HRM 系统感知的整体 Cronback's α 系数为 0.846,即该量表具有较好信度。与此同时,特征值大于 1 并正交旋转六次的探索性因素分析结果显示,该量表可被划分为八因素结构,累计方差贡献率为 68.54%,即具有较好的内容效度。八因素及其 Cronback's α 系数分别为广泛培训(0.87)、员工竞争流动和纪律管理(0.75)、信息分享(0.80)、严格招聘(0.79)、基于结果的考核(0.77)、薪酬管理(0.68)、内部劳动力市场(0.76)、员工参与管理(0.66);且各维度中测量条目交叉因素负载负荷均高于 0.5,即具有较高收敛效度。虽并未报告区分效度,但整体而言,该量表具有较高的信度与效度。

人力资本。测量人力资本这一概念的方式有客观指标和主观指标两种。其中,客观指标可选用学历、工作年限等,而主观指标则可利用被试对自身知识、技能等的评价性信息。在检验人力资本与个人薪酬、财务绩效等客观指标的关联机制时往往采用前者对人力资本进行测量。在检验人力资本与个人特质、个人绩效或其他主观指标的关联机制时往往采用后者对人力资本进行测量(柯江林、孙健敏、石金涛和顾琴轩,2010)。因本书主要目的在于将人力资本作为个体感知和个体行为间的中介变量,故而选择主观指标衡量。柯江林等(2010)从狭义的人力资本概念出发设计了人力资本量表,其 Cronbach's α 值为 0.78。作为单维度概念,不需运用探索性因素分析检验其区分效度。但该研究并未报告该概念的内容效度。整体而言,量表信度满足标准,但效度仍需进一步检验。

员工幸福感。员工幸福感的测量工具存在较多差异,如认知、情绪或生理等指标或瞬时或持久等。对比测量工具及对本书研究的适用性,本书选择 Zheng 等(2015)在中国情境下所构建的员工幸福感量表,原因如下:首先,该量表是在整合视角下构建,既涉及主观幸福感,也包含心理幸福感,是员工幸福感不同维度的整合。其次,个体所处环境与整体文化,诸如中国传统文化、特殊发展阶段等,均会影响个体在工作中所遭遇人、事、物的认知评价和情感反应。因此，员工幸福感是一个具有情境专有属性的概念，不同国家、文化情境下的员工个体所体验或感受的幸福感也有所差异。

Zheng 等（2015）半结构化访谈了一家煤炭企业的 310 名员工关于幸福感的概念内涵与结构维度，在编码并分析访谈内容后，认为中国情境下的员工幸福感可分为生活幸福感、工作幸福感和员工幸福感 3 个维度，并且构建了测量中国员工幸福感的 11 个题项。之后，Zheng 等整合 Diener、Emmons、Larsen 和 Griffin（1985）的"生活满意度量表"5 个题项，Hackman 和 Oldham（1980）"工作诊断调查"3 个题项，Ryff（1989）"心理幸福感量表"54 个题项，Agho、Price 和 Mueller（1992）的"积极/消极情感量表"中 10 个有关生活的题项与 10 个有关工作的题项，构建了基于李克特 7 维量表，包含 93 个题项的量表测量中国情境下的员工幸福感。

Zheng 等（2015）将这一量表交由担任企业经理人与员工的 400 名 MBA 学员进行填答，并运用主成分分析、探索性因素分析和验证性因素分析等方法删减量表题项，最终形成了包含 18 个题项 3 个维度的中国情境下员工幸福感问卷。该问卷的整体 Cronbach's α 值为 0.91，生活幸福感、工作幸福感和心理幸福感的 Cronbach's α 值分别为 0.87、0.87、0.84。整体及各维度内部一致性分别为 0.90、0.82、0.87、0.82。量表具有较高信效度。

建言行为。员工建言行为研究中多采用 Van Dyne 和 LePine（1998）所构建的建言行为问卷。本书未选择该量表的原因在于，其并未区分不同建言行为的类型，而是将建言行为作为一个整体单一概念进行研究；该量表的发展及使用基于西方文化背景，虽被用于中国情境研究，但是否适于中国情境仍未达成共识（Liang et al., 2012）。

鉴于此，本书选择 Liang 等（2012）在中国情境下构建的建言量表。Liang 等汇总以往建言行为研究并编制条目池：来源之一是已出版的建言量表，如 Van Dyne 和 LePine（1998）、Premeaux 和 Bedeian（2003）以及 Van Dyne 等（2003）；来源之二是 Farh、Zhong 和 Organ

(2002,2004)在中国情境下所进行的归纳式研究。由一名资深管理人员统领,10名管理学博士研究生对所汇集测量池中的建言行为条目进行评估,分别形成了促进性建言和抑制性建言各6个词条。

对291名中国员工的问卷数据进行因素分析,结果显示,促进性建言行为由5个条目测量,能解释该维度的57.24%;抑制性建言行为由5个条目测量,能解释该维度的51.37%。对232名来自高科技企业研究与开发部门的员工回收数据的分析显示,Liang等(2012)所构建的促进性建言、抑制性建言与Van Dyne和LePine(1998)所构建的4题项建言行为的相关性为0.89。对219名制造业企业员工实证数据的分析显示,该量表测量的建言行为与Farh、Hackett和Chen(2008)所构建的2题项建言行为的相关系数为0.77。对341名下属与114名上级的双波数据的实证分析显示,促进性建言行为与抑制性建言行为的Cronbach's α值分别为0.87(0.90)和0.86(0.90)。所以,该量表具有较高信效度。

二 初始量表的确认

综上所述,"混合型"HRM系统感知以苏中兴(2010b)开发的"转型期中国企业的高绩效人力资源管理系统"量表为基础,人力资本以柯江林等(2010)提出的"人力资本"量表为基础,员工幸福感以Zheng等(2015)构建的"员工幸福感"量表为基础,员工建言行为则以Liang等(2012)构建的"员工建言行为"量表为基础(见表4-1)。

表4-1　　　　　研究量表的筛选、维度及原始信效度

变量	来源
"混合型"HRM系统感知	苏中兴(2010b)"转型期中国企业的高绩效人力资源管理系统"量表
人力资本	柯江林等(2010)"人力资本"量表
员工幸福感	Zheng等(2015)"员工幸福感"量表
建言行为	Liang等(2012)"员工建言行为"量表

三 初始量表设计与形成

本书所研究概念的测量工具中,"混合型"HRM系统、人力资本、员工幸福感量表均由中文编制,故而不需要采用"翻译—回译"这一步骤。在对 Liang（2012）所构建的员工建言行为进行翻译时,为规避中西方文化语言差异而造成语义丢失或错乱的现象并确保中文量表语言表达适宜中文阅读习惯,对于建言行为采用"翻译—回译"步骤。

经过"翻译—回译"过程,本书研究量表均以中文呈现,但因部分量表不符合国人阅读习惯,或为了便于填答者理解题项信息,本书对中文量表进行检验修改。具体修改步骤如下：首先,最初"混合型"HRM系统量表仅由简单词组构成,比如在测量广泛培训时,原始量表使用"系统的培训内容（企业文化、管理技能、专业技能等）""规范培训流程"等进行测量。当问卷填答者作为企业人力资源管理专员时,这些题项所包含的意义是明确且清晰的,但当被试转变为一般员工时,其往往认为这些题项过于模糊与笼统。所以,本书在改编这一量表时,进行改动（例如,"企业为我们提供了系统的培训内容,如企业文化、管理技能和专业知识等""企业为培训我们,建立了规范的培训流程"等）,用以考察员工个体对企业所实施的人力资源管理系统与实践的感知。其次,对于建言行为而言,以往问卷均将题项作为一个完整的句子,让问卷填答者选择这一情况"从未、很少、一般、经常或总是"出现,被试需要记住这些选项而增加了个体的认知负载。为此,本书在设计题项时,将其改为"我从未/很少/一般/经常/总是提出有益于企业的新项目""我从未/很少/一般/经常/总是规劝其他同事可能危害工作绩效的不良行为"等。

第二节 预调研

因部分量表用于不同文化情境或用于不同领域的被试,且本书也对量表进行了些许改动,故进行预调检验初始问卷在本书样本中的信度与效度问题。

一 初始量表的发放与回收

滚雪球抽样方法。预调阶段选择滚雪球抽样方法（snowball sampling）进行问卷发放与收集。作为一种特殊的非随机抽样，其适用于在不甚了解母体或母体部分单元的情况下，采用少量样本单位获得更多样本单元的抽样方式（Marcus, Weigelt, Hergert, Gurt, and Golléri, 2016）。本书研究目的在于了解中国本土企业中员工对"混合型"HRM系统的感知对员工建言行为的作用机制问题。理论而言，任职于中国本土企业的员工均为研究样本母体，其具体样本特征难以形成一个系统描述且因体量过于庞大而难以采纳抽样框进行随机抽样方法。因此，在进行预调时采用滚雪球抽样方法进行问卷发放。

首先，将所设计量表在问卷星[①]进行输入以建立一个在线调查问卷；其次，利用自身社交网络邀请就职于中国企业的亲朋好友填答问卷并恳请其将问卷在其社交网络（微信朋友圈、QQ空间和新浪微博等）扩散。在转发该问卷时，笔者告知扩散者在传播该网络问卷时要明确指出仅需任职于本土企业的员工填答。为防止非员工被试误填，问卷中设置诸如"您在当前企业所承担角色"等以剔除非员工填答者填答该问卷。

预计样本量。因问卷在线发放而无法得知具体浏览人数，即无法统计问卷的发放数量。为此，本书将所有填答问卷数作为发放问卷数，有效问卷指由企业员工填写的无明显错误或乱答的问卷，并依此计算有效问卷回收率。以往研究预调研所需有效问卷数应为问卷中测量题项最多的概念所包含题项数的5—7倍。本书所设计的问卷中"混合型"HRM系统感知的题项最多（28项），所以预调研至少应回收有效问卷150—200份。为确保回收到足够有效的问卷，本书在问

[①] 问卷星是国内一家专业数据收集网站，其官方网址为www.sojump.com。因网络的高速发展与便捷、在网络发放问卷的成本节省和高效，目前国内已有较多研究采用此问卷平台作为发放问卷的手段进行问卷发放与回收。

卷填答数达到 300 份时暂停问卷的发放与收集。

预调问卷回收时间段。预调始于 2017 年 1 月 6 日，次日邀请在企业中任职的亲友进行问卷的填答与扩散，对于非企业员工的亲友恳请其将预调问卷分享给其所认识的属于企业员工的亲友，依此类推，形成"滚雪球状"问卷发放渠道。截至 1 月 10 日，已回收问卷 315 份，停止预调问卷发放工作。

有效问卷的筛选。首先，剔除当前在企业承担高层管理者或其他职务的问卷填答者所填写问卷，共 8 份，原因在于本书旨在了解员工（包括基层管理者）对"混合型"HRM 系统的感知及回应。其次，剔除问卷整体填答时间少于 3 分钟的问卷，共 26 份。原因在于本书共含有 95 个题项，阅读题项后凭直觉回答需 180 秒左右，且所回收样本整体填答时间的平均值为 587 秒，取其 1/4 分位数也为 180 秒。最后，粗略排查剩余问卷并未发现有明显乱选现象（所有答案均一致或相反题项答案一致等）的问卷。此外，由于网络问卷可设置题项均为必答题，漏答则无法提交问卷，经过筛选和排查，最终确定预调问卷 281 份，有效问卷回收率为 89.21%。

回收渠道。在预调阶段，100% 所回收问卷通过手机微信提交。手机微信已逐渐取代短信、邮件等传统方式，成为当代中国人最为重要的沟通渠道，这也是本书选择网络平台问卷方式进行滚雪球抽样的原因之一，其能够有效确保问卷回收工作的高效与便捷。此外，在被试填答完问卷后均有一定概率抽取到笔者所设置的微信红包，但该红包的发放必须在笔者确认填答问卷无明显纰漏时才能被领取。

二 样本描述性统计分析

样本的描述性统计分析如表 4-2 所示。

表 4-2　　　　　　　　预调样本基本特征

基本特征	分类	样本数目	百分比（%）	分类	样本数目	百分比（%）
性别	男	181	64.41	女	100	35.59

续表

基本特征	分类	样本数目	百分比(%)	分类	样本数目	百分比(%)
年龄	25岁及以下	39	13.88	41—50岁	10	3.56
	26—30岁	174	61.92	51—60岁	2	0.71
	31—40岁	56	19.93			
所在地	河南	49	17.44	云南	17	6.05
	河北	41	14.59	上海	16	5.69
	天津	34	12.01	重庆	12	4.27
	四川	23	8.19	广东	12	4.27
	北京	22	7.83	其他	55	19.66
学历	高中及以下	13	4.63	硕士研究生	79	28.11
	本科及大专	184	65.48	博士及以上	5	1.78
企业性质	国有企业	130	46.26	外商独资企业	6	2.14
	集体企业	10	3.56	私营企业	103	36.65
	中外合资企业	5	1.78	其他	27	9.61
行业性质	房地产开发等	78	27.75	IT/软硬件服务等	18	6.41
	汽车及零配件	31	11.03	银行/保险/证券等	13	4.63
	制造业	26	9.25	其他	96	34.16
	教育/培训/科研/院校	19	6.76			
承担角色	一般员工	167	59.43	中层管理者	33	11.74
	基层管理者	81	28.83			

注：数据经四舍五入。

(一) 人口统计学分布

地理分布。问卷星可根据填答者IP地址判断其所在国别与省份。预调有效问卷主要源自河南、河北与天津三地，分别为49份（17.44%）、41份（14.59%）和34份（12.01%）。其他样本来自四川（23份/8.19%）、北京（22份/7.83%）、云南（17份/6.05%）、上海（16 份/5.69%）、重庆（12 份/4.27%）、广东（12 份/4.27%）、其他（55 份/19.66%）。

性别分布。问卷填答者中，来自男性的问卷有 181 份（64.41%），来自女性的问卷有 100 份（35.59%）。

年龄分布。174 名（61.92%）填答者年龄为 26—30 岁，56 名（19.93%）填答者年龄为 31—40 岁，39 名（13.88%）填答者年龄为 25 岁及以下，仅 10 名（3.56%）填答者年龄为 41—50 岁，2 名（0.71%）填答者年龄大于 50 岁。

学历分布。184 名填答者具有大学本科/大专学历（65.48%），硕士 79 名（28.11%），高中及以下学历的填答者有 13 名（4.63%），博士及以上有 5 名（1.78%）。

（二）企业基本特征

企业所有制。问卷填答者所处的企业中，国有企业有 130 家（46.26%），私营企业有 103 家（36.65%），集体企业、外商独资企业和中外合资企业分别为 10 家（3.56%）、6 家（2.14%）和 5 家（1.78%），27 家（9.61%）为其他企业。

行业性质。有 78 家（27.75%）从事房地产开发/建筑工程/装潢/设计行业，31 家（11.03%）从事汽车及零配件行业，26 家（9.25%）从事制造行业，19 家（6.76%）从事教育/培训/科研/院校等教育行业，18 家（6.41%）从事 IT/软硬件服务/电子商务/互联网运营行业，13 家（4.63%）从事银行/保险/证券/投资银行/风险基金等行业，96 家（34.16%）从事其他行业。

承担角色。问卷填答者在这些企业中，有 167 名（59.43%）职位为一般员工，81 名（28.83%）为基层管理人员和 33 名（11.74%）为中层管理者。

三 信度与效度检验

（一）信效度检验方法和指标选择

因本书所选用量表均为成熟量表，无须对其进行量表项目分析，仅进行信效度检验即可。运用 SPSS 19 和 AMOS 21 检测量表的信度与效度。

信度（reliability）检验是判断测量工具测得结果的稳定性及一致性，即量表的内在效度和外在效度。在管理学领域通常使用Cronbach's α值作为内在效度的衡量指标。该指标界于0—1，系数值在0.65—0.70是最小可接受值，0.7—0.8相当好，而在0.80—0.90则非常好。

效度（validity）检验是观测值能否以及在何种程度上反映构念所测度的特质，一般包括内容效度和结构效度两个方面。因量表均是成熟量表，无须检验内容效度、效标关联效度和建构效度，仅需要进行整体量表的收敛效度和区分效度。其中，收敛效度用以检验量表中题项间的一致性问题，可通过各测量题项对潜变量特定维度的因素负荷量的大小进行判断。在同一因素构面中，题项的因素负荷量越大，其越具有收敛效度；而在非所属因素构面中，题项的因素负荷量越小，越具有区分效度。一般在判别收敛效度时，因素负荷量高于0.5时可接受，高于0.7时为理想。对于区分效度，采用置信区间指标进行判断。也就是说，如果同一量表不同维度间相关系数的置信区间未包含1，则维度之间具有区分效度。

因本书所采用的量表均为已成熟量表，不必采用探索性因素分析区分其各不同维度，本书采用验证性因素分析探索其是否契合原始模型。因素分析前需进行Kaiser-Meyer-Olkin（KMO）检验和Bartlett球形检验以确认是否可实行因素分析。当KMO指标大于0.9时十分适合因素分析，0.8<KMO<0.9适合因素分析，大于0.7为可接受，大于0.6时因素分析效果差，0.6以下不宜因素分析。Bartlett球形检验应该是显著的。

（二）信效度检验步骤

具体的信效度检验步骤如下：首先，运用KMO检验和Bartlett球形检验确认所回收数据是否适合探索性因素分析。在因素分析时采用最大似然方法并使固定因素值为2。其次，进行初始量表的收敛效度检验和区分效度检验，所采用的方法是验证性因素分析，采用的指标是测量题项在其所在构面的因素负荷量和维度间相关系数的置信区间；所有题项的因素负荷量均应大于 0.5；所有维度间相关系数的置信区间应不包含 1。最后，进行信度检验，以检验最终形成量表的可信度。

特别指出的是，因量表包含不同的概念，如"混合型"HRM 系统感知、建言行为等，本书对测量这些概念的量表分别进行检验。原因在于，一方面，各概念从界定到内涵方面均有根本性差异，其区分效度本应较明显；另一方面，若将所有概念的测量量表汇集至一起进行检验，数量体量较大，容易产生误差和混乱。

（三）信效度检验结果

1. "混合型"HRM 感知

KMO 检验和 Bartlett 球形检验如表 4-3 所示。从该表可以看出，KMO 指标大于 0.9，所回收数据十分适合因素分析。Bartlett 球形检验结果也显著。

表 4-3 "混合型"HRM 感知量表的 KMO 检验与 Bartlett 球形检验

KMO 检验	取样适切性量数	0.940
Bartlett 球形检验	近似卡方分布	4456.252
	自由度	378
	显著性	0.000

注：所有系数均选用标准化系数，以下各实证数据均为标准化后的结果。

收敛效度如图 4-1 所示。因"混合型"HRM 系统感知量表借鉴苏中兴（2010b）的成熟量表，无须进行探索性因素分析，仅使用验证性因素分析探索信度和效度。由图 4-1 可以看出，"混合型"HRM 系统感知各维度中测量题项的因素负载量均高于 0.5，具有可接受收敛效度。

区分效度见表 4-4。由表 4-4 可见，"混合型"HRM 系统感知中各维度间相关系数均在 0.6 以上，且其相关系数的置信区间内均不包含数值 0，具有较好区分效度。

进行信度检验，Cronbach's α 系数检验结果如表 4-5 所示，"混合型"HRM 系统感知各维度的测量信度均在 0.7 以上，且组合信度为 0.8（超过 0.7），故量表具有较强的可靠性。

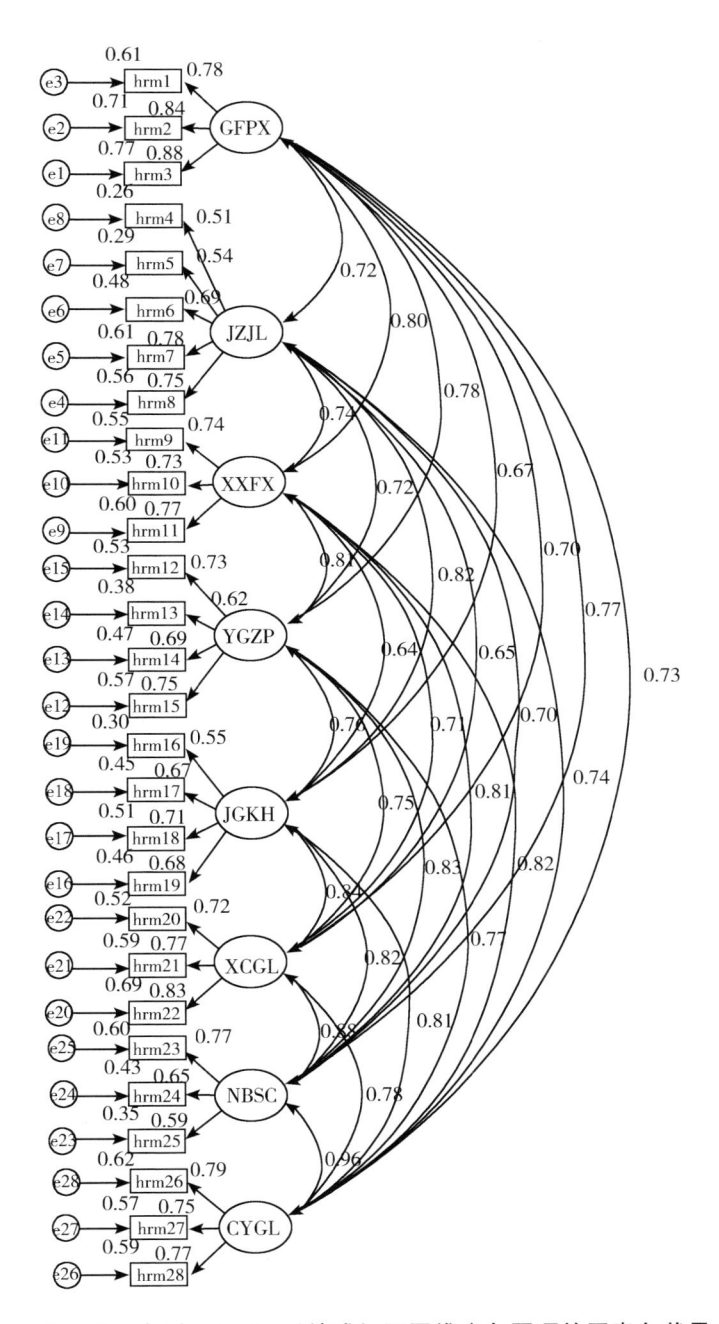

图 4-1 "混合型" HRM 系统感知不同维度各题项的因素负载量

表 4-4 "混合型"HRM 系统感知各维度相关系数、置信区间及 P 值

维度	系数	置信区间	P 值	维度	系数	置信区间	P 值
GFPX<-->JZJL	0.718	0.598—0.821	0.001	GFPX<-->XXFX	0.800	0.670—0.890	0.001
GFPX<-->YGZP	0.781	0.578—0.874	0.001	GFPX<->JGKH	0.671	0.542—0.771	0.001
GFPX<-->XCGL	0.702	0.581—0.783	0.001	GFPX<-->NBSC	0.773	0.654—0.864	0.001
GFPX<-->CYGL	0.728	0.614—0.814	0.001	JZJL<-->XXFX	0.742	0.605—0.858	0.001
JZJL<-->YGZP	0.720	0.624—0.866	0.000	JZJL<-->JGKH	0.823	0.731—0.959	0.001
JZJL<-->XCGL	0.650	0.529—0.797	0.001	JZJL<-->NBSC	0.697	0.585—0.845	0.002
JZJL<-->CYGL	0.740	0.602—0.854	0.001	XXFX<-->YGZP	0.807	0.572—0.940	0.001
XXFX<-->JGKH	0.644	0.481—0.813	0.001	XXFX<-->XCGL	0.711	0.578—0.841	0.001
XXFX<-->NBSC	0.808	0.646—0.923	0.002	XXFX<-->CYGL	0.819	0.662—0.932	0.001
YGZP<-->JGKH	0.763	0.590—0.901	0.001	YGZP<-->XCGL	0.749	0.615—0.847	0.001
YGZP<-->NBSC	0.835	0.680—0.945	0.001	YGZP<-->CYGL	0.773	0.644—0.885	0.001
JGKH<-->XCGL	0.845	0.670—0.942	0.001	JGKH<-->NBSC	0.819	0.731—0.976	0.001
JGKH<-->CYGL	0.799	0.709—0.927	0.001	XCGL<-->NBSC	0.883	0.792—0.989	0.001
XCGL<-->CYGL	0.780	0.659—0.893	0.001	NBSC<-->CYGL	0.964	0.894—1.071	0.001

表 4-5 "混合型"HRM 系统感知信度检验

变量	维度	题项数目	Cronbach's α	
"混合型"HRM 系统感知	广泛培训	3	0.870	0.80
	竞争流动与纪录管理	5	0.787	
	信息分享	3	0.791	
	严格招聘	4	0.787	
	基于结果的考核	4	0.746	
	薪酬管理	3	0.811	
	内部劳动力市场	3	0.719	
	员工参与管理	3	0.814	

2. 员工建言行为

KMO 检验和 Bartlett 球形检验结果如表 4-6 所示。员工建言行为的 KMO 指标大于 0.9，Bartlett 球形检验结果也显著，故而可进行因

素检验。

表 4-6　员工建言行为量表的 KMO 检验与 Bartlett 球形检验

KMO 检验	取样适切性量数	0.929
Bartlett 球形检验	近似卡方分布	2001.584
	自由度	45
	显著性	0.000

收敛效度如图 4-2 所示。促进性建言行为（Prom_V）题项的因素负载分别为 0.78、0.83、0.83、0.87、0.86；抑制性建言行为（Proh_V）题项的因素负载分别为 0.68、0.82、0.82、0.80、0.77；由于均高于 0.5，具有可接受收敛效度。

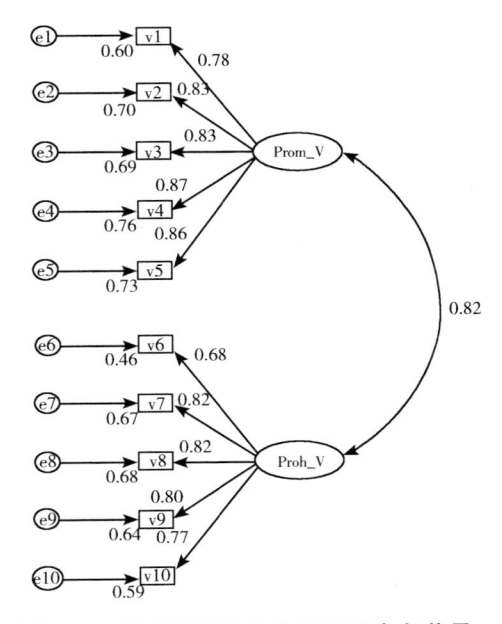

图 4-2　员工建言行为各题项因素负载量

区分效度如表 4-7 所示，员工建言行为的两个维度间相关系数为 0.819，高于 0.6，且其相关系数的置信区间不包含 1，且 P 值显著，具有较好区分效度。

表 4-7　　　　员工建言行为维度相关系数、置信区间及 P 值

维度	系数	置信区间	P 值
Prom_V<-->Proh_V	0.819	0.729—0.897	0.001

进行信度检验，员工建言行为量表 Cronbach's α 系数检验结果如表 4-8 所示。促进性建言的 Cronbach's α 系数为 0.920，抑制性建言的 Cronbach's α 系数为 0.883，组合信度为 0.934，均大于 0.8，员工建言行为量表具有较强可靠性。

表 4-8　　　　　　　员工建言行为信度检验

变量	维度	题项数目	Cronbach's α	
员工建言行为	促进性建言	5	0.920	0.934
	抑制性建言	5	0.883	

3. 员工幸福感

KMO 检验和 Bartlett 球形检验的结果如表 4-9 所示，KMO 为 0.927，Bartlett 球形检验显著。

表 4-9　　　员工幸福感量表的 KMO 检验与 Bartlett 球形检验

KMO 检验	取样适切性量数	0.927
Bartlett 球形检验	近似卡方分布	3144.006
	自由度	153
	显著性	0.000

收敛效度指标如图 4-3 所示。生活幸福感（LWB）测量题项的因素负载分别为 0.72、0.72、0.85、0.80、0.67、0.83；工作幸福感（WWB）题项的因素负载分别为 0.82、0.83、0.78、0.77、0.69、0.78；心理幸福感（PWB）题项的因素负载分别为 0.75、0.68、0.69、0.70、0.68、0.71；由于均高于 0.5，具有可接受收敛效度。

区分效度指标如表 4-10 所示，员工幸福感三维度相关系数均大于 0.6，置信区间不包含数值 1，具有较好区分效度。

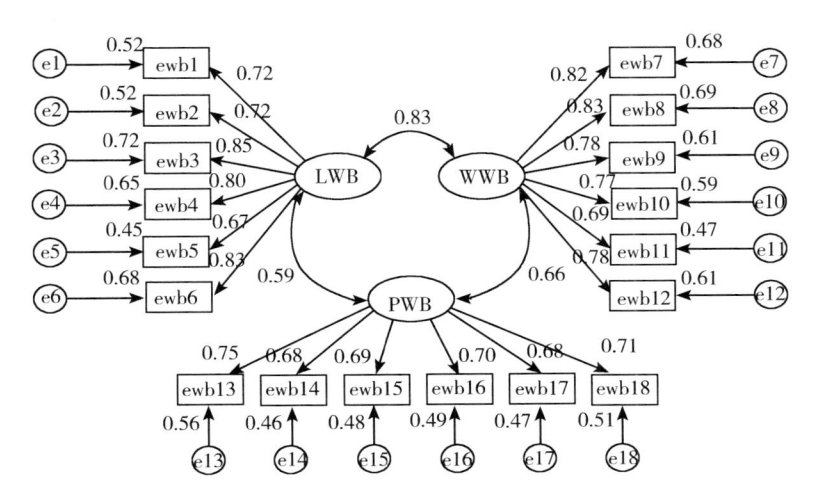

图 4-3　员工幸福感不同维度各题项的因素负载量

表 4-10　员工幸福感各维度相关系数、置信区间及 P 值

维度	系数	置信区间	P 值
LWB<-->WWB	0.829	0.729—0.900	0.001
LWB<-->PWB	0.587	0.444—0.714	0.001
WWB<-->PWB	0.663	0.540—0.790	0.000

进行信度检验，员工幸福感 Cronbach's α 系数检验结果如表 4-11 所示，生活幸福感、工作幸福感和心理幸福感的 Cronbach's α 系数分别为 0.893、0.902 和 0.853，组合效度为 0.934，具有较强可靠性。

表 4-11　员工幸福感信度检验

变量	维度	题项数目	Cronbach's α	
员工幸福感（$N=18$）	生活幸福感	6	0.893	0.934
	工作幸福感	6	0.902	
	心理幸福感	6	0.853	

4. 人力资本

人力资本量表为单维度，无须进行因素分析和区分效度检验，仅需要验证收敛效度和信度。

收敛效度指标如图 4-4 所示，人力资本题项因素负载量为 0.74、0.72 和 0.91，均超过 0.5，达到收敛效度可接受标准。

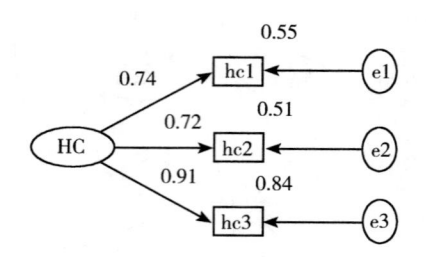

```
                0.55
        0.74  ┌─────┐
         ───→ │ hc1 │ ←─── e1
     ┌────┐   └─────┘
     │    │    0.51
     │ HC │ 0.72 ┌─────┐
     │    │ ───→ │ hc2 │ ←─── e2
     └────┘      └─────┘
         0.91    0.84
          ───→ ┌─────┐
               │ hc3 │ ←─── e3
               └─────┘
```

图 4-4　人力资本题项因素负载量

进行信度检验，人力资本 Cronbach's α 系数检验如表 4-12 所示，测量信度为 0.828，具有较强可靠性。

表 4-12　　　　　　　　　　人力资本信度检验

变量	题项数目	Cronbach's α
人力资本	3	0.828

第三节　正式调研

一　正式量表的形成

经预调后，确认正式测量问卷，包含潜在变量 6 个、陈述性题项 86 项、基础信息题项 10 项，共 96 项题项，如表 4-13 所示。

表 4-13　　　　　　　　　　正式调研问卷

	维度	标识	条目
"混合型" HRM 系统感知	广泛培训（GFPX）	hrm1	企业为我们员工提供了系统的培训内容，如企业文化、管理技能和专业知识等
		hrm2	相对于同行业中其他企业，我所在企业投入更多的时间与精力培训员工
		hrm3	企业为培训我们员工，建立了规范的培训流程

续表

	维度	标识	条目
"混合型" HRM 系统感知	竞争流动与记录管理（JZJL）	hrm4	当员工违规违纪时，企业坚决依据规章制度处罚违纪员工
		hrm5	我所在的企业实施末位淘汰制
		hrm6	相对于同行业其他企业，我所在企业实施更为严格的记录管理
		hrm7	我所在企业会依据管理人员的业绩对其晋升或降级
		hrm8	我所在企业中，重要岗位是实行竞争上岗制度
	信息分享（XXFX）	hrm9	企业管理者会向我们员工反馈企业的生产信息和财务信息
		hrm10	我能够及时了解所在部门的工作目标和进度
		hrm11	企业管理者经常向我们员工宣传企业的发展战略
	严格招聘（YGZP）	hrm12	在招聘过程中，企业注重考查我是否认可企业价值观
		hrm13	企业招聘过程中，企业更为重视我所具备的基本素质，而非我所掌握的技能
		hrm14	在招聘过程中，我经历了严格的选拔流程，如笔试、面试等环节
		hrm15	我所在的企业从大量的求职者中选拔出优秀员工
	基于结果的考核（JGKH）	hrm16	企业的考核制度是以结果为导向的
		hrm17	我所在的企业严格根据考核结果实施奖惩
		hrm18	我的收入与企业对我的考核结果挂钩
		hrm19	我清楚地知道企业所实施的考核指标
	薪酬管理（XCGL）	hrm20	我所在的企业实行短期激励性薪酬，比如绩效奖金等
		hrm21	我所在的企业为关键人才提供了优厚待遇
		hrm22	所在企业为员工提供了有竞争力的整体薪酬水平
	内部劳动力市场（NBSC）	hrm23	我所在的企业为我制定了完善的职业发展规划
		hrm24	我所在的企业倾向于在企业内部选拔人才、晋升人才
		hrm25	我所在的企业允许我们员工进行内部工作调动
	员工参与管理（CYGL）	hrm26	我所在的企业设有专门的员工建议系统
		hrm27	我们员工有机会参与到管理小组的讨论和会议中
		hrm28	我所在企业会对我们员工的态度和意见开展调查活动

续表

维度		标识	条目
人力资本（HC）		hc1	我的专业理论知识更丰富
		hc2	我的工作经验更丰富
		hc3	我的专业技能水平更高
员工幸福感	生活幸福感（LWB）	ewb1	我生活中的大多数方面与我的理想很接近
		ewb2	我的生活非常有趣
		ewb3	大部分时间内，我有感到真正快乐的时刻
		ewb4	我对自己的生活感到满意
		ewb5	如果有来世，我几乎不会改变目前的生活方式
	工作幸福感（WWB）	ewb6	我的生活状况非常好
		ewb7	我的工作非常有趣
		ewb8	总体来说，我对我从事的工作感到非常满意
		ewb9	我总能找到办法来充实我的工作
		ewb10	我对我具体的工作内容感到基本满意
	心理幸福感（PWB）	ewb11	对于我来说，工作会是很有意义的一场经历
		ewb12	我对从目前工作中获得的成就感感到基本满意
		ewb13	总的来说，我对自己是肯定的，并对自己充满信心
		ewb14	我很喜欢与家人或朋友有深入的沟通，彼此了解
		ewb15	我对于日常生活中的许多事务都处理得很好
		ewb16	人们认为我肯付出且愿意和他人分享自己的时间
		ewb17	我善于灵活安排时间，以便完成所有工作
		ewb18	随着时间的流逝，我感到自己成长了很多
员工建言行为	Prom_V	v1	针对可能影响团队的重要议题，积极构建并提出建议
		v2	主动提出有益于团队的新项目
		v3	提出团队工作流程的改进意见
		v4	提出有助于团队实现目标的建设性意见
		v5	为改善团队运营，提出建设性意见
	Proh_V	v6	规劝其他同事可能危害工作绩效的不良行为
		v7	即便存在异议，也会如实陈述可能导致团队损失的问题
		v8	即便会使他人尴尬，也敢针对影响团队效能的事项发表意见
		v9	即便有损同事关系，也敢于提出团队正出现的问题
		v10	主动向管理层反映团队中的协调问题

二 问卷收集渠道与正式量表发放

因网络问卷的便利和快捷，正式量表的发放与回收同样以问卷星为途径，采用网络平台的问卷方法。与预调不同的是，为确保回收数据质量和效率，正式调研不使用滚雪球抽样，而利用问卷星样本服务发放问卷与收集数据。

网络平台发放的优势与数据质量。为确保研究数据的真实性和有效性，目前已有较多研究采用委托第三方专业机构代为收集问卷的方式。如 Maleady 和 Crisp（2017）发表于 *Leadership Quarterly* 的研究，Duffy、England、Douglass、Autin 和 Allan（2017）发表于 *Journal of Vocational Behavior* 的研究等均采用 Amazon 所提供的在线数据收集工具 Mechanical Turk 进行研究数据的收集工作。自出现在线数据收集服务以来，许多学者针对此方式所收集数据的质量、效度和普遍性进行探索。Paolacci 和 Chandler（2014），Buhrmester、Kwang 和 Gosling（2011），以及 Goodman、Cryder 和 Cheema（2013）研究显示，与一般数据收集方式相比较，通过在线数据收集工具所回收的数据更能够体现样本的整体特征；此外，通过此种方式所回收的数据至少能够达到与传统数据收集方式相一致的多样性和可信性等。

研究问题的适应性及问卷星平台的优势。本书研究对象为中国企业的一线员工，因研究对象的数量庞大，且通过人际关系进行问卷方法很容易形成样本偏差，而选择问卷星的样本服务则能够有效规避此问题。问卷星有超过 260 万的样本库成员，从每日超 100 万人次的问卷填答者中随机邀请符合本书所设定的拟调研对象要求的填答者进入本书样本库。在问卷填答的过程中，问卷星会采用一定可控标准对问卷填答质量进行控制，如过短填答时间、填写答案过于一致等有显著缺陷的问卷自动划归为无效问卷。在问卷回收过程中，本书通过系统筛选和人工筛选两个步骤确保回收数据质量。

预计样本量及有效数据筛选。确认问卷无误后，笔者委托问卷星提供样本服务，预定样本量为 500 份。此次问卷回收用时 17 天（2017 年 2 月 1—17 日），回收问卷 652 份。经问卷星系统筛选和笔者人工筛选后，剩余有效问卷数为 518 份，有效回收率为 79.44%。笔者人工筛选的具体筛选标准与预调相同，即：（1）去除非企业员工的问卷；（2）去掉填答时长低于 300 秒的问卷（约每道题 4 秒钟）；（3）去除明显填答错误或胡乱填答的问卷等。

三 样本描述性统计分析

预调数据显示所采用量表具有较好信度和效度，且不需要对量表进行大幅修改，故将预调与正式调研回收数据合并分析。合并后共有有效样本 799 份，281 份为采用滚雪球式抽样获取的预调样本，518 份为采用随机抽样方式获取的新数据，描述性统计如表 4-14 所示。

表 4-14　　　　　　　　样本部分的描述性统计分析

基本特征	分类	样本数目	百分比（%）	分类	样本数目	百分比（%）
性别	男	423	52.94	女	376	47.06
年龄	25 岁及以下	75	9.39	41—50 岁	68	8.51
	26—30 岁	331	41.43	51—60 岁	22	2.75
	31—40 岁	303	37.92			
所在地	上海	87	10.89	江苏	46	5.76
	广东	82	10.26	山东	46	5.76
	北京	78	9.76	天津	41	5.13
	河北	63	7.88	四川	40	5.01
	河南	60	7.51	其他	256	32.04
学历	高中及以下	31	3.88	硕士研究生	132	16.52
	本科及大专	628	78.60	博士及以上	8	1.00
企业性质	国有企业	281	35.17	外商独资企业	48	6.01
	集体企业	45	5.63	私营企业	307	38.42
	中外合资企业	87	10.89	其他	31	3.88
行业性质	制造业	146	18.27	汽车及零配件	49	6.13
	房地产开发等	101	12.64	通信/电信运营等	35	4.38
	IT/软硬件服务等	72	9.01	批发/零售	25	3.13
	教育/培训/科研/院校	61	7.63	其他	310	38.80

续表

基本特征	分类	样本数目	百分比（%）	分类	样本数目	百分比（%）
承担角色	一般员工	458	57.32	中层管理者	107	13.39
	基层管理者	234	29.29			

注：数据经四舍五入。

因统计方法需数据属于正态分布，检验信效度前，对数据极大值、极小值、均值、标准差、偏度和峰度等进行检验，以判断是否为正态分布。指标有三：第一，使用偏度系数和峰度系数绝对值判断。当两者绝对值均小于1时可被视为接近正态分布。第二，使用单个样本 Kolmogoryv-Smirnov 检验其 Z 值和 P 值，当 P 值等于 0.05 时数据呈现正态分布。第三，使用 Q-Q 图检验，当所有数据均近似于围绕着直线时呈近似正态分布。因后两种方法均以图像方式呈现，且本书需列出题项的一般性描述统计分析，为节省篇幅，故选择第一种方法进行判断。表4-15至表4-18显示了数据各题项的样本量、极大值、极小值、均值、标准差、峰度和偏度。所有题项的偏度和峰度绝对值都小于1，数据在各题项上均符合正态分布。

表4-15 "混合型"HRM系统感知量表的一般性描述统计分析

题项	样本量	极小值	极大值	均值	标准差	偏度	峰度	正态分布
hrm1	799	1	5	3.88	0.968	-0.991	0.977	是
hrm2	799	1	5	3.59	1.086	-0.479	-0.369	是
hrm3	799	1	5	3.76	1.035	-0.758	0.159	是
hrm4	799	1	5	3.88	0.938	-0.760	0.392	是
hrm5	799	1	5	3.04	1.237	-0.042	-0.976	是
hrm6	799	1	5	3.67	1.022	-0.556	-0.129	是
hrm7	799	1	5	3.64	1.042	-0.736	0.200	是
hrm8	799	1	5	3.59	1.139	-0.620	-0.331	是
hrm9	799	1	5	3.36	1.141	-0.397	-0.515	是
hrm10	799	1	5	3.79	0.947	-0.840	0.709	是
hrm11	799	1	5	3.76	1.015	-0.594	-0.189	是
hrm12	799	1	5	3.68	1.003	-0.582	-0.106	是

续表

题项	样本量	极小值	极大值	均值	标准差	偏度	峰度	正态分布
hrm13	799	1	5	3.70	0.999	-0.615	-0.071	是
hrm14	799	1	5	3.85	0.997	-0.731	0.141	是
hrm15	799	1	5	3.82	0.970	-0.703	0.190	是
hrm16	799	1	5	3.86	0.859	-0.632	0.483	是
hrm17	799	1	5	3.78	0.908	-0.539	0.110	是
hrm18	799	1	5	3.77	1.009	-0.767	0.356	是
hrm19	799	1	5	3.76	0.984	-0.747	0.298	是
hrm20	799	1	5	3.76	1.058	-0.772	0.107	是
hrm21	799	1	5	3.71	1.038	-0.609	-0.039	是
hrm22	799	1	5	3.53	1.036	-0.563	-0.018	是
hrm23	799	1	5	3.29	1.113	-0.255	-0.601	是
hrm24	799	1	5	3.82	0.970	-0.786	0.533	是
hrm25	799	1	5	3.66	1.030	-0.650	-0.048	是
hrm26	799	1	5	3.37	1.081	-0.488	-0.322	是
hrm27	799	1	5	3.49	1.059	-0.530	-0.183	是
hrm28	799	1	5	3.57	1.010	-0.603	0.100	是

表 4-16　员工建言行为量表的一般性描述统计分析

题项	样本量	极小值	极大值	均值	标准差	偏度	峰度	正态分布
v1	799	1	5	3.39	0.949	-0.527	0.072	是
v2	799	1	5	3.30	1.036	-0.342	-0.251	是
v3	799	1	5	3.42	0.976	-0.409	-0.059	是
v4	799	1	5	3.32	0.996	-0.464	-0.115	是
v5	799	1	5	3.31	1.066	-0.400	-0.330	是
v6	799	1	5	3.45	0.955	-0.331	-0.142	是
v7	799	1	5	3.48	0.982	-0.470	0.006	是
v8	799	1	5	3.24	1.005	-0.293	-0.234	是
v9	799	1	5	3.23	1.015	-0.209	-0.432	是
v10	799	1	5	3.34	1.025	-0.401	-0.266	是

表 4-17　　　　　员工幸福感量表的一般性描述统计分析

题项	样本量	极小值	极大值	均值	标准差	偏度	峰度	正态分布
ewb1	799	1	5	3.37	0.946	-0.391	-0.168	是
ewb2	799	1	5	3.57	0.968	-0.339	-0.203	是
ewb3	799	1	5	3.68	0.936	-0.476	-0.003	是
ewb4	799	1	5	3.53	0.929	-0.461	0.005	是
ewb5	799	1	5	2.96	1.184	-0.071	-0.927	是
ewb6	799	1	5	3.40	0.949	-0.337	-0.138	是
ewb7	799	1	5	3.40	1.022	-0.368	-0.241	是
ewb8	799	1	5	3.57	0.932	-0.532	0.226	是
ewb9	799	1	5	3.66	0.917	-0.434	-0.053	是
ewb10	799	1	5	3.70	0.891	-0.700	0.598	是
ewb11	799	1	5	3.74	0.876	-0.572	0.438	是
ewb12	799	1	5	3.64	0.941	-0.488	-0.055	是
ewb13	799	1	5	3.91	0.835	-0.656	0.643	是
ewb14	799	1	5	3.91	0.877	-0.626	0.236	是
ewb15	799	1	5	3.76	0.814	-0.417	0.274	是
ewb16	799	1	5	3.85	0.799	-0.506	0.460	是
ewb17	799	1	5	3.87	0.813	-0.448	0.222	是
ewb18	799	1	5	4.12	0.750	-0.660	0.609	是

表 4-18　　　　　人力资本量表的一般性描述统计分析

题项	样本量	极小值	极大值	均值	标准差	偏度	峰度	正态分布
hc1	799	1	5	3.73	0.812	-0.455	0.528	是
hc2	799	1	5	3.62	0.957	-0.439	-0.125	是
hc3	799	1	5	3.69	0.840	-0.363	0.163	是

第四节　本章小结

本章筛选变量的测量工具，并开展预调研及正式调研。首先，论述各变量测量量表的选择原因及该量表与其他相关量表的差异。采用

"翻译—回译"手段翻译英文量表并形成预调的初始问卷。其次,利用"问卷星"数据发放平台,采用"滚雪球"抽样方式对所形成的初始问卷进行小规模发放。此阶段共回收来自河南、河北和天津等地的有效问卷281份。运用SPSS 19和AMOS 21检验问卷信效度。结果显示问卷无须修改,已具有较好信度和效度。最后,开展正式调研。此阶段为期17天,回收有效问卷518份。将两次调研数据汇总进行样本描述性统计分析和数据质量验证工作,对数据的极大值、极小值、均值、峰度和偏度等统计学指标进行描述,以验证所回收的数据是否基本符合正态分布。结果显示,所有数据均基本符合正态分布。

第五章　测量模型检验与数据质量评估

第一节　测量模型检验

本书拟采用结构方程模型（structure equation modeling，SEM）进行分析。SEM 分为测量模型和结构模型两种。前者是后者的基础，只有在测量模型达到一定拟合度和匹配度的前提下，结构模型才可能具有信度和效度（Kenny，2006）。测量模型检验的基本步骤如下：第一步，模型测定。根据第三章的理论假设（H1—H4）对研究潜变量进行测量模型测定。第二步，模型识别。判断潜变量测量模型是否达到过度辨识（至少应达到恰好辨识）。第三步，验证性因素分析。根据测量模型设定，依次进行一阶验证性因素分析、二阶验证性因素分析等，修正及优化测量模型以实现数据与模型的有效拟合。第四步，信度与效度判断。在以上检验中所用指标分别为拟合优度指标、组合效度指标和变异抽取量指标。各指标含义如下。

拟合优度是检测所回收数据与所假设的测量模型的匹配程度。在本书中，人力资本是一阶潜变量，由观察题项一阶验证性因素分析；"混合型"HRM 系统感知、员工幸福感和员工建言行为均是二阶潜变量，在观察题项提取的一阶潜构念的基础上提取二阶潜概念。因此，本书针对不同概念进行一阶验证性因素分析和二阶验证性因素分析，检验所回收数据与各测量模型之间的拟合度问题。在汇报拟合优度指标时，本书选取绝对拟合优度指标、增值拟合优度指标、竞争适配指标和精简拟合优度指标等（见表 5-1）。

表 5-1　　　　验证性因素分析拟合优度指标及其适配标准

指标类型	统计检测量	适配标准或临界值
绝对拟合优度指标	卡方值（χ^2）	越小越好
	卡方自由度比（NC）	严谨：$1 < NC < 3$；宽松：$NC < 5$
	适配度（GFI）	> 0.90
	调整后适配度（AGFI）	> 0.90
	标准化残差均方和平方根（SRMR）	< 0.05
	渐近残差均方和平方根（RMSEA）	< 0.08，适配尚可；< 0.05，良好
增值拟合优度指标	规范适配指标（NFI）	> 0.90
	相对适配指标（RFI）	> 0.90
	增值适配指标（IFI）	> 0.90
	非规范适配指标（TLI）	> 0.90
	比较适配指标（CFI）	> 0.90
精简拟合优度指标	简约适配度指标（PGFI）	> 0.50
	简约后规范指标（PNFI）	> 0.50
	简约后适配指标（PCFI）	> 0.50
竞争适配指标	期望交叉效度指标（ECVI）	理论模型的这些指标与独立模型和饱和模型的相对应指标比较，越小越好
	赤池信息标准（AIC）	
	贝式信息标准（BIC）	

组合信度（composite reliability，CR）指潜在变量整体可信程度，是指潜变量内部一致性。CR 值越高，潜变量的观察题项间内部一致性越高。CR 值大于 0.7/0.6 为可接受。CR 值是基于单一观察题项在潜在变量的标准化因素负载量及该题项测量误差的运算，公式如下：

$$CR = \frac{(\sum \lambda)^2}{(\sum \lambda)^2 + \sum \theta}$$

其中，CR 表示构建效度；λ 为特定观察题项在潜变量上的标准负载值；θ 为该观察题项的测量误差值。

变异抽取量（average of variance extracted，AVE）表示潜在变量的观察题项所具有的变异解释力度。AVE 值越高，该概念具更高信度和收敛效度。AVE 在理想上应该大于 0.5，在 0.36—0.5 可接受。AVE 值的计算是基于单一观察题项在潜在变量的因素负载量及该题项测量误差之间的运算，公式如下：

$$AVE = \frac{(\sum \bar{\lambda})^2}{(\sum \bar{\lambda})^2 + \sum \theta}$$

其中，AVE 表示潜在变量的变异抽取量；$\bar{\lambda}$ 表示特定观察题项在潜变量上的未标准化因素负载量；θ 表示该观察题项所具备的测量误差值。

一 "混合型" HRM 系统感知

测量模型设定。根据第三章提出的研究假设，"混合型" HRM 系统感知（P_HRM）有广泛培训（GFPX）、竞争流动与记录管理（JZJL）、信息分享（XXFX）、严格招聘（YGZP）、基于结果的考核（JGKH）、薪酬管理（XCGL）、内部劳动力市场（NBSC）和员工参与管理（CYGL）八个维度，分别使用 hrm1-3、hrm4-8、hrm9-11、hrm12-15、hrm16-19、hrm20-22、hrm23-25、hrm26-28 表示，测量模型如图 5-1 所示。

由图 5-1 可知，"混合型" HRM 系统感知是包含八个一阶概念的二阶测量模型。所谓二阶测量模型，是为了精简结构模型而对一阶模型进行简化处理。首先进行一阶验证性因素分析，判别一阶构面间是否具有高相关性（0.5 以上）后进行二阶验证性因素分析并检测数据与测量模型的拟合优度和信效度。

测量模型识别。在进行结构方程模型操作时，需要确保所构建的测量模型是能够被识别的。换言之，自由估计的参数值小于自由度时，属于过度辨识状态；自由估计的参数值等于自由度时，属于恰好识别状态；自由估计的参数值小于自由度时，属于无法识别状态。运用 SEM 进行实证研究时，模型的自由度与样本量无关，其由模型中所有观测变量和所有待估计参数值决定，计算公式如下：

$$df = \frac{p(p+1)}{2} - a$$

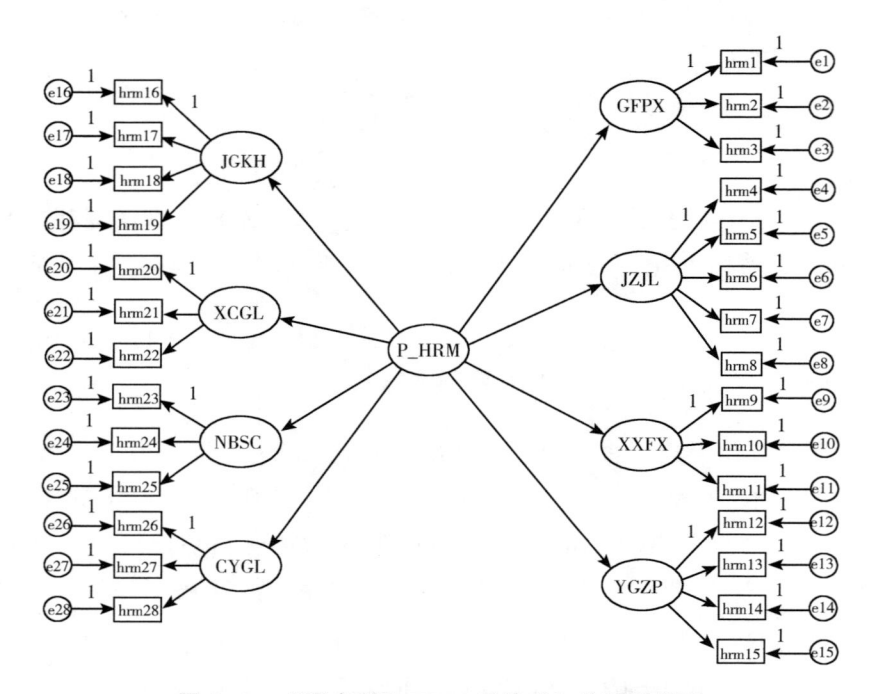

图 5-1　"混合型"HRM 系统感知的测量模型

其中，df 表示自由度，p 表示观测变量，a 表示所有待估计参数的总和。

"混合型"HRM 系统感知模型自由度为 406，待估计参数值为 84 项，其自由度为 322，属过度辨识，可进行一阶验证性因素分析。

一阶验证性因素分析。一阶验证性因素分析主要检测是否存在以下情况：（1）各构面的测量题项负荷量是否达标（高于 0.5）；（2）在标准化模型中是否存在因素负荷量超过 1 的情况，这可能存在观察变量间的共线性问题；（3）是否存在部分因素负荷量达标而部分负荷量不佳的状况，这可能因为测度该因素题项可划分为两个潜变量；（4）是否存在因素负荷量达标而模型适配度不佳状况，可能是因为样本不独立等。结果如表 5-2 所示。

表 5-2　　"混合型"HRM 系统感知一阶验证性因素分析

维度	观察题项	因素负荷量 第一轮	第二轮	第三轮
广泛培训	hrm1	0.770	0.769	0.769
	hrm2	0.771	0.772	0.772
	hrm3	0.827	0.828	0.827
竞争流动与记录管理	hrm4	0.502	0.499	删除
	hrm5	0.490	删除	删除
	hrm6	0.633	0.63	0.62
	hrm7	0.736	0.722	0.733
	hrm8	0.743	0.733	0.752
信息分享	hrm9	0.645	0.693	0.693
	hrm10	0.710	0.644	0.644
	hrm11	0.692	0.711	0.71
严格招聘	hrm12	0.499	0.701	0.703
	hrm13	0.651	0.507	0.508
	hrm14	0.706	0.596	0.593
	hrm15	0.465	删除	删除
基于结果的考核	hrm16	0.668	0.464	删除
	hrm17	0.699	0.67	0.654
	hrm18	0.68	0.702	0.697
	hrm19	0.684	0.677	0.687
薪酬管理	hrm20	0.712	0.686	0.686
	hrm21	0.778	0.711	0.71
	hrm22	0.731	0.776	0.777
内部劳动力市场	hrm23	0.592	0.733	0.736
	hrm24	0.532	0.59	0.589
	hrm25	0.756	0.532	0.529
员工参与管理	hrm26	0.722	0.757	0.757
	hrm27	0.762	0.722	0.721
	hrm28	0.645	0.761	0.761

首先，在确保一阶潜变量观察题项不少于 3 的前提下删除因素负

荷量低于 0.5 的题项，重复直至所有因素负荷量达 0.5（依次删除题项 hrm4、hrm5、hrm15 和 hrm16）。最终"混合型"HRM 系统感知的八个维度均由三个题项测量，因素负载均在 0.5 和 1 之间，不存在某一维度的观察题项因素负荷量"部分达标、部分不佳"的现象。

删除因素负荷量不达标的观察题项后，一阶潜变量相关系数如表 5-3 所示，各变量间相关系数均大于 0.5，可进行二阶验证性因素分析。

表 5-3　　"混合型"HRM 系统感知各维度相关系数

	GGPX	JZJL	XXFX	YGZP	JGZP	XCGL	NBSC	CYGL
GGPX	1							
JZJL	0.761	1						
XXFX	0.829	0.798	1					
YGZP	0.848	0.850	0.899	1				
JGKH	0.752	0.852	0.807	0.818	1			
XCGL	0.772	0.778	0.789	0.780	0.915	1		
NBSC	0.862	0.822	0.912	0.945	0.879	0.936	1	
CYGL	0.789	0.819	0.876	0.857	0.814	0.818	0.994	1

二阶验证性因素分析。因"混合型"HRM 系统感知的一阶验证性因素分析的各指标均满足进行二阶验证性因素分析的需求，故对该测量模型进行二阶验证性因素分析。首先对比不同替代模型的适配度指标，如空模型（null model）、一阶单因素模型、一阶八因素无相关模型、一阶八因素有相关模型和二阶八因素模型，如表 5-4 所示。仅一阶八因素有相关模型和二阶八因素模型的所有适配度达适配标准（卡方 χ^2 值越小越好，自由度越大表示模型越精简，卡方自由值比应在 5 以下，*GFI*、*AGFI*、*CFI* 应大于 0.9，*RMSEA* 应小于 0.08）。虽然一阶八因素有相关模型和二阶八因素模型的适配度相差不大（见表 5-5），但是二阶八因素模型更精简，故采用二阶八因素模型。

表 5-4　"混合型"HRM 系统感知替代测量模型的适配度指标

测量模型	χ^2 值	自由度（df）	χ^2/df	GFI	AGFI	CFI	RMSEA
0. 空模型	9318.825	276	33.764	0.201	0.131	0.000	0.202
1. 一阶单因素模型	1181.730	252	4.689	0.878	0.854	0.897	0.068
2. 一阶八因素无相关模型	4895.645	252	19.427	0.511	0.418	0.486	0.151
3. 一阶八因素有相关模型	662.695	224	2.958	0.931	0.908	0.951	0.049
4. 二阶八因素模型	770.263	244	3.157	0.921	0.902	0.942	0.052

表 5-5　"混合型"HRM 系统感知拟合优度指标

指标类型	统计量	适配标准或临界值	一阶八因素有相关模型	二阶八因素模型
绝对拟合优度指标	χ^2	越小越好	662.695	770.263
	NC	NC < 5	2.958	3.157
	GFI	> 0.90	0.931	0.921
	AGFI	> 0.90	0.908	0.902
增值拟合优度指标	NFI	> 0.90	0.929	0.917
	RFI	> 0.90	0.912	0.907
	IFI	> 0.90	0.952	0.942
	TLI	> 0.90	0.940	0.934
	CFI	> 0.90	0.951	0.942
精简拟合优度指标	PCFI	> 0.50	0.772	0.833
	PNFI	> 0.50	0.754	0.811
竞争适配指标	ECVI	越小越好	1.012	1.096
	AIC		814.695	882.263
	BIC		1171.293	1145.019

信度与效度检验。运用组成信度和变异数萃取量分析"混合型"HRM 系统感知的信度与效度，结果如表 5-6 所示。从表 5-6 可知，"混合型"HRM 系统感知的二阶验证性因素分析各指标均达可接受信

度和效度。

表 5-6 "混合型"HRM 系统感知测量模型参数估计与收敛效度

构面	指标	模型参数估计				收敛效度			
		非标准化因素负荷	标准误	T	P	标准化因素负荷	SMC	C.R.	AVE
P_HRM	GFPX	1				0.865	0.748	0.977	0.843
	JZJL	0.847	0.059	14.413	***	0.871	0.759		
	XXFX	1.128	0.067	16.754	***	0.922	0.850		
	YGZP	1.023	0.059	17.399	***	0.935	0.874		
	JGKH	0.814	0.052	15.555	***	0.908	0.824		
	XCGL	0.974	0.063	15.543	***	0.893	0.797		
	NBSC	1.268	0.067	19.056	***	1.010	1.020		
	CYGL	1.189	0.064	18.574	***	0.934	0.872		
广泛培训	hrm1	1				0.771	0.748	0.833	0.624
	hrm2	1.123	0.052	21.770	***	0.772	0.759		
	hrm3	1.145	0.048	23.703	***	0.826	0.850		
竞争流动与纪律管理	hrm6	1				0.614	0.874	0.746	0.496
	hrm7	1.217	0.078	15.616	***	0.732	0.824		
	hrm8	1.38	0.086	15.992	***	0.759	0.797		
信息分享	hrm9	1				0.692	1.020	0.724	0.467
	hrm10	0.772	0.048	16.235	***	0.644	0.872		
	hrm11	0.914	0.052	17.513	***	0.711	0.594		
严格招聘	hrm12	1				0.704	0.596	0.632	0.368
	hrm13	0.714	0.055	13.070	***	0.504	0.682		
	hrm14	0.842	0.055	15.204	***	0.596	0.377		
基于结果的考核	hrm17	1				0.637	0.536	0.718	0.459
	hrm18	1.190	0.074	16.017	***	0.683	0.576		
	hrm19	1.209	0.075	16.034	***	0.711	0.479		
薪酬管理	hrm20	1				0.665	0.415	0.770	0.529
	hrm21	1.057	0.063	16.779	***	0.717	0.506		
	hrm22	1.170	0.065	17.974	***	0.795	0.496		

续表

构面	指标	模型参数估计				收敛效度			
		非标准化因素负荷	标准误	T	P	标准化因素负荷	SMC	C.R.	AVE
内部劳动力市场	hrm23	1				0.728	0.254	0.651	0.388
	hrm24	0.723	0.043	16.874	***	0.604	0.355		
	hrm25	0.662	0.046	14.521	***	0.520	0.406		
员工参与管理	hrm26	1				0.76	0.466	0.791	0.558
	hrm27	0.923	0.046	20.099	***	0.716	0.506		
	hrm28	0.940	0.044	21.559	***	0.764	0.442		

注：*** 表示显著性水平为 0.001。

二 员工建言行为

测量模型设定。员工建言行为由促进性建言（Prom_V）和抑制性建言（Proh_V）构成，使用 v1—v5 和 v6—v10 测量，测量模型如图 5-2 所示，为二因素有相关模型。

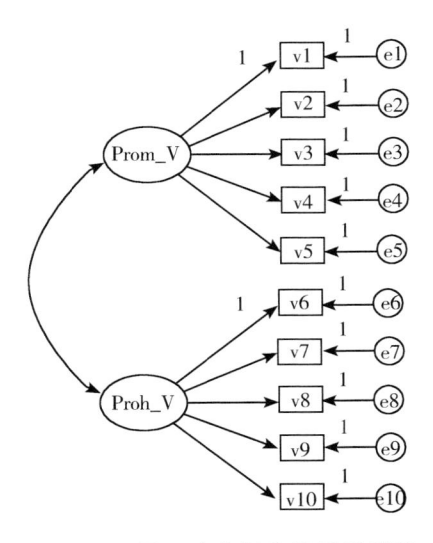

图 5-2 员工建言行为的测量模型

模型识别。员工建言行为的测量模型自由度为 55，待估计参数值为 21 项，自由度为 34，属过度辨识，可进行一阶验证性因素分析。

一阶验证性因素分析。员工建言行为的一阶验证性因素分析结果如图 5-3 所示，测量题项对员工建言行为的促进性建言（0.81、0.81、0.79、0.84、0.82）和抑制性建言（0.62、0.76、0.78、0.75、0.78）的因素负荷量均大于 0.5，且两者相关系数为 0.87。

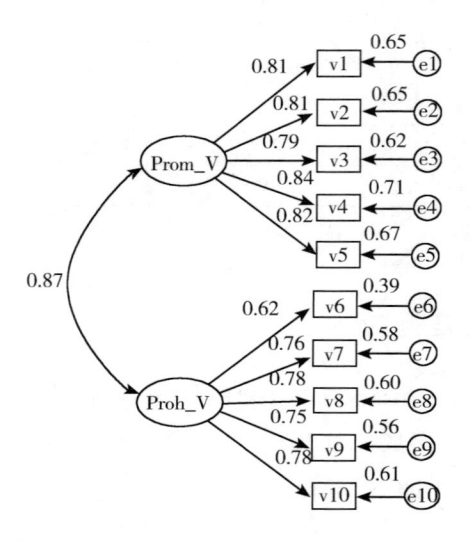

图 5-3　员工建言行为一阶验证性因素分析

将员工建言行为的一阶有相关模型与其他替代模型的适配度指标进行比较，结果如表 5-7 所示。由表 5-7 可知，仅一阶二因素有相关模型的所有适配度达适配标准。

表 5-7　　　　员工建言行为替代测量模型的适配度指标

测量模型	χ^2 值	自由度（df）	χ^2/df	GFI	AGFI	CFI	RMSEA
0. 空模型	5000.858	45	111.13	0.259	0.094	0.000	0.370
1. 一阶单因素模型	344.438	35	9.841	0.907	0.854	0.938	0.105
2. 一阶二因素无相关模型	886.246	35	25.321	0.871	0.797	0.828	0.174
3. 一阶二因素有相关模型	163.553	34	4.810	0.960	0.936	0.974	0.069

员工建言行为的测量模型拟合优度均符合标准（见表5-8）。

表5-8　　　　员工建言行为测量模型的拟合优度指标

指标类型	统计量	适配标准或临界值	适配值
绝对拟合优度指标	χ^2	越小越好	163.553
	NC	NC < 5	4.810
	GFI	> 0.90	0.960
	AGFI	> 0.90	0.936
增值拟合优度指标	NFI	> 0.90	0.967
	RFI	> 0.90	0.957
	IFI	> 0.90	0.974
	TLI	> 0.90	0.965
	CFI	> 0.90	0.974
精简拟合优度指标	PCFI	> 0.50	0.736
	PNFI	> 0.50	0.731
竞争适配指标	ECVI		0.255
	AIC	越小越好	205.553
	BIC		304.086

信度与效度检验。员工建言行为一阶二因子有相关模型具较高信效度（见表5-9）。

表5-9　　　　员工建言行为测量模型参数估计与收敛效度

构面	指标	非标准化因素负荷	标准误	T	P	标准化因素负荷	SMC	C.R.	AVE
Prom_V	v1	1				0.799	0.65	0.907	0.661
	v2	1.094	0.042	26.084	***	0.807	0.651		
	v3	1.008	0.04	25.068	***	0.79	0.624		
	v4	1.095	0.04	27.156	***	0.841	0.707		
	v5	1.144	0.044	26.145	***	0.82	0.672		

续表

构面	指标	模型参数估计				收敛效度			C. R.	AVE
		非标准化因素负荷	标准误	T	P	标准化因素负荷	SMC		
Proh_V	v6	1				0.623	0.388	0.858	0.549
	v7	1.255	0.072	17.488	***	0.759	0.576		
	v8	1.314	0.074	17.73	***	0.777	0.604		
	v9	1.282	0.074	17.387	***	0.751	0.564		
	v10	1.347	0.077	17.599	***	0.782	0.612		

注：*** 表示显著性水平为0.001。

三 员工幸福感

测量模型设定。员工幸福感（EWB）有生活幸福感（LWB）、工作幸福感（WWB）和心理幸福感（PWB）三个维度，分别使用ewb1—ewb6、ewb7—ewb12和ewb13—ewb18表示，测量模型如图5-4所示，为包含三个一阶概念的二阶测量模型。

模型识别。员工幸福感的测量模型自由度为171，待估计参数值为39项，其自由度为132，属过度辨识状态，可进行一阶验证性因素分析。

一阶验证性因素分析。员工幸福感的一阶验证性因素分析结果如表5-10所示，所有测量题项在其一阶潜在变量的因素负荷量均高于0.5。一阶潜在变量间相关系数如表5-11所示，各一阶潜在变量间相关系数均大于0.5，可进行二阶验证性因素分析。

表5-10　　　　　员工幸福感一阶验证性因素分析

维度	题项	负荷量	维度	题项	负荷量	维度	题项	负荷量
生活幸福感	ewb1	0.708	工作幸福感	ewb7	0.788	心理幸福感	ewb13	0.742
	ewb2	0.734		ewb8	0.785		ewb14	0.615
	ewb3	0.787		ewb9	0.717		ewb15	0.662
	ewb4	0.786		ewb10	0.736		ewb16	0.671
	ewb5	0.673		ewb11	0.671		ewb17	0.631
	ewb6	0.808		ewb12	0.739		ewb18	0.633

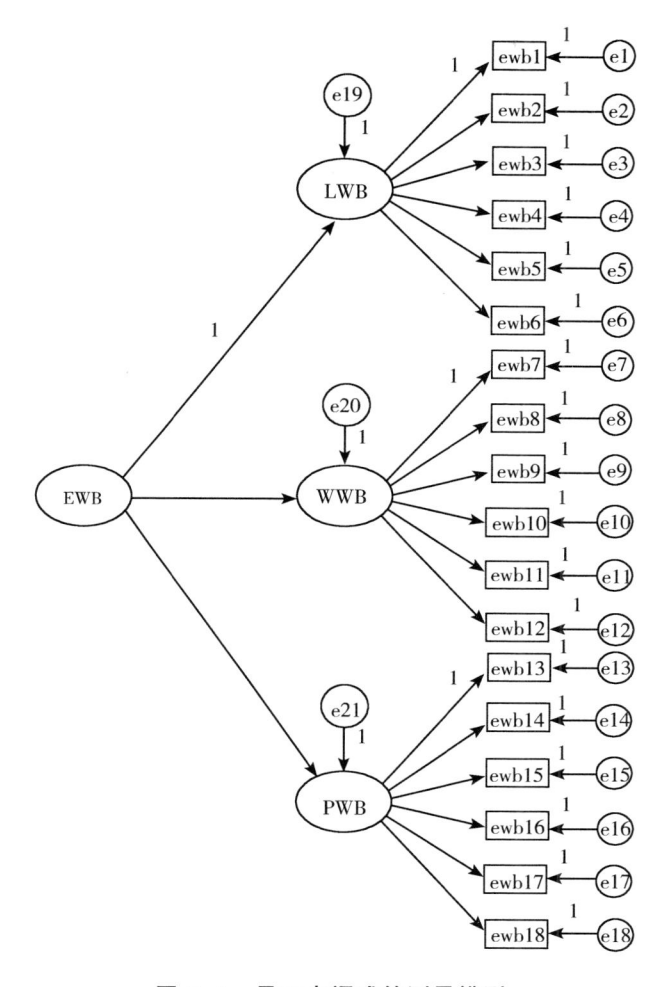

图 5-4 员工幸福感的测量模型

表 5-11　　　　　　　员工幸福感各维度相关系数

	LWB	WWB	PWB
LWB	1		
WWB	0.778	1	
PWB	0.679	0.880	1

二阶验证性因素分析。首先对比不同替代模型的适配度指标（见表 5-12），仅二阶三因素模型和一阶三因素有相关模型的所有适配度

达到适配标准，但二阶三因素模型能够简化整体的结构方程模型，本书在假设检验阶段采用二阶三因素模型。员工幸福感的二阶三因素模型的各适配度模型如表5-13所示，模型拟合优度符合标准。

表5-12　　　员工幸福感替代测量模型的适配度指标

测量模型	χ^2值	自由度（df）	χ^2/df	GFI	AGFI	CFI	RMSEA
0. 空模型	9318.825	276	33.764	0.201	0.131	0.000	0.202
1. 一阶单因素模型	1179.202	135	8.734	0.809	0.759	0.860	0.098
2. 一阶三因素无相关模型	1776.578	135	13.160	0.818	0.770	0.780	0.123
3. 一阶三因素有相关模型	550.344	132	4.169	0.924	0.901	0.944	0.063
4. 二阶三因素模型	550.344	132	4.169	0.924	0.901	0.944	0.063

表5-13　　　员工幸福感拟合优度指标

指标类型	统计量	适配标准或临界值	模型适配度
绝对拟合优度指标	χ^2	越小越好	550.344
	NC	NC < 5	4.169
增值拟合优度指标	GFI	> 0.90	0.924
	AGFI	> 0.90	0.901
	NFI	> 0.90	0.928
	RFI	> 0.90	0.916
	IFI	> 0.90	0.944
	TLI	> 0.90	0.935
	CFI	> 0.90	0.944
精简拟合优度指标	PCFI	> 0.50	0.814
	PNFI	> 0.50	0.800
竞争适配指标	ECVI	越小越好	0.781
	AIC		628.344
	BIC		811.335

信度与效度检验。运用组成信度和变异数萃取量分析员工幸福感的信度与收敛效度（结果见表5-14），员工幸福感的二阶验证性因素分析具有可接受的信度和效度。

表5-14　员工幸福感测量模型参数估计与收敛效度

构面	指标	模型参数估计				收敛效度			
		非标准化因素负荷	标准误	T	P	标准化因素负荷	SMC	C.R.	AVE
EWB	LWB	1				0.865	0.748	0.977	0.843
	WWB	0.847	0.059	14.413	***	0.871	0.759		
	PWB	1.128	0.067	16.754	***	0.922	0.850		
LWB	ewb1	1				0.708	0.501	0.885	0.564
	ewb2	1.063	0.054	19.631	***	0.734	0.539		
	ewb3	1.102	0.053	20.975	***	0.787	0.619		
	ewb4	1.092	0.052	20.963	***	0.786	0.618		
	ewb5	1.190	0.065	18.319	***	0.673	0.453		
	ewb6	1.145	0.053	21.519	***	0.808	0.653		
WWB	ewb7	1				0.788	0.621	0.879	0.548
	ewb8	0.909	0.038	24.232	***	0.785	0.616		
	ewb9	0.817	0.038	21.407	***	0.717	0.514		
	ewb10	0.815	0.037	21.903	***	0.736	0.542		
	ewb11	0.730	0.037	19.652	***	0.671	0.450		
	ewb12	0.864	0.039	22.119	***	0.739	0.546		
PWB	ewb13	1				0.742	0.551	0.822	0.436
	ewb14	0.871	0.054	16.207	***	0.615	0.378		
	ewb15	0.870	0.050	17.369	***	0.662	0.438		
	ewb16	0.873	0.049	17.699	***	0.671	0.450		
	ewb17	0.828	0.050	16.637	***	0.631	0.398		
	ewb18	0.768	0.046	16.589	***	0.633	0.401		

注：*** 表示显著性水平为0.001。

四　人力资本

测量模型设定。人力资本为由三个测量题项测量的一阶潜在变量，分别为hc1、hc2和hc3，测量模型如图5-5所示。

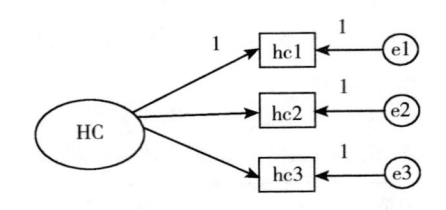

图 5-5　"混合型"HRM 系统感知的测量模型

模型识别。人力资本测量模型的自由度为 6，待估计参数值为 6 项，自由度为 0，属恰好辨识状态，可进行一阶验证性因素分析。

一阶验证性因素分析。各观察题项的因素负荷量的结果如表 5-15 所示，三个测量题项的因素负荷量均大于 0.5。

表 5-15　人力资本验证性因素分析

维度	观察题项	因素负荷量
人力资本	hc	0.72
	hc	0.66
	hc	0.85

信度与效度检验。运用组成信度和变异数萃取量分析人力资本的信效度，结果如表 5-16 所示，具有理想的信度和效度。

表 5-16　人力资本测量模型参数估计与收敛效度

构面	指标	模型参数估计				收敛效度			
		非标准化因素负荷	标准误	T	P	标准化因素负荷	SMC	C. R.	AVE
人力资本	hc1	1				0.717	0.514	0.788	0.556
	hc2	1.083	0.068	16.036	***	0.659	0.434		
	hc3	1.222	0.076	16.167	***	0.848	0.719		

注：*** 表示显著性水平为 0.001。

第二节　共同方法变异检测

共同方法变异（common method biases, CMB）指因测量问卷所采集数据均来自同一填答者、相似填答环境及语境及其他脱离问卷自身测量误差所产生的人为共变问题，属系统误差的一种（周浩和龙立荣，2004）。在控制共同方法变异时，可以采用程序控制和统计控制。所谓程序控制方法，一方面是指从时间上、空间上、心理上和方法上筛选与控制被试样本以确保差异性；另一方面是从问卷设计角度（比如调整题项之间的顺序以实现平衡、改进量表项目之间的逻辑关系、降低被试样本对测量题项的预测度等）进行控制。本书采用在线问卷发放天然具备程序控制（如非同一空间且非同时填答该问卷）。从样本描述性统计亦可知本书被试样本从填答时间、填答所在地等均具显著差异。从问卷设计角度，本书仔细斟酌问卷简要介绍内容，在让被试知晓拟测量目的的同时尽量减少被试对所测量题项间关系的预判。

从统计控制角度，本书采用两种统计方法进行共同方法变异检验与控制：一是 Harman 提出的单因素检测法（Harman's con-factor test）。该方法认为当回收数据可提取一个共同因素解释所有题项间方差变异时，回收数据存在共同方法变异。运用 SPSS 19 进行此操作，固定因子提取数为 1。结果如表 5-17 所示，KMO 值为 0.962，且 Bartlett 球形检验显著，表明此数据适用于进一步因子分析。表 5-18 显示，在提取一个公共因子后，整体模型特征值为 21.680，变异量解释为 27.443%，该因子对整个数据而言无有效解释力度，不存在共同方法变异。

表 5-17　共同方法变异的 KMO 检验与 Bartlett 球形检验

KMO 检验	取样适切性量数	0.962
Bartlett 球形检验	近似卡方分布	36011.714
	自由度	3081
	显著性	0.000

表 5-18　共同方法变异的单因素检测法

因子	提取平方和载入		
	合计	方差的百分比（%）	累计百分比（%）
1	21.680	27.443	27.443

二是 Podsakoff 等（2003）提出的控制潜在因子方法。该方法是目前较为主流的共同方法变异的检测与控制手段（周浩和龙立荣，2004；熊红星、张璟、叶宝娟、郑雪和孙配贞，2012）。加入所有潜在变量的测量模型，在此基础上在模型加入一个指向模型中所有观测题项的潜在共同方法因子。之后，首先做无限制模型分析，即将该潜在共同方法因子的变异并任选一个路径值（一般选取第一条路径）设为 1 进行分析。本书中无限制模型的卡方值为 4669.029，自由度为 2380。第二步进行限制整体模型分析，即将该潜在共同方法因子的变异设为 1，将所有路径值设为 0。限制模型的卡方值为 5591.498，自由度为 2452。比较二者数据如表 5-19 所示，可知数据存在一定的共同方法变异。在进行假设检验过程中，需要将共同方法变异因子纳入整体模型。

表 5-19　　　　　　　　共同方法变异的控制潜在因子法

模型	卡方值	自由度	p	共同方法变异
未控制模型	4669.029	2380		
完全控制模型	5591.498	2452		
差异	922.469	72	0.000	存在

本书测量题项过多，若直接加入潜在因子控制共同方法偏差，采用 AMOS 21 分析时潜在共同方法变异因子的存在会使绘图板过于杂乱；而 SPSS 等软件无法进行潜变量运算。所以，本书采用数据归因方式（data imputation）对数据进行处理以将原始数据处理为共同方法变异存在情况下的修正数据。所谓修正，是指因共同方法变异的存在，为了控制这一潜在变异的影响，在结构方程模型的估计和计算时将其纳入整体模型。但是，因存在这一潜在变量，会使模型在计算过程中出现过多待估计参数而有较大可能出现错误。在数据修正后核对模型拟合指标，结果如表 5-20 所示。由表 5-20 可以看出，修正后主要的适配度指标均满足适配度要求。

表 5-20　加入共同方差变异控制因素后的模型拟合优度指标

指标类型	统计量	适配标准或临界值	模型适配度
绝对拟合优度指标	χ^2	越小越好	4130.768
	NC	NC < 5	1.907
增值拟合优度指标	IFI	> 0.90	0.931
	TLI	> 0.90	0.925
	CFI	> 0.90	0.931
精简拟合优度指标	PCFI	> 0.50	0.859
	PNFI	> 0.50	0.799
竞争适配指标	ECVI		5.800
	AIC	越小越好	4628.768
	BIC		5794.925

第三节　验证性因子分析与竞争模型比较

本节采用验证性因子分析和竞争模型策略检验"混合型"HRM系统感知、人力资本、员工幸福感和员工建言行为的区分效度。由表5-21可知，五因素模型适配指标均满足标准，且优于其他模型，说明该模型对实际数据的拟合结果最为理想，各研究变量间具有良好的区分效度。

表 5-21　竞争模型验证性因素分析结果

模型类型	χ^2	df	χ^2/df	RMSEA	CFI	TLI	RMR	NFI	GFI
五因素	1441.293	655	2.200	0.039	0.946	0.942	0.037	0.906	0.910
四因素	1688.984	659	2.563	0.044	0.929	0.925	0.039	0.889	0.893
三因素	2140.270	662	3.233	0.053	0.899	0.892	0.045	0.860	0.866
两因素	3406.101	664	5.130	0.072	0.812	0801	0.058	0.777	0.741
单因素	5075.349	665	7.632	0.091	0.697	0.680	0.079	0.668	0.697

注：从"混合型"HRM系统感知、人力资本、员工幸福感、促进性建言、抑制性建言倒序依次合并。

第四节 本章小结

本章利用验证性因素分析对数据与测量模型的匹配度等指标进行检验并最终形成如表5-22所示的潜变量测量模型及假设检验结果。具体而言,"混合型"HRM系统感知和员工幸福感这两个多维度概念成为整体构念、员工建言行为的两个维度:促进性建言和抑制性建言作为单独构念、人力资本作为单维概念进入结构方程模型。

表 5-22 潜在变量测量模型汇总及假设检验汇总

潜变量	测量模型	说明	假设及结果
"混合型"HRM系统感知	二阶八因素模型	从员工对于"广泛培训""竞争流动与记录管理""信息分享""严格招聘""基于结果的绩效考核""薪酬管理""内部劳动力市场"和"员工参与管理"这八个HRM簇的感知中提取一个二阶潜在因素:"混合型"HRM系统感知作为结构方程模型中的因变量进行检验	H1(支持)
员工建言行为	一阶二因素模型	将员工的促进性建言行为和抑制性建言行为作为结构方程模型中的结果变量进行检验	H2(支持)
员工幸福感	二阶三因素模型	从员工的工作幸福感、生活幸福感和心理幸福感这三个维度中提取一个二阶潜在因素:员工幸福感作为结构模型的中介变量进行检验	H3(支持)
人力资本	一阶潜变量模型	人力资本仅一个维度,直接利用测量题项提取人力资本这一因素,纳入结构方程模型中作为中介变量进行检验	H4(支持)

在此测量模型的基础之上,本章对所有潜在变量及数据是否存在共同方差变异进行检验。在使用Harman的单因素检测法时,结果显示本书数据并不存在共同方法变异。但周浩和龙立荣(2003)及熊红星等(2012)指出,这种方法具有一定的局限性,应在数据允许的情况下使用Podsakoff等(2003)所提出的控制潜在因子方法。采用这一方法发现本书数据存在一定的共同方法变异。因此,利用

Podsakoff 等（2003）所提建议，运用统计方法在存在共同方法变异情况下对所回收样本数据进行修正。采用验证性因子分析及竞争模型策略对修正后的有效数据进行检验，发现各构念之间具有较好的区分效度。

第六章 数据分析与假设检验

第一节 控制变量的差异性分析

除自变量("混合型"HRM 系统感知)外,其他对中介变量(人力资本、员工幸福感)和结果变量(促进性建言与抑制性建言)具有影响效应的变量称为控制变量。严谨研究应尽可能周全地考虑控制因素的影响并尽可能控制非研究焦点的变量对研究模型的干扰。本章集中个体层面讨论员工的人口统计学因素和其在企业中所承担的角色及企业相关特征对拟研究变量间关系的影响。为控制这些因素的影响,本书统计性别、年龄、学历等人口统计学变量及企业性质、承担角色等信息,并采用独立样本 T 检验或单因素方差分析来检验、判断各控制变量是否具有干扰效应。当控制变量被区分为两组时,采用独立样本 T 检验;当变量被分为三组及以上时,采用单因素方差。进行单因素方差分析时,首先判断方差齐性。当方差为齐次性时,采用 LSD 多重比较判别法对均值进行两两比较;如为非齐次性时,采用 Tamhane's T2 法对均值做两两比较。

一 关于性别因素的差异性分析

被试生理性别分为男性与女性,采用独立样本 T 检验。

(一)"混合型"HRM 系统感知

采用独立样本 T 检验对不同性别员工的"混合型"HRM 系统感知进行差异比较,差异性检验结果如表 6-1 所示,独立样本 T 检验结果如表 6-2 所示。由表 6-1 可知,"混合型"HRM 系统感知在男性与女性之间的平均值、标准差及标准误差平均值上均无显著差异。进行独立样本 T 检验，结果如表 6-2 所示，F 值显著性为 0.598，大于 0.05，则假设其方差是相等的。进一步观察，表 6-2 的均值差异检验的显著性为 0.497，未达到显著性水平（0.05），表明"混合型"HRM 系统感知在男女性别间无显著差异。

表 6-1　性别对"混合型"HRM 系统感知的差异性检验

变量	性别	样本量	平均值	标准差	标准误差平均值
"混合型"HRM 系统感知	男	423	2.820	0.512	0.025
	女	376	2.845	0.523	0.027

表 6-2　性别对"混合型"HRM 系统感知的独立样本 T 检验

变量	方差齐性检验 F 值显著性	方差齐性检验 是否齐性	均值差异检验 T	均值差异检验 Sig.（双侧）	差异是否显著
"混合型"HRM 系统感知	0.598	是	-0.680	0.497	否

（二）员工建言行为

采用独立样本 T 检验对不同性别员工建言行为（促进性建言和抑制性建言）进行差异性分析。由表 6-3 可知，抑制性建言和促进性建言在男性与女性之间的平均值、标准差及标准误差平均值均无显著差异。独立样本 T 检验结果如表 6-4 所示。对抑制性建言而言，F 值显著性为 0.048，小于 0.05，则假设不具备方差齐性，均值差异检验显著性为 0.143，未达显著水平（0.05），表明抑制性建言行为在男女间无显著差异。对促进性建言而言，F 值显著性为 0.456，大于 0.05，假设具有方差齐性，均值差异检验显著性为 0.487，未达显著性水平（0.05），促进性建言行为在男女性别间无显著差异。

表 6-3　　　　　性别对员工建言行为的差异性检验

变量	性别	样本量	平均值	标准差	标准误差平均值
抑制性建言	男	423	2.887	0.554	0.0269
	女	376	2.828	0.586	0.0302
促进性建言	男	423	3.640	0.705	0.0340
	女	376	3.605	0.727	0.0375

表 6-4　　　　　性别对员工建言行为的独立样本 T 检验

变量	方差齐性检验		均值差异检验		差异是否显著
	F 值显著性	是否齐性	T	Sig.（双侧）	
抑制性建言	0.048	否	1.465	0.143	否
促进性建言	0.456	是	0.695	0.487	否

（三）人力资本

采用独立样本 T 检验对不同性别员工的人力资本进行差异性分析，差异性检验结果如表 6-5 所示，独立样本 T 检验如表 6-6 所示。由表 6-5 可知，员工人力资本在男性与女性之间的平均值、标准差及标准误差平均值上均无显著差异。独立样本 T 检验结果如表 6-6 所示，其 F 值显著性为 0.161，大于 0.05，则假设其具备方差齐性。进一步观察，表 6-6 的均值差异检验的显著性为 0.161，未达到显著性水平（0.05），则表明人力资本在男女性别之间并无显著性差异。

表 6-5　　　　　性别对员工人力资本的差异性检验

变量	性别	样本量	平均值	标准差	标准误差平均值
人力资本	男	423	3.421	0.532	0.026
	女	376	3.397	0.579	0.030

表 6-6　　　　　性别对员工人力资本的独立样本 T 检验

变量	方差齐性检验		均值差异检验		差异是否显著
	F 值显著性	是否齐性	T	Sig.（双侧）	
人力资本	0.161	是	0.612	0.161	否

(四) 员工幸福感

采用独立样本 T 检验对不同性别员工幸福感进行差异性分析，差异性检验结果如表 6-7 所示，独立样本 T 检验如表 6-8 所示。由表 6-7 可知，员工幸福感在男性与女性之间的平均值、标准差及标准误差平均值上均无显著差异。独立样本 T 检验结果如表 6-8 所示，其 F 值显著性为 0.457，大于 0.05，则假设其具备方差齐性。进一步观察，表 6-8 的均值差异检验的显著性为 0.039，达到显著性水平（0.05），则表明员工幸福感在男女性别之间存在显著性差异。

表 6-7 性别对员工幸福感的差异性检验

变量	性别	样本量	平均值	标准差	标准误差平均值
员工幸福感	男	423	3.416	0.539	0.0262
	女	376	3.500	0.560	0.0289

表 6-8 性别对员工幸福感的独立样本 T 检验

变量	方差齐性检验		均值差异检验		差异是否显著
	F 值显著性	是否齐性	T	Sig.（双侧）	
员工幸福感	0.457	是	-2.064	0.039	是

二 关于年龄因素的差异性分析

作为类别变量，年龄分 6 组：25 岁及以下组、26—30 岁组、31—40 岁组、41—50 岁组、51—60 岁组、60 岁以上组。但被试中无 60 岁以上者，原因在于中国法定退休年龄在 60 周岁，而本书关注在职员工。去掉 60 岁以上组后，对剩余五组运用单因素方差分析。在方差齐性时，事后比较时采用 LSD 多重比较判别法；在方差不齐性时，事后比较时采用塔姆黑尼多重比较法。

(一) "混合型" HRM 系统感知

采用单因素方差分析年龄对"混合型" HRM 系统感知的影响差异，结果如表 6-9 所示。年龄对"混合型" HRM 系统感知的方差齐性检验的显著性为 0.004，小于 0.05，不具备方差齐性。年龄对"混合型"HRM 系统感知的 ANOVA 检验结果如表 6-10 所示，显著性为 0.065，大于 0.05，未达显著标准，不同年龄组对"混合型"HRM 系统感知无显著差异。

表 6-9　年龄对"混合型"HRM 系统感知的方差齐性检验

变量	莱文	自由度 1	自由度 2	显著性	是否具有方差齐性
"混合型" HRM 系统感知	3.840	4	794	0.004	否

表 6-10　年龄对"混合型"HRM 系统感知的 ANOVA 检验

变量		平方和	自由度	均方	F	显著性	差异是否显著
"混合型" HRM 系统感知	组间	2.361	4	0.590	2.221	0.065	否
	组内	211.015	794	0.266			
	总计	213.377	798				

（二）员工建言行为

采用单因素方差分析年龄对建言行为的差异性。方差齐性检验结果如表 6-11 所示。年龄对员工抑制性建言行为和促进性建言行为的显著性值分别为 0.494 和 0.540，大于 0.05，表明不同年龄组间抑制性建言和促进性建言均具有方差齐性。年龄对抑制性建言和促进性建言的 ANOVA 检验结果如表 6-12 所示。就抑制性建言而言，显著性为 0.008，小于 0.05，达显著标准，不同年龄组员工间的抑制性建言存在显著差异。就促进性建言而言，显著性为 0.031，小于 0.05，达显著标准，不同年龄组员工间的促进性建言存在显著差异。

表 6-11　年龄对员工建言行为的方差齐性检验

变量	莱文统计	自由度 1	自由度 2	显著性	是否具有方差齐性
抑制性建言	0.849	4	794	0.494	是
促进性建言	0.777	4	794	0.540	是

表 6-12　　　　　年龄对员工建言行为的 ANOVA 检验

变量		平方和	自由度	均方	F	显著性	差异是否显著
抑制性建言	组间	2.270	4	0.567	3.506	0.008	是
	组内	128.520	794	0.162			
	总计	130.790	798				
促进性建言	组间	3.441	4	0.860	2.674	0.031	是
	组内	255.456	794	0.322			
	总计	258.897	798				

因不同年龄组之间的两种建言行为均存在显著差异，且两者均具有方差齐性，运用 LSD 多重比较判别法进行事后检验以明晰其差异来源，结果如表 6-13 所示。由表 6-13 可知，对于抑制性建言而言，组间差异源于 25 岁及以下组与 31—40 岁组间的差异。对于促进性建言而言，组间差异源于 25 岁及以下组与 26—30 岁、31—40 岁和 41—50 岁组，26—30 岁组与 31—40 岁组间的差异。

表 6-13　　　　年龄对员工建言行为差异的事后多重比较

变量	年龄组（岁）	年龄组（岁）	平均值差值	标准误差	显著性	是否为差异来源
抑制性建言	25 及以下	26—30	-0.122	0.073	0.092	
		31—40	-0.210	0.073	0.004	是
		41—50	-0.105	0.095	0.270	
		51—60	-0.023	0.138	0.869	
	26—30	31—40	-0.088	0.045	0.053	
		41—50	0.018	0.076	0.816	
		51—60	0.100	0.125	0.425	
	31—40	41—50	0.105	0.076	0.168	
		51—60	0.187	0.125	0.135	
	41—50	51—60	0.082	0.139	0.555	

续表

变量	年龄组（岁）	年龄组（岁）	平均值差值	标准误差	显著性	是否为差异来源
促进性建言	25及以下	26—30	-0.259	0.091	0.004	是
		31—40	-0.375	0.091	0.000	是
		41—50	-0.239	0.119	0.044	是
		51—60	-0.084	0.172	0.623	
	26—30	31—40	-0.116	0.056	0.040	是
		41—50	0.020	0.094	0.834	
		51—60	0.175	0.156	0.263	
	31—40	41—50	0.135	0.095	0.155	
		51—60	0.290	0.156	0.064	
	41—50	51—60	0.155	0.174	0.373	

（三）人力资本

采用单因素方差分析不同年龄组员工的人力资本的差异性。年龄对员工人力资本的方差齐性检验结果见表6-14。由表6-14可知，年龄对人力资本的方差齐性显著性为0.004，小于0.05，表明不同年龄组间人力资本不具有方差齐性。年龄对人力资本的ANOVA检验结果如表6-15所示，显著性为0.000，小于0.05，达显著标准，不同年龄组员工间人力资本存在显著差异。因不同年龄组间人力资本存在显著差异且不具有方差齐性，运用塔姆黑尼多重比较法进行事后检验以明晰差异来源，结果如表6-16所示。显著差异源于25岁及以下组与26—30岁组、31—40岁组、41—50岁组和51—60岁组间差异，以及26—30岁组与31—40岁组、41—50岁组间差异。

表6-14　　　　年龄对员工人力资本的方差齐性检验

变量	莱文统计	自由度1	自由度2	显著性	是否具有方差齐性
人力资本	3.839	4	794	0.004	否

表 6-15　　　　　年龄对员工人力资本的 ANOVA 检验

变量		平方和	自由度	均方	F	显著性	差异是否显著
人力资本	组间	11.052	4	2.763	9.373	0.000	是
	组内	234.051	794	0.295			
	总计	245.103	798				

表 6-16　　　　　年龄对员工人力资本差异的事后多重比较

变量	年龄组（岁）	年龄组（岁）	平均值差值	标准误差	显著性	是否为差异来源
人力资本	25 及以下	26—30	-0.226	0.069	0.001	是
		31—40	-0.386	0.070	0.000	是
		41—50	-0.379	0.091	0.000	是
		51—60	-0.364	0.132	0.006	是
	26—30	31—40	-0.160	0.043	0.000	是
		41—50	-0.153	0.072	0.035	是
		51—60	-0.138	0.120	0.248	
	31—40	41—50	0.007	0.073	0.923	
		51—60	0.022	0.120	0.857	
	41—50	51—60	0.015	0.133	0.913	

（四）员工幸福感

采用单因素方差分析不同年龄组员工的员工幸福感的差异性。年龄对员工幸福感的方差齐性检验结果见表 6-17，年龄对员工幸福感的方差齐性显著性为 0.055，大于 0.05，不同年龄组的员工幸福感具有方差齐性。年龄对员工幸福感的 ANOVA 检验结果如表 6-18 所示，其显著性为 0.001，小于 0.05，达显著标准，不同年龄组间员工幸福感存在显著差异，且不具有方差齐性，运用 LSD 多重比较判别法进行事后检验以明晰差异来源，结果如表 6-19 所示。可见，员工幸福感的显著差异源于 25 岁及以下组与 26—30 岁组、31—40 岁组和 41—50 岁组的差异，26—30 岁组与 31—40 岁组的差异。

表 6-17　　　　　年龄对员工幸福感的方差齐性检验

变量	莱文统计	自由度 1	自由度 2	显著性	是否具有方差齐性
员工幸福感	2.329	4	794	0.055	是

表 6-18　　　　　年龄对员工幸福感的 ANOVA 检验

变量		平方和	自由度	均方	F	显著性	差异是否显著
员工幸福感	组间	5.686	4	1.421	4.784	0.001	是
	组内	235.894	794	0.297			
	总计	241.580	798				

表 6-19　　　　　年龄对员工幸福感差异的事后多重比较

变量	年龄组（岁）	年龄组（岁）	平均值差值	标准误差	显著性	是否为差异来源
员工幸福感	25 及以下	26—30	-0.212	0.070	0.002	是
		31—40	-0.300	0.070	0.000	是
		41—50	-0.275	0.091	0.003	是
		51—60	-0.238	0.132	0.072	
	26—30	31—40	-0.088	0.043	0.043	是
		41—50	-0.062	0.073	0.390	
		51—60	-0.026	0.120	0.831	
	31—40	41—50	0.025	0.073	0.729	
		51—60	0.062	0.120	0.606	
	41—50	51—60	0.037	0.134	0.783	

三　关于教育背景因素的差异性分析

教育背景作为类别变量分为 4 组，为高中学历及以下、大学本科及大专、硕士、博士及以上。运用 ANOVA 单因素方差分析探索员工教育背景对研究变量的影响效果。

（一）"混合型"HRM 系统感知

采用单因素方差分析不同教育背景员工所具"混合型"HRM 系统感知的差异性。教育背景对员工"混合型"HRM 系统感知的方差齐性检验结果见表6-20。教育背景对员工"混合型"HRM系统感知的方差齐性显著性为0.019，小于0.05，不同教育背景下员工所感知到的"混合型"HRM系统感知不具方差齐性。教育背景对员工"混合型"HRM系统感知的ANOVA检验结果如表6-21所示，员工"混合型"HRM系统感知的ANOVA显著性为0.295，大于0.05，未达显著水平，不同教育背景员工所感知的"混合型"HRM系统感知不具有显著差异。

表6-20　教育背景对"混合型"HRM系统感知的方差齐性检验

变量	莱文统计	自由度1	自由度2	显著性	是否具有方差齐性
"混合型"HRM系统感知	3.326	3.000	795.000	0.019	否

表6-21　教育背景对"混合型"HRM系统感知的ANOVA检验

变量		平方和	自由度	均方	F	显著性	差异是否显著
"混合型"HRM系统感知	组间	0.991	3.000	0.330	1.236	0.295	否
	组内	212.386	795.000	0.267			
	总计	213.377	798.000				

（二）员工建言行为

采用单因素方差分析对不同教育背景的员工建言行为进行差异性分析。教育背景对员工促进性建言行为和抑制性建言行为的方差齐性检验结果如表6-22所示。教育背景对员工抑制性建言行为和促进性建言行为的方差齐性显著性分别为0.515和0.460，大于0.05，不同教育背景下员工抑制性建言行为和促进性建言行为不具有方差齐性。教育背景对员工的促进性建言和抑制性建言的ANOVA检验结果如表6-23所示。员工抑制性建言和促进性建言的ANOVA显著性分别为0.058和0.004，前者大于0.05，未达到显著性水平，表明不同教育背景的员工抑制性建言不具有显著差异；后者小于0.05，达到显著性水平，表明不同教育背景的员工的促进性建言具有显著差异。

表 6-22　教育背景对员工促进性建言和抑制性建言的方差齐性检验

变量	莱文统计	自由度1	自由度2	显著性	是否具有方差齐性
抑制性建言	0.763	3.000	795.000	0.515	是
促进性建言	0.862	3.000	795.000	0.460	是

表 6-23　教育背景对员工促进性建言和抑制性建言的 ANOVA 检验

变量		平方和	自由度	均方	F	显著性	差异是否显著
抑制性建言	组间	2.420	3.000	0.807	2.500	0.058	否
	组内	256.477	795.000	0.323			
	总计	258.897	798.000				
促进性建言	组间	6.718	3.000	2.239	4.437	0.004	是
	组内	401.190	795.000	0.505			
	总计	407.908	798.000				

运用 LSD 多重比较判别法来分析差异来源（见表 6-24），不同教育背景员工的促进性建言行为差异主要源自高中组与大学组、硕士组、博士组的差异。

表 6-24　教育背景对员工促进性建言的事后多重比较

变量	教育背景	教育背景	平均值差值	标准误差	显著性	是否为差异来源
促进性建言	高中	大学	-0.46483	0.13070	0.000	是
		硕士	-0.48840	0.14178	0.001	是
		博士	-0.56721	0.28171	0.044	是
	大学	硕士	-0.02357	0.06802	0.729	
		博士	-0.10238	0.25275	0.686	
	硕士	博士	-0.07882	0.25866	0.761	

（三）人力资本

采用单因素方差分析不同教育背景员工人力资本的差异性。方差齐性检验如表 6-25 所示，教育背景对员工人力资本方差齐性显著性为 0.314，大于 0.05，不同教育背景下员工人力资本具有方差齐性。ANOVA 检验结果如表 6-26 所示，员工人力资本 ANOVA 显著性为 0.218，大于 0.05，未达显著水平，不同教育背景的员工人力资本不具显著差异。

表 6-25　　　　教育背景对员工人力资本的方差齐性检验

变量	莱文统计	自由度 1	自由度 2	显著性	是否具有方差齐性
人力资本	1.185	3.000	795.000	0.314	是

表 6-26　　　　教育背景对员工人力资本的 ANOVA 检验

变量		平方和	自由度	均方	F	显著性	差异是否显著
人力资本	组间	1.363	3.000	0.454	1.482	0.218	否
	组内	243.740	795.000	0.307			
	总计	245.103	798.000				

（四）员工幸福感

采用单因素方差分析对不同教育背景的员工幸福感进行差异性分析。方差齐性检验结果如表 6-27 所示，方差齐性显著性为 0.314，大于 0.05，具有方差齐性。ANOVA 检验结果如表 6-28 所示，ANOVA 显著性为 0.474，大于 0.05，未达显著水平，不具有显著差异。

表 6-27　　　　教育背景对员工幸福感的方差齐性检验

变量	莱文统计	自由度 1	自由度 2	显著性	是否具有方差齐性
员工幸福感	1.185	3.000	795.000	0.314	是

表 6-28　　　　教育背景对员工幸福感的 ANOVA 检验

变量		平方和	自由度	均方	F	显著性	差异是否显著
员工幸福感	组间	0.759	3.000	0.253	0.836	0.474	否
	组内	240.820	795.000	0.303			
	总计	241.580	798.000				

四　关于企业性质因素的差异性分析

企业性质分为 6 组，分别为国有企业、集体企业、中外合资企业、外商独资企业、私营企业和其他企业。运用 ANOVA 单因素方差分析探索员工所在企业性质对研究变量的影响。

(一)"混合型"HRM系统感知

采用单因素方差分析不同企业性质对员工"混合型"HRM系统感知的差异性。企业性质对员工"混合型"HRM系统感知的方差齐性检验结果如表6-29所示,方差齐性显著性为0.001,小于0.05,不具方差齐性。ANOVA检验结果如表6-30所示,ANOVA显著性为0.000,小于0.05,达显著水平,表明所在企业性质不同,员工感知的"混合型"HRM系统存在显著差异。运用塔姆黑尼多重比较法判别差异来源,如表6-31所示。不同企业制度下员工"混合型"HRM系统感知的差异源于国有企业与中外合资企业组、其他组间的差异,集体企业组与其他组间的差异,中外合资企业组与外商独资企业组、私营企业组和其他组间的差异,外商独资企业组与其他组间的差异。

表6-29　企业性质对"混合型"HRM系统感知的方差齐性检验

变量	莱文统计	自由度1	自由度2	显著性	是否具有方差齐性
"混合型"HRM系统感知	4.265	5	793	0.001	否

表6-30　企业性质对"混合型"HRM系统感知的ANOVA检验

变量		平方和	自由度	均方	F	显著性	差异是否显著
"混合型"HRM系统感知	组间	7.077	5	1.415	5.441	0.000	是
	组内	206.299	793	0.260			
	总计	213.377	798				

表6-31　企业性质对员工的"混合型"HRM系统感知的事后多重比较

变量	企业性质	企业性质	平均值差值	标准误差	显著性	是否为差异来源
"混合型"HRM系统感知	国有企业	集体企业	-0.086	0.082	0.295	
		中外合资企业	-0.245	0.063	0.000	是
		外商独资企业	-0.032	0.080	0.686	
		私营企业	0.033	0.042	0.429	
		其他	0.201	0.097	0.038	是

续表

变量	企业性质	企业性质	平均值差值	标准误差	显著性	是否为差异来源
"混合型"HRM系统感知	集体企业	中外合资企业	-0.160	0.094	0.089	
		外商独资企业	0.054	0.106	0.612	
		私营企业	0.119	0.081	0.144	
		其他	0.287	0.119	0.016	是
	中外合资企业	外商独资企业	0.213	0.092	0.020	是
		私营企业	0.279	0.062	0.000	是
		其他	0.446	0.107	0.000	是
	外商独资企业	私营企业	0.065	0.079	0.408	
		其他	0.233	0.118	0.048	是
	私营企业	其他	0.167	0.096	0.082	

(二) 员工建言行为

采用单因素方差分析不同企业性质对员工建言行为的差异性。企业性质对员工抑制性建言和促进性建言的方差齐性检验结果如表6-32所示，显著性分别为0.071和0.131，大于0.05，均具有方差齐性。企业性质对员工的抑制性建言行为和促进性建言行为的ANOVA检验结果如表6-33所示，显著性均为0.000，达显著水平，表明企业性质不同，员工的抑制性建言行为和促进性建言行为均有显著差异。运用塔姆黑尼多重比较法判别差异来源，结果如表6-34所示。

表6-32　　企业性质对员工建言行为的方差齐性检验

变量	莱文统计	自由度1	自由度2	显著性	是否具有方差齐性
抑制性建言	2.037	5	793	0.071	是
促进性建言	1.704	5	793	0.131	是

表6-33　　企业性质对员工建言行为的ANOVA检验

变量		平方和	自由度	均方	F	显著性	差异是否显著
抑制性建言	组间	7.861	5	1.572	4.967	0.000	是
	组内	251.036	793	0.317			
	总计	258.897	798				

续表

变量		平方和	自由度	均方	F	显著性	差异是否显著
促进性建言	组间	13.545	5	2.709	5.447	0.000	是
	组内	394.363	793	0.497			
	总计	407.908	798				

表 6-34　企业性质对员工建言行为的事后多重比较

变量	企业性质	企业性质	平均值差值	标准误差	显著性	是否为差异来源
抑制性建言	国有企业	集体企业	-0.254	0.090	0.005	是
		中外合资企业	-0.245	0.069	0.000	是
		外商独资企业	-0.097	0.088	0.269	
		私营企业	-0.010	0.046	0.836	
		其他	0.162	0.106	0.128	
	集体企业	中外合资企业	0.009	0.103	0.934	
		外商独资企业	0.157	0.117	0.180	
		私营企业	0.244	0.090	0.007	是
		其他	0.416	0.131	0.002	是
	中外合资企业	外商独资企业	0.148	0.101	0.144	
		私营企业	0.235	0.068	0.001	是
		其他	0.408	0.118	0.001	是
	外商独资企业	私营企业	0.088	0.087	0.316	
		其他	0.260	0.130	0.046	是
	私营企业	其他	-0.254	0.090	0.005	
促进性建言	国有企业	集体企业	-0.254	0.090	0.005	是
		中外合资企业	-0.245	0.069	0.000	是
		外商独资企业	-0.097	0.088	0.269	
		私营企业	-0.010	0.046	0.836	
		其他	0.162	0.106	0.128	
	集体企业	中外合资企业	0.009	0.103	0.934	
		外商独资企业	0.157	0.117	0.180	
		私营企业	0.244	0.090	0.007	是
		其他	0.416	0.131	0.002	是

续表

变量	企业性质	企业性质	平均值差值	标准误差	显著性	是否为差异来源
促进性建言	中外合资企业	外商独资企业	0.148	0.101	0.144	
		私营企业	0.235	0.068	0.001	是
		其他	0.408	0.118	0.001	是
	外商独资企业	私营企业	0.088	0.087	0.316	
		其他	0.260	0.130	0.046	是
	私营企业	其他	-0.254	0.090	0.005	是

由表6-34可知，不同企业制度下员工抑制性建言之间的差异主要源自国有企业组与集体企业组、中外合资企业组之间的差异，集体企业组与私营企业组、其他企业组之间的差异，中外合资企业组与私营企业组和其他企业组之间的差异，外商独资企业组与其他企业组之间的差异，私营企业组与其他企业组之间的差异；不同企业制度下员工促进性建言之间的差异主要源自国有企业组与集体企业组、中外合资企业组之间的差异，集体企业组与私营企业组、其他企业组之间的差异，中外合资企业组与私营企业组、其他企业组之间的差异，外商独资企业组与其他企业组之间的差异，以及私营企业组与其他企业组之间的差异。

（三）人力资本

采用单因素方差分析不同企业性质对员工人力资本的差异性。企业性质对员工人力资本的方差齐性检验结果如表6-35所示，显著性为0.085，具有方差齐性。企业性质对员工人力资本的ANOVA检验结果如表6-36所示，显著性为0.005，达显著水平，表明不同企业性质的员工具备的人力资本具有显著差异。采用LSD多重比较判别法来识别差异来源，结果如表6-37所示。差异源自国有企业组与中外合资企业组之间的差异，以及中外合资企业组与私营企业组、其他企业组之间的差异。

表6-35　企业性质对员工人力资本的方差齐性检验

变量	莱文统计	自由度1	自由度2	显著性	是否具有方差齐性
人力资本	1.943	5	793	0.085	是

表 6-36　　　企业性质对员工人力资本的 ANOVA 检验

变量		平方和	自由度	均方	F	显著性	差异是否显著
人力资本	组间	5.151	5	1.030	3.405	0.005	是
	组内	239.952	793	0.303			
	总计	245.103	798				

表 6-37　　　企业性质对员工人力资本的事后多重比较

变量	企业性质	企业性质	平均值差值	标准误差	显著性	是否为差异来源
人力资本	国有企业	集体企业	-0.030	0.088	0.737	
		中外合资企业	-0.192	0.067	0.005	是
		外商独资企业	-0.028	0.086	0.740	
		私营企业	0.076	0.045	0.094	
		其他	0.064	0.104	0.539	
	集体企业	中外合资企业	-0.162	0.101	0.108	
		外商独资企业	0.001	0.114	0.992	
		私营企业	0.106	0.088	0.229	
		其他	0.094	0.128	0.466	
	中外合资企业	外商独资企业	0.164	0.099	0.098	
		私营企业	0.268	0.067	0.000	是
		其他	0.256	0.115	0.026	是
	外商独资企业	私营企业	0.105	0.085	0.221	
		其他	0.093	0.127	0.466	
	私营企业	其他	-0.012	0.104	0.907	

（四）员工幸福感

采用单因素方差分析企业性质不同对员工幸福感的差异性。企业性质对员工幸福感的方差齐性检验结果如表 6-38 所示，显著性为 0.080，具有方差齐性。ANOVA 检验结果如表 6-39 所示，显著性为 0.000，达显著水平，不同企业性质的员工幸福感存在显著差异。采用 LSD 多重比较判别法来识别差异来源，结果如表 6-40 所示。差异源于国有企业组与中外合资企业组间的差异，集体企业组与其他企业组间的差异，中外合资企业组与私营企业组、其他企业组间的差异，外商独资企业组与其他企业组间的差异。

表 6-38　　　　　企业性质对员工幸福感的方差齐性检验

变量	莱文统计	自由度1	自由度2	显著性	是否具有方差齐性
员工幸福感	1.977	5	793	0.080	是

表 6-39　　　　　企业性质对员工幸福感的 ANOVA 检验

变量		平方和	自由度	均方	F	显著性	差异是否显著
员工幸福感	组间	7.777	5	1.555	5.276	0.000	是
	组内	233.803	793	0.295			
	总计	241.580	798				

表 6-40　　　　　企业性质对员工幸福感的事后多重比较

变量	企业性质	企业性质	平均值差值	标准误差	显著性	是否为差异来源
员工幸福感	国有企业	集体企业	-0.103	0.087	0.236	
		中外合资企业	-0.272	0.067	0.000	是
		外商独资企业	-0.103	0.085	0.224	
		私营企业	0.009	0.045	0.837	
		其他	0.187	0.103	0.070	
	集体企业	中外合资企业	-0.169	0.100	0.091	
		外商独资企业	0.000	0.113	0.998	
		私营企业	0.113	0.087	0.194	
		其他	0.290	0.127	0.022	是
	中外合资企业	外商独资企业	0.169	0.098	0.084	
		私营企业	0.281	0.066	0.000	是
		其他	0.459	0.114	0.000	是
	外商独资企业	私营企业	0.112	0.084	0.183	
		其他	0.290	0.125	0.021	是
	私营企业	其他	-0.103	0.087	0.236	

五　关于所处职位的差异性分析

员工在企业中所处职位可分为 5 组，为一般员工、基层管理者、中层管理者、高层管理者和其他角色。如第四章所述，因研究目的原因，将所有高层管理者的数据剔出本书样本。通过以上操作，本书员工所处职位共分为一般员工、基层管理者和中层管理者3组。运用ANOVA单因素方差分析探索员工在企业所处职位对研究变量影响效果。

（一）"混合型"HRM 系统感知

采用单因素方差分析对所处职位不同对员工"混合型"HRM 系统感知进行差异性分析。所处职位对员工"混合型"HRM 系统感知的方差齐性检验结果如表 6-41 所示。由表 6-41 可知，企业性质对员工"混合型"HRM 系统感知的方差齐性显著性为 0.062，具有方差齐性。

表 6-41　员工所处职位对"混合型"HRM 系统感知的方差齐性检验

变量	莱文统计	自由度 1	自由度 2	显著性	是否具有方差齐性
"混合型"HRM 系统感知	2.792	2	796	0.062	是

ANOVA 检验结果如表 6-42 所示，显著性为 0.012，达显著水平，表明在企业中的职位不同，员工所感知到的"混合型"HRM 系统有显著差异。

表 6-42　员工所处职位对"混合型"HRM 系统感知的 ANOVA 检验

变量		平方和	自由度	均方	F	显著性	差异是否显著
"混合型"HRM 系统感知	组间	2.374	2	1.187	4.479	0.012	是
	组内	211.002	796	0.265			
	总计	213.377	798				

运用 LSD 多重比较判别法来识别差异来源，结果如表 6-43 所示。差异源于一般员工与基层管理者和中层管理者间差异，基层管理者与中层管理者间的差异不显著。

表6-43 所处职位对员工的"混合型"HRM系统感知的事后多重比较

变量	所处职位	所处职位	平均值差值	标准误差	显著性	是否为差异来源
"混合型"HRM系统感知	一般员工	基层管理者	-0.109	0.041	0.009	是
	一般员工	中层管理者	-0.113	0.055	0.041	是
	基层管理者	中层管理者	-0.005	0.060	0.940	

(二) 员工建言行为

采用单因素方差分析不同职位的员工建言行为（抑制性建言和促进性建言）的差异性。所处职位对员工抑制性建言和促进性建言的方差齐性检验结果如表6-44所示，显著性分别为0.002和0.000，均不具方差齐性。

表6-44 所处职位对员工建言行为方差齐性检验

变量	莱文统计	自由度1	自由度2	显著性	是否具有方差齐性
抑制性建言	6.493	2.000	796.000	0.002	否
促进性建言	8.360	2.000	796.000	0.000	否

ANOVA检验结果如表6-45所示，ANOVA显著性均为0.000，达显著水平，表明所处职位不同使员工抑制性建言行为和促进性建言行为具有显著差异。

表6-45 所处职位对员工建言行为的ANOVA检验

变量		平方和	自由度	均方	F	显著性	差异是否显著
抑制性建言	组间	12.691	2.000	6.346	20.516	0.000	是
	组内	246.206	796.000	0.309			
	总计	258.897	798.000				
促进性建言	组间	21.329	2.000	10.664	21.959	0.000	是
	组内	386.579	796.000	0.486			
	总计	407.908	798.000				

运用塔姆黑尼多重比较法判别差异来源，结果如表6-46所示。抑制性建言行为与促进性建言行为的差异源于一般员工与基层管理者间的差异、基层管理者与中层管理者间的差异。

表 6-46　　　所处职位对员工建言行为的事后多重比较

变量	所处职位	所处职位	平均值差值	标准误差	显著性	是否为差异来源
抑制性建言	一般员工	基层管理者	−0.307	0.055	0.000	是
		中层管理者	−0.373	0.064	0.000	是
	基层管理者	中层管理者	−0.066	0.068	0.701	是
促进性建言	一般员工	基层管理者	−0.165	0.045	0.001	是
		中层管理者	−0.194	0.053	0.001	是
	基层管理者	中层管理者	−0.029	0.058	0.946	是

（三）人力资本

采用单因素方差分析不同职位员工人力资本的差异性。方差齐性检验结果如表 6-47 所示。由表 6-47 可知，显著性为 0.019，不具备方差齐性。ANOVA 检验结果如表 6-48 所示，显著性为 0.000，具有显著差异。采用塔姆黑尼多重比较法判别差异来源，结果如表 6-49 所示。差异源于一般员工与基层管理者、中层管理者间的差异。

表 6-47　　　所处职位对员工人力资本的方差齐性检验

变量	莱文统计	自由度 1	自由度 2	显著性	是否具有方差齐性
人力资本	4.000	2.000	796.000	0.019	否

表 6-48　　　所处职位对员工人力资本的 ANOVA 检验

变量		平方和	自由度	均方	F	显著性	差异是否显著
人力资本	组间	5.970	2.000	2.985	9.936	0.000	是
	组内	239.133	796.000	0.300			
	总计	245.103	798.000				

表 6-49　　　所处职位对员工人力资本的事后多重比较

变量	所处职位	所处职位	平均值差值	标准误差	显著性	是否为差异来源
人力资本	一般员工	基层管理者	−0.165	0.045	0.001	是
		中层管理者	−0.194	0.053	0.001	是
	基层管理者	中层管理者	−0.029	0.058	0.946	

(四) 员工幸福感

采用单因素方差分析不同职位员工间的幸福感差异。方差齐性检验结果如表 6-50 所示，显著性为 0.028，不具有方差齐性。ANOVA 检验结果如表 6-51 所示，显著性为 0.001，达显著水平，具有显著差异。采用塔姆黑尼多重比较法判别差异来源，结果如表 6-52 所示。员工幸福感差异源自一般员工与基层管理者、中层管理者间的差异。

表 6-50　　　　　所处职位对员工幸福感的方差齐性检验

变量	莱文统计	自由度 1	自由度 2	显著性	是否具有方差齐性
员工幸福感	3.590	2.000	796.000	0.028	否

表 6-51　　　　　所处职位对员工幸福感的 ANOVA 检验

变量		平方和	自由度	均方	F	显著性	差异是否显著
员工幸福感	组间	3.952	2.000	1.976	6.619	0.001	是
	组内	237.628	796.000	0.299			
	总计	241.580	798.000				

表 6-52　　　　　所处职位对员工幸福感的事后多重比较

变量	所处职位	所处职位	平均值差值	标准误差	显著性	是否为差异来源
员工幸福感	一般员工	基层管理者	-0.124	0.045	0.018	是
		中层管理者	-0.172	0.051	0.003	是
	基层管理者	中层管理者	-0.048	0.057	0.786	

第二节　研究变量的相关性分析

研究变量相关性如表 6-53 所示（其中，Prom_V 代表促进性建言，Proh_V 代表抑制性建言，EWB 代表员工幸福感，HC 代表人力资本，P_HRM 代表"混合型"HRM 系统感知）。"混合型"HRM 系统感知与抑制性建言、促进性建言、员工幸福感和人力资本均在 0.005 水平上具有显著相关性。人力资本与其他变量的相关系数在 0.005 水平上均为 0.5—0.8。同样地，员工幸福感与促进性建言和抑制性建言的相关系数亦在 0.005 水平上显著。促进性建言和抑制性建言间的相关系数较高，为 0.920。鉴于两者属于建言行为的不同类型，相关性较高亦属合理现象。

表 6-53　　研究变量的均值、标准差及相关系数模型

	Prom_V	Proh_V	EWB	HC	P_HRM
Prom_V	1				
Proh_V	0.920**	1			
EWB	0.616**	0.695**	1		
HC	0.579**	0.677**	0.703**	1	
P_HRM	0.646**	0.658**	0.728**	0.551**	1
均值	2.859	3.623	3.454	3.410	2.832
标准差	0.570	0.715	0.550	0.554	0.517

注：** 表示显著性水平为 0.005。

第三节　假设检验

一　"混合型"HRM 系统感知与员工建言行为

模型（一）设定。以"混合型"HRM 系统感知（P_HRM）为自变量，以抑制性建言行为（Proh_V）和促进性建言行为（Prom_V）为因变量，并将性别（gender）、年龄（age）、教育背景（education）、企业性质（ownership）和所处职位（role）作为控制变量，如图 6-1 所示。将性别、年龄、教育背景等作为控制变量的原因在于，本章第一小节的差异性分析部分证实这些变量对核心变量具有一定的影响，将其作为控制变量加入模型能更有效检验核心变量间关系。将促进性建言行为和抑制性建言行为的残差项相关联，原因在于，虽在测量模型阶段本章假设员工建言行为是一个二阶双因子测量模型，但最终数据并未支持这一结论，这是因为双因子测量模型已经足够简化，无须再提取另一个公因子（员工建言行为）。在统计学基础之上，若提取

员工建言行为这一公因子，则无法明晰自变量（"混合型"HRM 系统感知）对员工具体建言行为的作用差异。因此，从理论上和统计上，本章将员工建言行为的测量模型修正为一阶有相关双因素模型，在实证中将促进性建言行为和抑制性建言行为的残差项相关联。

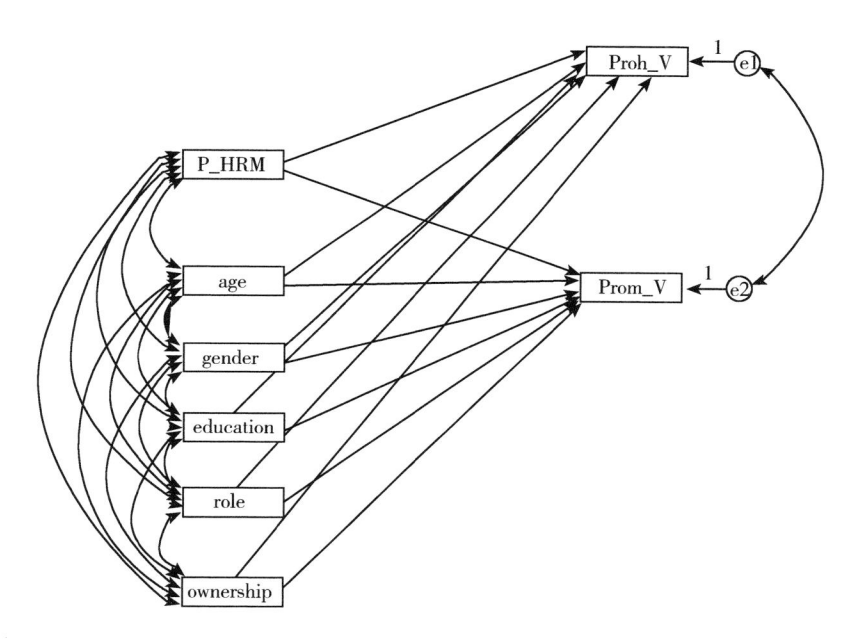

图 6-1 "混合型"HRM 系统感知与员工建言行为的关系模型

模型识别。在模型设定之后，对所构建的结构方程模型进行模型识别。模型的总自由度为 36，待估计参数值为 36，达恰好识别状态，结果如图 6-2 所示。因该结构方程模型达到恰好识别状态，无法检验模型拟合指标，仅能估算出变量间系数。

模型解释。由表 6-54 和图 6-2 可知，员工的"混合型"HRM 系统感知对促进性建言行为和抑制性建言行为影响的标准化路径系数分别为 0.645 和 0.637，达到 0.001 的显著性水平。"混合型"HRM 系统感知对员工促进性建言行为和抑制性建言行为的正向影响效应均显著，假设 H5 得以验证。

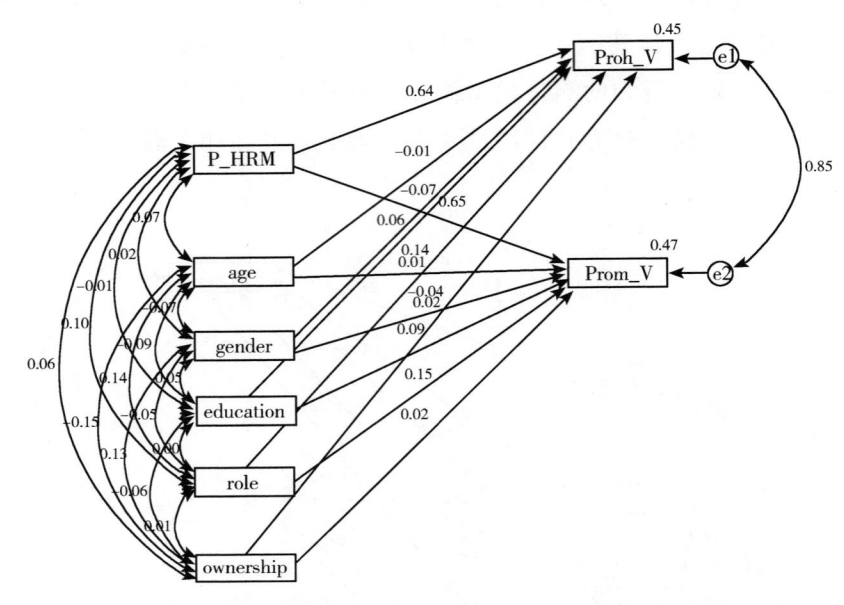

图 6-2 "混合型" HRM 系统感知与员工建言行为的关系模型分析结果

表 6-54 "混合型" HRM 系统感知与员工建言行为关系模型路径系数

假设	假设回归路径	标准化路径系数	显著性	假设结果
H5a	P_HRM→Prom_V	0.645 ***	0.000	成立
H5b	P_HRM→Proh_V	0.637 ***	0.000	成立

注：*** 表示 $p<0.001$。

二 员工人力资本的中介效应

模型（二）设定。以"混合型"HRM 系统感知与员工建言行为的关系模型为基础，加入"人力资本（HC）"作中介变量，形成如图 6-3 所示的中介模型。

模型识别。模型的总自由度为 45，待估计参数值为 38，即为过度识别状态。结合上文差异性分析及模型修正指标对该模型进行修正，修正后模型适配度指标见表 6-55：绝对拟合度指标中卡方自由度比为 1.460（<5），模型适配度 GFI 为 0.997（>0.9），渐进残差均方和平方根 $RMSEA$ 为 0.024（<0.05），均处适配度标准以内，其

第六章 数据分析与假设检验

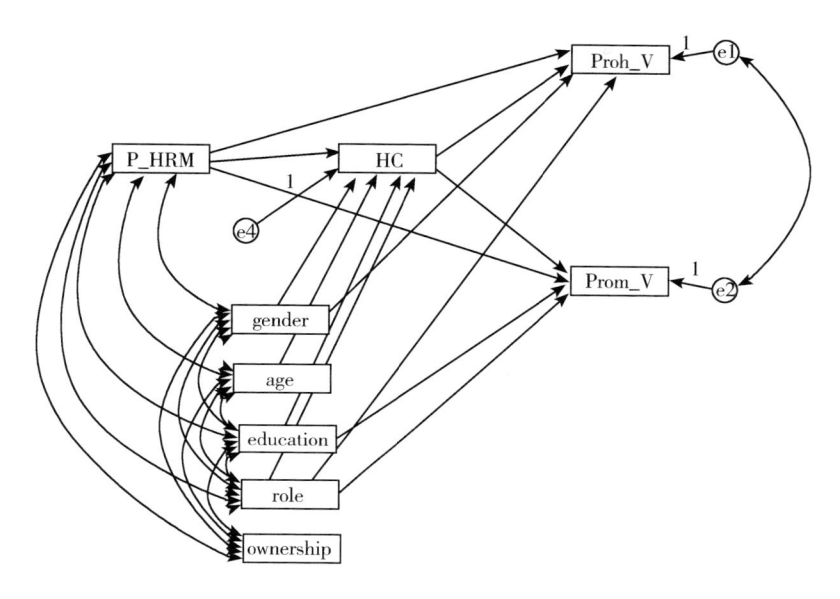

图 6-3 员工人力资本的中介模型

绝对拟合度指标通过检验。在增值拟合优度指标中，无论是 *CFI*，还是其他如 *NFI*、*RFI*、*IFI* 指标均大于 0.9，满足模型适配度标准，即增量拟合度指标通过检验。

表 6-55　包含员工人力资本的中介模型的适配度指标

指标类型	统计检测量	值
绝对拟合优度指标	卡方值（χ^2）	10.218
	卡方自由度比（*NC*）	1.460
	适配度（*GFI*）	0.997
	调整后适配度（*AGFI*）	0.982
	残差均方和平方根（*RMR*）	0.009
	渐近残差均方和平方根（*RMSEA*）	0.024
增值拟合优度指标	规范适配指标（*NFI*）	0.996
	相对适配指标（*RFI*）	0.980
	增值适配指标（*IFI*）	0.999
	非规范适配指标（*TLI*）	0.994
	比较适配指标（*CFI*）	0.999

模型解释。模型的最终结果如图 6-4 所示，"混合型" HRM 系统的感知对人力资本、促进性建言行为和抑制性建言行为影响的标准化路径的系数分别为 0.54、0.43 和 0.47，而人力资本对员工促进性建言行为和抑制性建言行为的标准化路径系数分别为 0.30 和 0.43。换言之，四者之间存在着比较明显的作用效果。

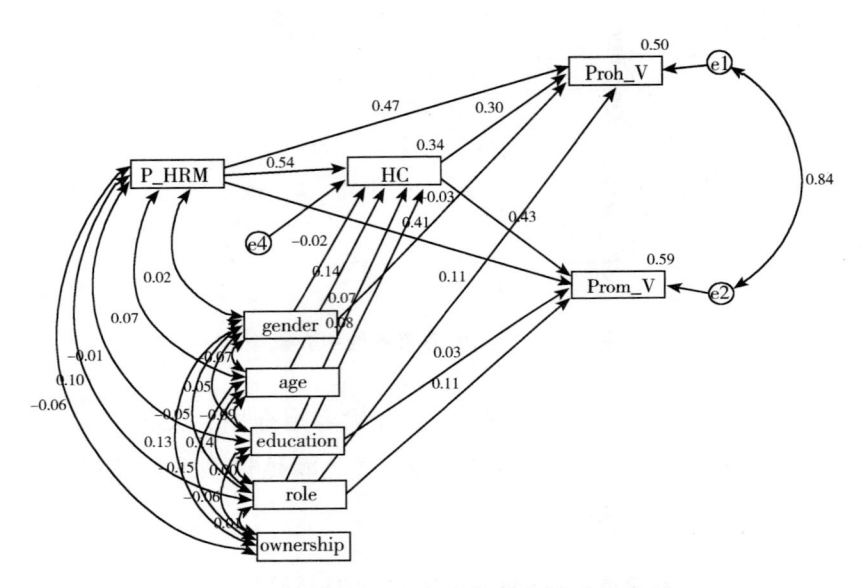

图 6-4　员工人力资本的中介模型结果

然而，MacKinnon（2008）指出以上指标仅给出了变量间影响系数大小，并未显示系数是否显著，且因中介效应通常是非正态分布的，以上指标并无法真实显示中介效应是否存在。为此，参照 MacKinnon（2008）所提出的中介效应检验方法，有两种方法可判断是否存在单变量中介效应，一为中介效应置信区间不包含 0，二为中介效应点估计值与标准差系数之比（Z 值）大于或等于 1.96。利用 Bootstrapping 技术对以上模型进行分析，执行 2000 次，置信区间选为 95%（下同），结果如表 6-56 所示。

表 6-56　　　　　　　员工人力资本的中介模型路径系数

变量关系		点估计值	系数相乘积		bootstrapping			
					bias-corrected 95% CI		percentile 95% CI	
			SE	Z	lower	upper	lower	upper
P_HRM→HC→Prom_V	总效应	0.886	0.044	20.136	0.791	0.969	0.795	0.972
	间接效应	0.321	0.032	10.031	0.264	0.392	0.262	0.390
	直接效应	0.564	0.051	11.059	0.458	0.660	0.463	0.663
P_HRM→HC→Proh_V	总效应	0.696	0.037	18.811	0.623	0.766	0.623	0.766
	间接效应	0.179	0.024	7.458	0.136	0.231	0.135	0.228
	直接效应	0.517	0.045	11.489	0.426	0.605	0.427	0.606

注：此表汇报非标准化数值。

只有当模型总效应显著时才可能存在中介效应。中介效应存在而直接效应不存在时说明为完全中介，直接效应存在时说明为部分中介。参照此判别顺序分析表 6-56 中的数据。在"混合型"HRM 系统感知通过人力资本影响促进性建言这一中介机制中，总效应的置信区间为 0.791—0.969（bias-corrected）/0.795—0.972（percentile），均未包含 0，且 Z 值等于 20.136，大于 1.96，两种判断方法均显示"P_HRM→HC→Prom_V"中，总效应显著。在此基础上，中介效应置信区间为 0.264—0.392（bias-corrected）/0.262—0.390（percentile），均未包含 0，且 Z 值等于 10.031，大于 1.96，即人力资本在"混合型"HRM 系统感知与员工促进性建言行为之间具有显著中介效应。进一步判断直接效应，发现"混合型"HRM 系统感知对员工促进性建言行为的直接效应的置信区间为 0.458—0.660（bias-corrected）/0.463—0.663（percentile），Z 值为 11.059，表明在中介效应存在的情况下存在直接效应。因此，人力资本在"混合型"HRM 系统感知与员工促进性建言行为之间扮演了部分中介效应，其标准化效应值为 0.232（0.54 乘以 0.43），非标准化效应值为 0.321。

同理可知，在"混合型"HRM 系统感知通过人力资本影响抑制性建言这一中介机制中，总效应置信区间为 0.632—0.766（bias-corrected）/0.632—0.766（percentile），均未包含0，且其Z值等于18.811，大于1.96，即表明两种判断方法均显示在"P_HRM→HC→Proh_V"这条中介机制中总效应显著。"混合型"HRM系统感知通过人力资本影响抑制性建言这一中介效应的置信区间为0.136—0.231（bias-corrected）/0.135—0.228（percentile），均未包含0，Z值等于7.458，大于1.96，两种判断方法均显示人力资本在"混合型"HRM系统感知与员工抑制性建言行为之间具有显著中介效应。在此基础上，发现"混合型"HRM系统感知对员工抑制性建言行为中直接效应的置信区间为0.426—0.605（bias-corrected）/0.427—0.606（percentile），Z值为11.489，表明在中介效应存在的情况下亦存在直接效应。因此，人力资本在"混合型"HRM系统感知与员工抑制性建言行为之间扮演了部分中介效应，标准化效应值为0.162，非标准化效应值为0.179。综上所述，本书所提假设H6亦得以验证，如表6-57所示。

表6-57　　　　　　人力资本的中介模型路径系数

假设	假设回归路径	标准化路径系数	显著性	假设结果
H6a	P_HRM→ HC →Prom_V	0.232***	0.000	成立（部分中介）
H6b	P_HRM→ HC →Proh_V	0.162***	0.000	成立（部分中介）

注：*** 表示 $p<0.001$。

三　员工幸福感的中介效应

模型（三）设定。以"混合型"HRM系统感知与员工建言行为的关系模型为基础模型，加入"员工幸福感"（EWB）作为中介变量，形成如图6-5所示的模型。

模型识别。模型总自由度为45，待估计参数为30，达到过度识别。结合差异性分析及模型修正指标修正模型，最终各适配度指标如表6-58所示。

第六章 数据分析与假设检验

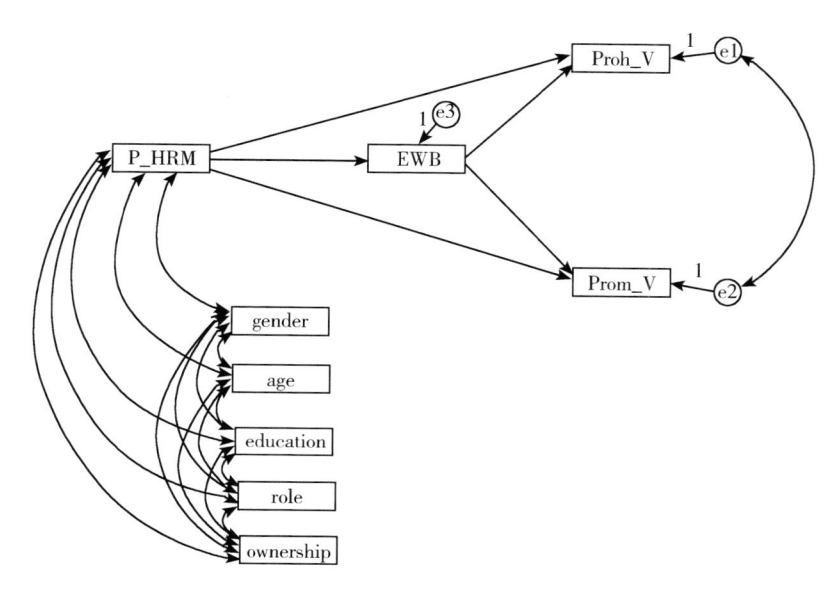

图 6-5 员工幸福感的中介模型

表 6-58 员工人力资本的中介机制模型的适配度指标

指标类型	统计检测量	值
绝对拟合优度指标	卡方值（χ^2）	19.155
	卡方自由度比（NC）	2.128
	适配度（GFI）	0.995
	调整后适配度（AGFI）	0.974
	残差均方和平方根（RMR）	0.008
	渐近残差均方和平方根（RMSEA）	0.038
增值拟合优度指标	规范适配指标（NFI）	0.993
	相对适配指标（RFI）	0.973
	增值适配指标（IFI）	0.996
	非规范适配指标（TLI）	0.986
	比较适配指标（CFI）	0.996

模型解释。最终模型结果如图 6-6 所示。员工"混合型"HRM 系统感知对员工幸福感、促进性建言行为和抑制性建言行为影响的标准化路径系数分别为 0.72、0.33 和 0.42，员工幸福感对员工促进性

建言行为和抑制性建言行为影响的标准化路径系数为 0.44 和 0.30。员工幸福感对"混合型"HRM 系统感知与促进性建言行为的中介系数为 0.317，对"混合型"HRM 系统感知与抑制性建言行为的中介系数为 0.216。参照 MacKinnon（2008）方法进一步明晰中介效应是否显著，结果如表 6-59 所示。

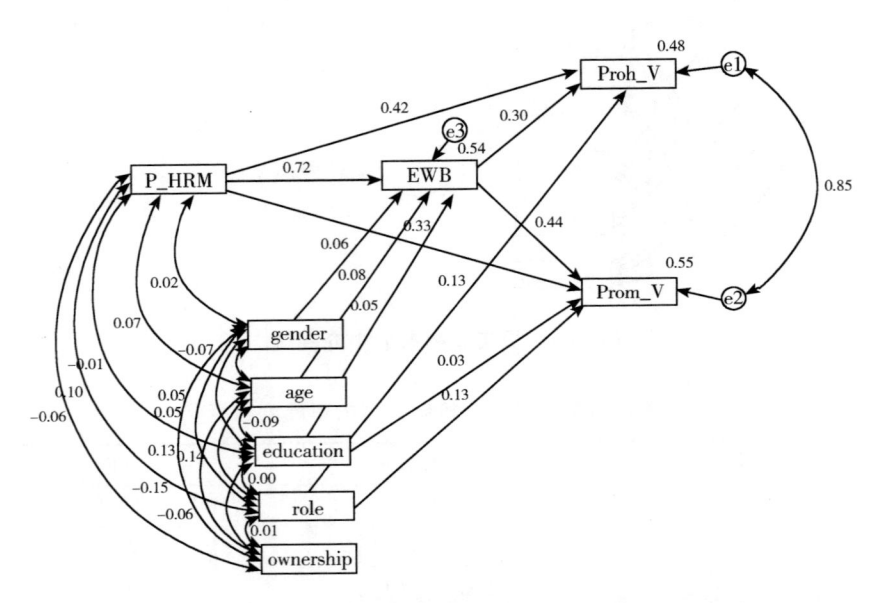

图 6-6 员工幸福感的中介模型结果

表 6-59　员工幸福感的中介机制模型路径系数

变量关系		点估计值	系数相乘积		bootstrapping			
					bias-corrected 95% CI		percentile 95% CI	
			SE	Z	lower	upper	lower	upper
P_HRM→ EWB→ Prom_V	总效应	0.889	0.044	20.205	0.795	0.972	0.798	0.975
	间接效应	0.440	0.047	9.362	0.352	0.540	0.350	0.534
	直接效应	0.449	0.069	6.507	0.315	0.575	0.315	0.575

续表

变量关系		点估计值	系数相乘积		bootstrapping			
					bias-corrected 95% CI		percentile 95% CI	
			SE	Z	lower	upper	lower	upper
P_HRM→ EWB→ Proh_V	总效应	0.697	0.037	18.838	0.624	0.767	0.624	0.767
	间接效应	0.234	0.039	6.000	0.163	0.316	0.161	0.312
	直接效应	0.462	0.059	7.831	0.345	0.579	0.344	0.578

本节思路是先判断总效应是否显著，之后判断中介效应，最后判断完全还是部分中介。如表6-59所示，在"混合型"HRM系统感知通过员工幸福感影响促进性建言这一中介机制中，总效应的置信区间为0.795—0.972（bias-corrected）/0.798—0.975（percentile），未包含0，Z值等于20.205，大于1.96，即两种判断方法显示"P_HRM → EWB →Prom_V"的总效应显著。中介效应的置信区间为0.352—0.540（bias-corrected）/0.350—0.534（percentile），均未包含0，Z值等于9.362，大于1.96，即员工幸福感在"混合型"HRM系统感知与员工促进性建言行为之间具有显著的中介效应。直接效应的置信区间为0.315—0.575（bias-corrected）/0.315—0.575（percentile），Z值为6.507，即在存在中介效应的情况下亦存在直接效应。因此，员工幸福感在"混合型"HRM系统感知与员工促进性建言行为之间具有部分中介效应，标准值为0.317，非标准值为0.440。

同理可知，在"混合型"HRM系统感知通过员工幸福感影响抑制性建言的中介机制中，总效应的置信区间为0.624—0.767（bias-corrected）/0.624—0.767（percentile），未包含0，Z值等于18.838，大于1.96，即两种判断方法均显示"P_HRM→ EWB →Proh_V"这条中介机制中总效应显著。"混合型"HRM系统感知通过员工幸福感影响抑制性建言这一中介效应的置信区间为0.163—0.361（bias-corrected）/0.161—0.312（percentile），未包含0，Z值等于6.000，大于1.96，即员工幸福感在"混合型"HRM系统感知与员工抑制性建言行为之间具有显著的中介效应。在此基础上，发现"混合型"HRM

系统感知对员工抑制性建言行为直接效应的置信区间为 0.345—0.579（bias-corrected）/0.344—0.578（percentile），Z 值为 7.831，即在存在中介效应的情况下存在直接效应。因此，员工幸福感在"混合型"HRM 系统感知与员工抑制性建言行为之间具有部分中介效应，其标准效应值为 0.216，非标准效应值为 0.234。综上所述，假设 7 得以验证，系数值如表 6-60 所示。

表 6-60　　　　　　员工幸福感的中介模型路径系数

假设	假设回归路径	标准化路径系数	显著性	假设结果
H7a	P_HRM→ EWB →Prom_V	0.216***	0.000	成立（部分中介）
H7b	P_HRM→ EWB →Proh_V	0.234***	0.000	成立（部分中介）

注：*** 表示 $p<0.001$。

四　员工人力资本与员工幸福感的双中介机制

为比较员工人力资本和员工幸福感这两个中介变量的重要性，本书同时纳入检验模型，即构建员工人力资本与员工幸福感的双重中介模型。Brown（1997）指出，在探索结构方程模型的中介效应时，明晰不同中介因素的作用效果是极为重要的。然而，与单因素中介效应模型不同的是，在存在两个及两个以上中介因素的结构方程模型中，增加了特殊中介效果（specific indirect effect），该效果与直接效果（direct effect）、间接效果（indirect effect）和总效果（total effect）共同构成了结构方程模型中所待估计的参数及影响。特殊中介效果是针对特定单一中介因素所具备的中介效应，是特定中介因素在整体中介效果中所占据的比例（Holbert and Stephenson，2003）。在具有两个及以上中介因素的结构方程模型中，整体中介效果是所有特殊中介效果之和，而中介效果与直接效果之和构成了模型的总效果。Holbert 和 Stephenson（2003）称现有运算结构方程模型的统计软件（如 Liseral 或 AMOS 等）均无法衡量特殊中介效果的大小，需辅以 MacKinnon、Fairchild 和 Fritz（2007）以及 MacKinnon（2008）开发的统计工具检验特定中介效果。

模型（四）设定。以"混合型"HRM系统感知与员工建言行为模型为基础，同时加入人力资本（HC）和员工幸福感（EWB）作为中介变量，构建员工人力资本与员工幸福感的双中介机制模型，如图6-7所示。

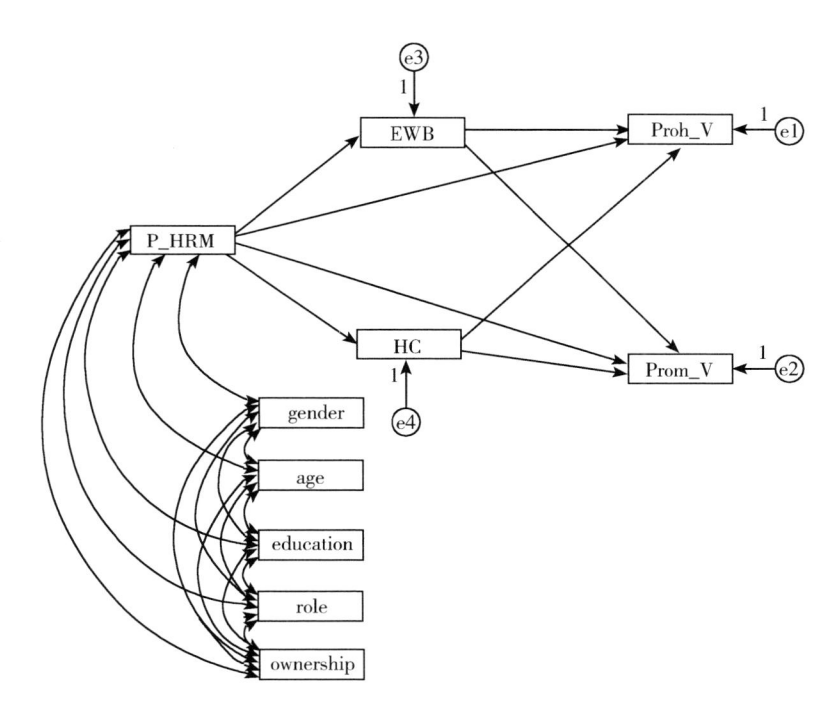

图 6-7　员工人力资本与员工幸福感的双中介机制模型

模型识别。模型总自由度为55，待估计参数值为33，即过度识别状态。结合差异性分析及模型修正指标修正该模型，修正后模型适配度如表6-61所示。在绝对拟合度指标中，卡方自由度比为2.340，小于5，模型适配度 GFI 为0.992，大于0.9，渐进残差均方和平方根 RMSEA 为0.041，小于0.07，均处于适配度标准以内，其绝对拟合度指标通过检验。在增值拟合优度指标中，无论是 CFI，还是其他如 NFI、RFI、IFI 指标，均大于0.9，满足适配度标准，即增量拟合度指标通过检验。

表 6-61　员工人力资本与员工幸福感的双中介机制模型的适配度指标

指标类型	统计检测量	值
绝对拟合优度指标	卡方值（χ^2）	30.415
	卡方自由度比（NC）	2.340
	适配度（GFI）	0.992
	调整后适配度（AGFI）	0.968
	残差均方和平方根（RMR）	0.011
	渐近残差均方和平方根（RMSEA）	0.041
增值拟合优度指标	规范适配指标（NFI）	0.992
	相对适配指标（RFI）	0.971
	增值适配指标（IFI）	0.995
	非规范适配指标（TLI）	0.983
	比较适配指标（CFI）	0.995

模型解释。图 6-8 显示了该模型的整体检验结果。"混合型"HRM 系统感知对员工人力资本、员工幸福感、促进性建言行为和抑制性建言行为的影响标准化路径系数依次为 0.54、0.72、0.30 和 0.40，员工幸福感对员工促进性建言行为和抑制性建言行为的标准化路径系数依次为 0.24 和 0.14，人力资本对员工促进性建言行为和抑制性建言行为的标准化路径系数依次为 0.34 和 0.24。运算后，人力资本在"混合型"HRM 系统感知与促进性建言行为的中介效应系数为 0.184，在"混合型"HRM 系统感知与抑制性建言行为的中介效应系数为 0.130；员工幸福感对"混合型"HRM 系统感知与促进性建言行为的中介效应系数为 0.173，对"混合型"HRM 系统感知与抑制性建言行为的中介效应系数为 0.101。

采用 MacKinnon（2008）多重中介机制判别方法明晰中介效应是否显著，结果如表 6-62 和表 6-63 所示。先判断是否存在总间接效果，若存在则判断是否存在中介效果。之后，运用 MacKinnon（2007，2008）判断方法判定特定中介效果是否显著。最后，若特定中介效果显著则依据直接效果是否显著对完全中介或部分中介进行

第六章 数据分析与假设检验

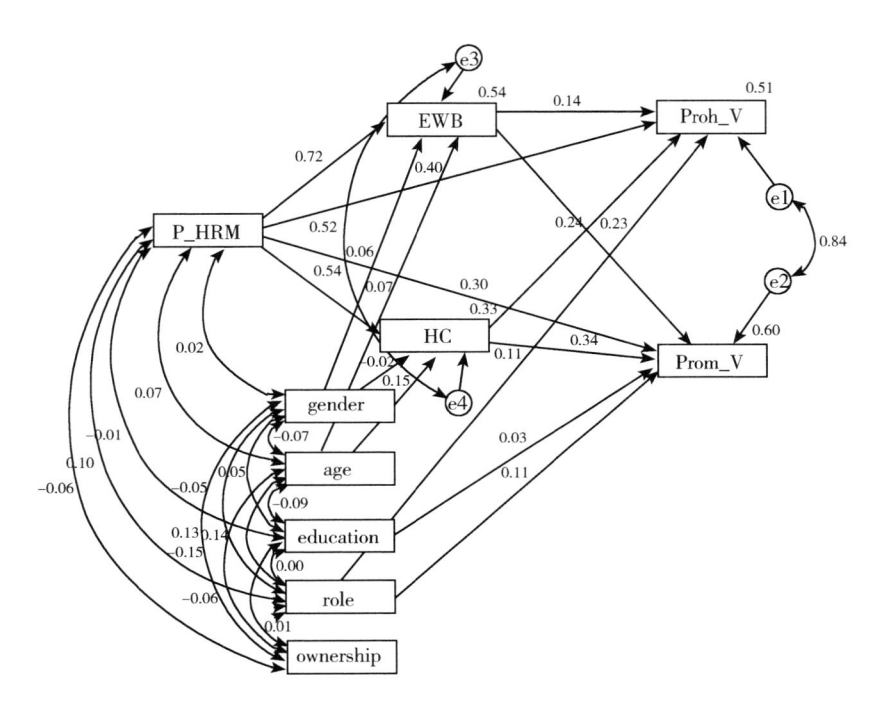

图 6-8 员工人力资本与员工幸福感的双中介机制模型检测结果

判断。

表 6-62 员工人力资本与员工幸福感的双中介机制模型总间接效果及直接效果

变量关系		点估计值	系数相乘积		bootstrapping			
					bias-corrected 95% CI		percentile 95% CI	
			SE	Z	lower	upper	lower	upper
P_HRM→ Prom_V	总间接效果	0.479	0.046	10.413	0.393	0.577	0.390	0.572
	直接效果	0.410	0.064	6.406	0.285	0.563	0.286	0.536
P_HRM→ Proh_V	总间接效果	0.253	0.037	6.946	0.192	0.331	0.189	0.329
	直接效果	0.440	0.055	8.000	0.327	0.548	0.328	0.549

表 6-63　员工人力资本与员工幸福感的双中介机制模型特殊中介效果

变量关系		点估计值	MacKinnon PRODCLIN2 95% CI	
			lower	upper
P_HRM→ EWB →Prom_V	特殊间接效果	0.231	0.147	0.315
P_HRM→ EWB →Proh_V	特殊间接效果	0.108	0.043	0.185
P_HRM→ HC →Prom_V	特殊间接效果	0.249	0.189	0.320
P_HRM→ HC →Proh_V	特殊间接效果	0.145	0.097	0.201

由表6-62可知,"混合型"HRM系统感知对促进性建言行为和抑制性建言行为的总间接效果的点估计值与标准误之比分别为10.413和6.946,置信区间分别为0.393—0.577(bias-corrected)/0.390—0.572(percentile)和0.192—0.331(bias-corrected)/0.189—0.329(percentile)。以上置信区间均未包含0,Z值大于1.96,存在显著总中介效应,表明员工幸福感和员工人力资本中至少一个中介效应是显著的。

运用MacKinnon PRODCLIN2技术判断特殊中介效应是否显著,结果如表6-63所示。员工幸福感在"混合型"HRM系统感知与促进性建言行为之间的中介效应的置信区间为0.147—0.315,在"混合型"HRM系统感知与抑制性建言行为之间的中介效应的置信区间为0.043—0.185。员工人力资本在"混合型"HRM系统感知与促进性建言行为之间的中介效应的置信区间为0.189—0.320,在"混合型"HRM系统感知与抑制性建言行为之间的中介效应的置信区间为0.097—0.201。各置信区间均未包含0,表明双重中介机制中人力资本与员工幸福感的中介效应均显著。

之后,判断中介效应是完全中介还是部分中介。由表6-62可知,"混合型"HRM系统感知对促进性建言行为和抑制性建言行为的直接效应的置信区间分别为0.285—0.563(bias-corrected)/0.286—0.536(percentile)和0.327—0.548(bias-corrected)/0.328—0.549(percentile),Z值为6.406和8.000。置信区间均未包含0,Z

值均大于 1.96，直接效果均显著。换言之，人力资本和员工幸福感在"混合型"HRM 系统感知与促进性建言行为、抑制性建言行为中具有部分中介效应，即假设 8 得以证实。由标准化路径系数可知，对"混合型"HRM 系统感知与促进性建言行为而言，员工幸福感的中介效应（52.57%）比员工人力资本的中介效应（47.43%）更显著，对"混合型"HRM 系统感知与抑制性建言行为而言，员工幸福感的中介效应（56.28%）同样高于员工人力资本（43.72%）。具体见表 6-64。

表 6-64　　　员工人力资本与员工幸福感的双中介机制

假设	假设回归路径	标准化路径系数	所占比例（%）	显著性	假设结果
H8a	P_HRM→HC→Prom_V	0.166***	47.43	0.000	成立（部分中介）
H8a	P_HRM→EWB→Prom_V	0.184***	52.57	0.000	成立（部分中介）
H8b	P_HRM→HC→Proh_V	0.101***	43.72	0.000	成立（部分中介）
H8b	P_HRM→EWB→Proh_V	0.130***	56.28	0.000	成立（部分中介）

注：*** 表示 $p<0.001$。

五　员工幸福感的链式中介效应

模型（五）设定。在"混合型"HRM 系统感知与员工建言行为的无因果双因素中介模型的基础上（员工幸福感和员工人力资本作为中介变量，两者间并无因果关系），根据第三章所提研究假设以及无因果双因素模型的模型修正指标（员工幸福感与员工人力资本间高度相关），构建员工幸福感对员工人力资本的促进作用，形成两中介因素都相关的双因素中介模型，如图 6-9 所示。此模型被称为链式中介模型（chain mediating model）（Fletcher，2006），亦有学者将其译为串联/远程中介模型。同双中介模型一样，此模型运用现有统计软件所评估结果仅为总间接效果，仍需运用 OLS 和 Bootstrapping 评估特殊中介效果。

模型识别。模型总自由度为 55，待估计参数值为 34，为过度识别。结合差异性分析及模型修正指标修正该模型后，模型适配度见表 6-65。绝对拟合度指标方面，卡方自由度比为 1.454（<5），模型适

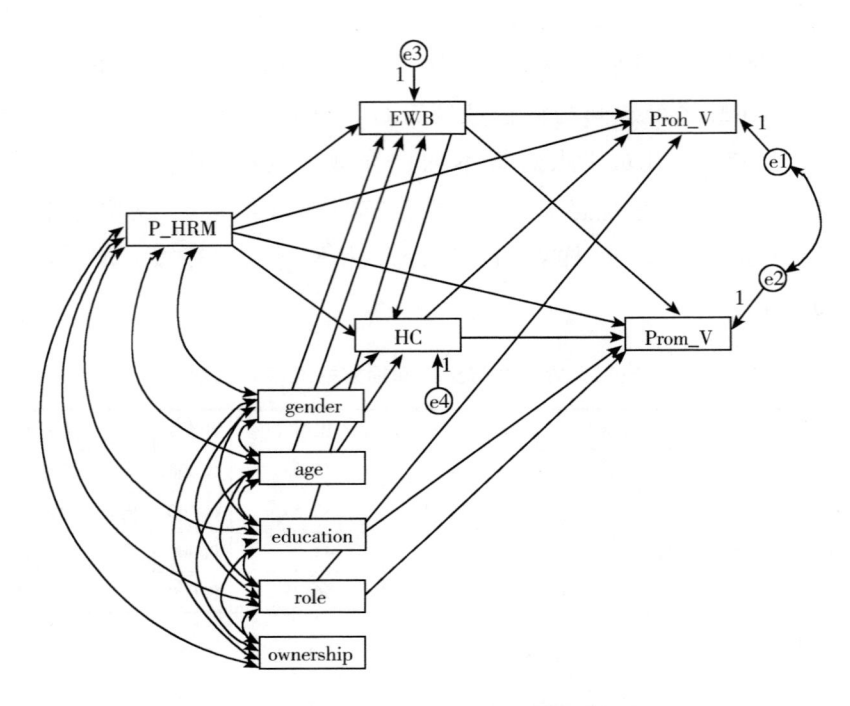

图 6-9　员工员工幸福感的链式中介模型

配度 GFI 为 0.995（>0.9），渐进残差均方和平方根 $RMSEA$ 为 0.024（<0.05），均通过检验。各增值拟合优度指标亦均大于 0.9，满足模型适配度标准。

表 6-65　员工幸福感的链式中介模型适配度指标

指标类型	统计检测量	值
绝对拟合优度指标	卡方值（χ^2）	18.900
	卡方自由度比（NC）	1.454
	适配度（GFI）	0.995
	调整后适配度（$AGFI$）	0.980
	残差均方和平方根（RMR）	0.008
	渐近残差均方和平方根（$RMSEA$）	0.024

续表

指标类型	统计检测量	值
增值拟合优度指标	规范适配指标（NFI）	0.995
	相对适配指标（RFI）	0.982
	增值适配指标（IFI）	0.998
	非规范适配指标（TLI）	0.994
	比较适配指标（CFI）	0.998

模型解释。图 6-10 显示了模型的整体结果，中介路径系数等相关指标如表 6-66 所示。为明晰这些中介系数是否显著，采用 MacKinnon（2008）中介效应判别方法。先判断总间接效果，再判断特殊存在中介效果。在判断多重中介机制时，需针对每一中介机制进行判断，只有当这条多重中介机制上的每一个中介变量的中介效应均显著时，方可验证此多重/链式中介效应存在。最后，如果特定中介效果存在，则需从直接效果判断其是完全中介还是部分中介。

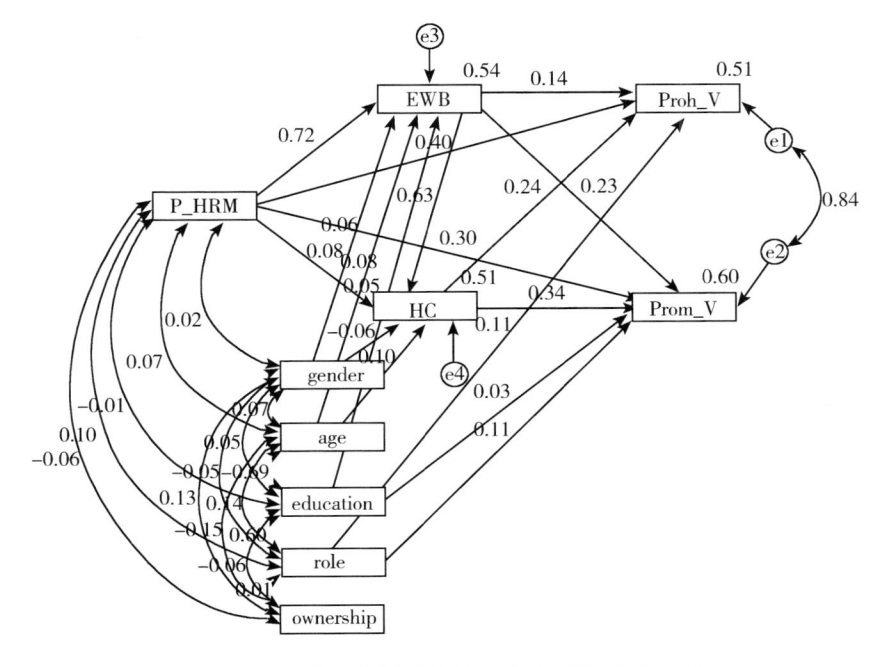

图 6-10 员工幸福感的链式中介模型检测结果

表 6-66　　员工幸福感的链式中介模型系数

变量关系	系数	变量关系	系数
P_HRM→ HC	0.08	EWB→Proh_V	0.14
P_HRM→ EWB	0.72	P_HRM→ HC →Prom_V	0.03
P_HRM→Prom_V	0.30	P_HRM→ HC →Proh_V	0.02
P_HRM→Proh_V	0.40	P_HRM→ EWB →Prom_V	0.17
HC→Prom_V	0.34	P_HRM→ EWB →Proh_V	0.10
HC→Proh_V	0.24	P_HRM→ EWB → HC	0.45
EWB→ HC	0.63	P_HRM→ EWB → HC →Prom_V	0.10
EWB→Prom_V	0.23	P_HRM→ EWB → HC →Proh_V	0.06

由表 6-67 可知,"混合型" HRM 系统感知对促进性建言行为和抑制性建言行为的总间接效果的点估计值与标准误之比分别为 10.413 和 6.946,其置信区间分别为 0.394—0.578 (bias – corrected) / 0.391—0.573 (percentile) 和 0.191—0.331 (bias – corrected) / 0.189—0.330 (percentile)。置信区间均未包含 0, Z 值均大于 1.96, 员工幸福感的链式中介模型存在显著的总中介效应,表明员工幸福感、员工人力资本的中介因素以及员工幸福感的链式中介因素至少有一个显著。

表 6-67　　员工幸福感的链式中介模型总间接效果及直接效果

变量关系		点估计值	系数相乘积		bootstrapping			
					bias-corrected 95% CI		percentile 95% CI	
			SE	Z	lower	upper	lower	upper
P_HRM→ Prom_V	总间接效果	0.479	0.046	10.413	0.394	0.578	0.391	0.573
	直接效果	0.410	0.064	6.406	0.285	0.563	0.286	0.536
P_HRM→ Proh_V	总间接效果	0.257	0.037	6.946	0.191	0.331	0.189	0.330
	直接效果	0.440	0.055	8.000	0.327	0.548	0.328	0.549
P_HRM→ HC	总间接效果	0.491	0.042	11.690	0.407	0.579	0.408	0.580
	直接效果	0.091	0.055	1.655	-0.014	0.201	-0.017	0.197

采用 MacKinnon PRODCLIN2 分析判断各中介机制是否显著,如表

6-68所示。员工幸福感在"混合型"HRM系统感知与促进性建言行为之间的中介效应的置信区间为0.147—0.316，在"混合型"HRM系统感知与抑制性建言行为之间的中介效应的置信区间为0.265—0.418，在"混合型"HRM系统感知与员工人力资本之间的中介效应的置信区间为0.385—0.609；人力资本在"混合型"HRM系统感知与促进性建言行为之间的中介效应的置信区间为0.006—0.082，在"混合型"HRM系统感知与抑制性建言行为之间的中介效应的置信区间为0.003—0.050，在员工幸福感与促进性建言行为之间的中介效应的置信区间为0.212—0.347，在员工幸福感与抑制性建言行为之间的中介效应的置信区间为0.110—0.215。以上各置信区间均未包含0，则表明在员工幸福感的链式中介机制中，各中介机制的中介效应均为显著的。

表6-68　　员工幸福感的链式中介模型特殊中介效果

变量关系		点估计值	MacKinnon PRODCLIN2 95% CI	
			lower	upper
P_HRM→ EWB →Prom_V	特殊间接效果	0.228	0.147	0.316
P_HRM→ EWB →Proh_V	特殊间接效果	0.260	0.265	0.418
P_HRM→ EWB → HC	特殊间接效果	0.491	0.385	0.609
P_HRM→ HC →Prom_V	特殊间接效果	0.039	0.006	0.082
P_HRM→ HC →Proh_V	特殊间接效果	0.023	0.003	0.050
EWB→ HC →Prom_V	特殊间接效果	0.287	0.212	0.347
EWB→ HC →Proh_V	特殊间接效果	0.102	0.110	0.215

由表6-67可知，"混合型"HRM系统感知对人力资本、促进性建言和抑制性建言直接效应置信区间为-0.014—0.201（bias-corrected）/-0.017—0.197（percentile）、0.285—0.563（bias-corrected）/0.286—0.536（percentile）和0.327—0.548（bias-corrected）/0.328—0.549（percentile），Z值为1.655、6.406和8.000。后两者置信区间均未包含0，Z值均大于1.96，直接效应显著；但前者置信区间包含0，且Z值小于1.96，表明"混合型"HRM系统感知对人力资本的直接效应不显著。

梳理链式中介模型中的假设，如表6-69所示。当将员工幸福感对员工人力资本的促进效应加入模型后，"混合型"HRM系统感知对员工人力资本的直接促进效应不再显著，即"混合型"HRM系统感知对人力资本的影响效果完全通过员工幸福感中介传递。进一步，当员工幸福感将"混合型"HRM系统感知的影响效果传递至人力资本后，进一步传递给促进性建言行为和抑制性建言行为，即形成了员工幸福感的链式中介效应。

表6-69　　　　　　员工幸福感的链式中介模型检验

假设	假设回归路径	标准化路径系数	显著性	假设结果
H9	P_HRM→ EWB → HC	0.458***	0.000	成立（完全中介）
H10a	P_HRM→ EWB→HC→Prom_V	0.101***	0.000	成立（部分中介）
H10b	P_HRM→ EWB→ HC→Proh_V	0.184***	0.000	成立（部分中介）

第四节　本章小结

本章依第三章所构建的理论模型，运用结构方程模型方法和bootstraping技术对经第五章测量模型检测后、由第四章回收的有效数据进行实证检验。在第一节，运用单因素T检验和ANOVA检验分析人口统计学因素和企业相关特征对研究变量的差异性检验。第二节对主要研究变量进行相关性分析。

第三节假设检验部分，首先检验"混合型"HRM系统感知与促进性建言行为和抑制性建言行为的关系，证实了假设H5a和H5b，即"混合型"HRM系统感知对员工促进性建言行为和抑制性建言行为具有正向促进效应。之后，分别加入人力资本和员工幸福感为中介变量进行单因素中介分析，证实了假设H6a、H6b和H7a、H7b，即人力资本和员工幸福感对"混合型"HRM系统感知与员工促进性建言行为和抑制性建言行为均具部分中介效应。在此基础上，同时加入员工人力资本和员工幸福感形成双因子中介模型，假设H8得以被证实，即在"混合型"HRM系统感知对员工促进性建言行为与抑制性建言行为的作用机制中存在双中介路径：人力资本和员工幸福感。最后，建立员工幸福感对人力资本的促进效应，形成链式中介模型，证实了假设 H9 和 H10。员工幸福感在"混合型"HRM 系统感知与员工人力资本之间具有中介效应。"混合型"HRM 系统感知可通过影响员工幸福感促进员工人力资本的提升，进而提高员工在组织中实施促进性建言和抑制性建言的可能性。

第七章 研究结论与展望

第一节 研究结论与讨论

本书采用结构方程模型及单因素方差分析、ANOVA 分析等实证方法研究"混合型"HRM 系统感知对员工建言行为的作用机理,探索了人力资本和员工幸福感的中介机制、双因素中介机制和链式中介机制。首先,分析并讨论控制变量对研究变量的影响;之后,在考虑控制变量情况下分析并讨论核心变量关联问题。

一 控制变量的结论与讨论

性别、年龄等作为控制变量,对研究变量差异性分析的结果如表 7-1 所示。

表 7-1　　　　控制变量对研究变量的影响

	性别	年龄	教育背景	企业性质	所处职位
"混合型"HRM 系统感知	无	无	无	是	是
促进性建言	无	是	是	是	是
抑制性建言	无	是	无	是	是
人力资本	无	是	无	是	是
员工幸福感	是	是	无	是	是

(一)控制变量对"混合型"HRM 系统感知的影响

就"混合型"HRM 系统感知而言,被试性别、年龄及教育背景无显著影响,但被试企业性质和所处职位等有显著影响。究其原因在于,一旦个体进入组织后,企业所实施的人力资源管理系统并不因员工性别、年龄或教育背景的改变而不同。但企业性质不同或所处职位差异可能使个体所经历的人力资源管理实践是不一致的。

就企业性质而言,苏中兴(2010b)、Chen等(2016)研究显示,不同所有制企业所实施的人力资源管理实践及其系统是不一致的。国有企业因其资源、政治优势,更偏向实施"铁饭碗"式雇佣策略,关注职工福利等;私营企业或外商独资企业,因其必须面对国内外市场竞争,更关注企业绩效、生产效率,偏向于实施"管控"式实践活动。客观人力资源管理实践差异使得处于不同所有制企业的个体感知到的主观人力资源实践有所区别。就所处职位而言,同一家企业对处于不同职位的个体有不同管理策略和实践活动,此在大量差异化人力资源管理研究中得以证实。

因此,人口统计学因素(性别、年龄及教育背景)对员工"混合型"HRM系统感知无影响,而企业性质和所处职位因客观人力资源管理实践/系统差异而存在较大不同。

(二)控制变量对员工建言行为的影响

就员工建言行为而言,性别对促进性建言和抑制性建言无显著影响,教育背景对抑制性建言无显著影响,其他控制变量对促进性建言和抑制性建言均有显著影响。

就性别而言,以往研究基于社会角色理论(social role theory)认为因领导对男性和女性有不同角色期待而使男性相较于女性有更大可能从事主动行为。促进性建言和抑制性建言均属个体员工针对组织问题与不足主动提出自身观点与意见的行为,理论上男女性间具有较大差异。但本书并未发现性别对男女性建言行为的显著差异,这与段锦云、张晨和徐悦(2016)的研究结论相一致。究其原因在于,在当今社会下,尤其是在中国情境下,社会对男女角色预期已有所改变,社会已可接受女性作为职场参与者主动贡献独特观点与视角的行为(段锦云等,2016)。段锦云和魏秋江(2012)亦发现,相对于男性而言,女性所拥有的细腻与敏感能使其更易察知那些不易被男性观察到的组织中的细微但重要的缺陷,并能运用独特认知方式与思维模式,采用更灵活的建言方式和渠道从事建言。因此,性别对员工建言行为是否具有显著的影响,仍需进一步探讨。

就年龄而言,处于不同年龄层的员工的促进性建言行为和抑制性建言行为具显著差异,这与 Sturman(2003)、Tangirala 等(2008)、段锦云等(2016)的研究结论相一致。研究表明,随着年龄升高,员工所积累工作经验越多,越熟悉组织运营方式,越能发现当前组织运营过程中出现的或可能出现的问题,并根据经验提供解答。

就教育背景而言,其对促进性建言的影响是显著的,但对抑制性建言的影响不显著。前者与以往研究是一致的,后者与以往研究结论存在矛盾。根据组织学习理论,教育程度较高的员工具有更高效的学习能力,更容易发现组织潜在局限与不足并有意愿为解决这一问题提出自身观点与看法(周建涛和廖建桥,2013)。伴随教育程度的提升,个体认知灵活性随之增强,更有可能周密分析工作现状、提出可行改进方案并在陈述方案时更有信心(Crone, Richard Ridderinkhof, Worm, Somsen, and Van Der Molen, 2004;Subrahmaniam Tangirala, Kamdar, Venkataramani, and Parke, 2013)。

以上可解释教育程度对促进性建言行为的影响,但却无法解释教育程度不同的员工所从事的抑制性建言行为并无显著差异。本书认为这与抑制性建言和促进性建言的内在特征相关:促进性建言告诉组织或领导该如何做,而抑制性建言指向不该做什么。在集体文化、人际和谐的中国情境下,无论教育程度如何,人们普遍倾向于规避此类行为以防止随之而来的消极人际/社交后果。因此,教育背景对抑制性建言无显著影响。

企业性质与所处职位对员工促进性建言和抑制性建言均有显著影响,这与以往研究结论一致。相对于外企或私营企业而言,国有企业具有更森严的等级制度。在高权力距离的中国情境下,处于明确等级制度下的员工倾向于保留自身观点与意见,乐于与周遭集体保持一致。类似地,组织中职位高的个体(如管理层)更重视控制感和自主权,建言行为能满足这些需求,更乐意从事建言行为,无论是促进性

第七章　研究结论与展望

建言还是抑制性建言。职位较低的个体更惧怕建言所带来的负面效果，担忧建言对人际关系、领导印象的破坏（许龙等，2016）。

(三) 控制变量对人力资本的影响

性别和教育背景对人力资本无显著影响，而年龄、企业性质和所处职位对员工人力资本具有显著影响。

在男女日益平权的当今社会中，性别对于男性与女性人力资本的影响已微乎其微。教育是个体获取人力资本的主要途径，在中国情境下男性与女性在获得教育资源上已无显著差异。特别在对那些已进入职场的男性与女性，在工作中所获得的培训机会已趋于一致。年龄对人力资本的影响显著，可以理解为伴随着年龄增大，员工个体在工作中积累的经验越多，其掌握人力资本水平亦越高。企业性质对员工人力资本的影响，主要是因企业性质的不同，其任务环境和任务难度有所差异，企业内部竞争氛围亦不同。在竞争宽松、任务稳定且简单的环境下，个体在工作过程中所积累的人力资本必定与竞争激烈、任务动态且复杂的环境下的个体所嵌入的人力资本有显著差异。与此类似，处于低职位员工因接触任务环境和竞争程度相对轻松稳定，获得和积累的人力资本必低于那些处于较高职位的个体。

理论上，教育背景应对员工人力资本有显著影响，但本书却并未发现教育背景差异对员工人力资本的影响。究其原因可能在于本书在收集人力资本数据时，测量被试与同事相比较是否具更高知识、技术和能力，关注员工工作过程积累的工作经验和专业技能等，本质上与在组织或企业提供的在职培训更相关，故而与教育背景关联不大。

(四) 控制变量对员工幸福感的影响

除教育背景对员工幸福感的影响不显著外，性别、年龄、企业性质与所处职位均对员工幸福感具有显著影响。性别对于员工幸福感的影响显著，这与 Siltaloppi 等（2009）的研究结论一致，男性在工作中所体验到的幸福感远高于女性；但谭贤政等（2009）针对医务人员和教师的研究显示，性别对员工幸福感的影响并不显著。以往关于年龄和员工幸福感关系的研究结论较不一致，如张兴贵和郭扬（2008）未发现年龄与员工幸福感的关联，而 Diener（1999）、Terry 和

Anderson（2011）发现年龄与幸福感呈"U"形关系。本书与张兴贵和郭杨（2008）的研究结论相一致，未发现教育背景对员工幸福感的影响，但 Lam（2001）、翁清雄和席酉民（2010）等的研究结论均发现教育背景对员工幸福感具有显著影响。企业性质和所处职位对员工幸福感的影响，可以理解为处于不同所有制企业和不同职位的员工，其所经历与感受的工作环境、同事及上级是有差异的。如上文所述，在国有企业相对宽松的环境下员工可能更安于现状而体验到更积极的情绪与感受；在激烈环境竞争下外企员工因工作安全感知较低而体验到更消极的情绪。

二 研究假设的结论与讨论

在控制变量进入模型的前提下，本书依次加入自变量（"混合型"HRM 系统感知）与因变量（员工建言行为）、中介变量（人力资本、员工幸福感）等检验直接效应、单中介效应、双中介效应和链式中介效应等，构建了五个结构模型检验变量间关系，实证结果如表 7-2 所示。

表 7-2　　　　　　变量间关系假设检验结果汇总

序号	假设	结果
H5	"混合型"HRM 系统感知对员工建言行为具有正向促进效应	支持
H5a	"混合型"HRM 系统感知对员工促进性建言具有正向促进效应	支持
H5b	"混合型"HRM 系统感知对员工抑制性建言具有正向促进效应	支持
H6	人力资本在"混合型"HRM 系统感知与员工建言关系之间具有中介效应	支持
H6a	人力资本在"混合型"HRM 系统感知与促进性建言关系之间具有中介效应	（部分中介）
H6b	人力资本在"混合型"HRM 系统感知与抑制性建言关系之间具有中介效应	（部分中介）
H7	员工幸福感在"混合型"HRM 系统感知和员工建言关系之间具有中介效应	支持
H7a	员工幸福感在"混合型"HRM 系统感知与促进性建言之间具有中介效应	（部分中介）
H7b	员工幸福感在"混合型"HRM 系统感知与抑制性建言之间具有中介效应	（部分中介）

续表

序号	假设	结果
H8	员工幸福感与人力资本在"P_HRM→Voice"之间具有双中介效应	支持
H8a	员工幸福感与人力资本在"P_HRM→Prom_V"之间具有双介效应	(部分中介)
H8b	员工幸福感与人力资本在"P_HRM→Proh_V"之间具有双中介效应	(部分中介)
H9	员工幸福感在"混合型"HRM系统感知与人力资本之间具有中介效应	(完全中介)
H10	员工幸福感在"P_HRM→Voice"通过人力资本发挥链式中介效应	支持
H10a	员工幸福感在"P_HRM→Prom_V"通过人力资本发挥链式中介效应	支持
H10b	员工幸福感在"P_HRM→Proh_V"通过人力资本发挥链式中介效应	支持

注：假设H1—H4为测量模型假设，故未在此处列出。表中P_HRM为"混合型"HRM系统感知，Voice为员工建言行为，Prom_V为促进性建言行为，Proh_V为抑制性建言行为。

(一)"混合型"HRM系统感知对员工建言行为的直接效应

模型（一）检验了"混合型"HRM系统感知与员工促进性/抑制性建言行为的关系，实证结果证实了假设H5及分假设H5a和H5b。换言之，员工所感知到的"混合型"HRM系统感知能促进员工实施促进性建言行为（$\beta = 0.645$，$\rho < 0.001$）和抑制性建言行为（$\beta = 0.637$，$\rho < 0.001$），该结论与苗仁涛等（2015）相一致。

从战略人力资源管理理论的AMO模型来看，企业实施的人力资源管理系统及其实践可通过影响员工能力、动机和机会，进而引导员工从事组织所希望其实施的行为。在"混合型"HRM系统中，一方面，控制类工作实践试图从规章制度、内隐文化等角度向员工传导企业预期，从培训等角度传授员工工作必需的知识与技能，这些实践有助于提高员工处理工作能力；另一方面，承诺性雇佣实践通过信息分享、内部劳动力市场和员工参与管理等实践与员工建立一种长期联盟关系，这些实践有助于提高员工工作动机。两者的混合，在当今处于经济转型的中国情境下，能有效地促进和激活员工，并提高以建言为代表的主动利组织角色外行为。

从社会交换理论来看，当组织与员工形成了一种良性交换关系时，当员工认为组织会因利组织行为而给予物质性或非物质性奖励时，员工会更积极主动地从事和展现积极正向的角色外行为。如 Detert 和 Burris（2007）、Liu 等（2010）分别从员工心理安全感和组织认同等社会交换视角对员工建言行为的形成机制进行尝试性解释。基于社会交换视角，"混合型" HRM 系统感知特别是承诺维度的感知，意味着组织员工在日常工作中体会和感受到企业对其知识、技术和能力储备的重视、组织允许和鼓励员工参与组织决策管理、组织关注员工切身利益及对员工职业生涯规划实现的帮助。这些意识与感知让员工知晓自己处于一个开放、信任和自由的工作环境，愿意与组织建立长期、互惠与共荣的纽带。员工与组织间信任纽带和互惠关系的建立，能大幅降低彼此心理契约破裂的可能，提高员工对组织身份的认同和对组织/领导/同事的承诺。以上种种均有利于激发员工以建言为代表的角色外行为。

（二）人力资本和员工幸福感的单因素中介效应

模型（二）和模型（三）在模型（一）的基础上，分别加入人力资本和员工幸福感作为中介变量，构建了两个单因素中介模型检验人力资本和员工幸福感在"混合型" HRM 系统感知与员工促进性建言行为和抑制性建言行为中的中介效应。

参考人力资本的经典界定，本书将其定义为员工在工作场所完成任务目标所必需的知识、技术和能力。不同于经典研究将人力资本与个体收入水平相关联，上文针对"混合型" HRM 系统感知对员工建言行为的促进效应的分析中已指出，该促进作用可能是通过对员工能力的提升即员工的人力资本这一维度产生的。虽以往研究多持该假设，但这一中介机制尚未获得夯实的数据支持。梳理以往有关人力资本的研究发现，这些研究多以 RBV 理论为基础，在组织层面上探索人力资本在 HRM 系统与组织绩效之间的中介效应，且已获得大量实证研究的证实。大量学者在 RBV 理论下认为，仅依靠 HRM 系统难以实现组织绩效的提升及竞争优势的获取，该系统必须作用于组织内部的第三方变量。这一作用机制的社会复杂性、因果模糊性及路径依赖性等使 HRM 系统对组织绩效的提升效应和组织战略的支撑效应得以发挥。与组织层面上人力资本的中介效应的逻辑相一致，本书同样认为仅依靠企业实施的 HRM 系统及实践是难以有效地管理员工行为的，更谈不上激活和促发员工的角色外行为，其必须作用于员工所内嵌的一些特质（即人力资本）才能够发挥对个体行为的引导和诱发作用。

员工幸福感，本书将其定义为员工在工作过程中所体验及感受到的主观情感唤起和客观认知评价的统一体，其可被归类为员工的动机维度。与人力资本相类似，以往研究在探索无论是领导风格及行为抑或是 HRM 系统与实践对员工（建言）行为的作用机理时，往往在研究结论或假设提出阶段认为这一关联问题是通过一定的动机激活路径实现的，但这一潜在作用机制并未得到实证研究的普遍证实。而在员工幸福感研究中多将其作为结果变量，对于员工幸福感影响个体层面结果变量的研究相对不足。

因此，本书分别引入人力资本与员工幸福感作为中介变量探索"混合型"HRM 系统感知和员工建言行为的潜在路径。模型（二）的实证结果证实了假设 H6 及分假设 H6a 和 H6b。人力资本在员工所感知到的"混合型"HRM 系统与员工促进性建言行为之间具有部分中介效应（$\beta = 0.216, \rho < 0.001$），在与抑制性建言行为之间亦具有部分中介效应（$\beta = 0.234, \rho < 0.001$）。模型（三）的实证结果证实了假设 H7 及分假设 H7a 和 H7b。员工幸福感在其所感知到的"混合型"HRM 系统与员工促进性建言行为之间具有部分中介效应（$\beta = 0.232, \rho < 0.001$），在与抑制性建言行为之间亦具有部分中介效应（$\beta = 0.162, \rho < 0.001$）。

以上研究结果显示，当将人力资本和员工幸福感作为单独的中介因素研究"混合型"HRM 系统感知和员工建言行为关联机制问题时，单独加入的人力资本和员工幸福感均扮演着部分中介因素的角色。这意味着，单独的中介变量并不能完全解释"混合型"HRM 系统感知对员工建言行为的作用机制问题，可能有其他中介因素在这一过程中也具有中介效应。与此同时，单因子中介模型无法对中介效应的解释力度大小进行比较。鉴于此，本书将员工人力资本和员工幸福感同时作为中介变量，对此作用机制进行解释并比较两者中介效应值，即员工幸福感与人力资本的双中介效应模型。

（三）员工幸福感与人力资本的双中介效应

为更明确判断、比较人力资本和员工幸福感在这一作用机制中的重要程度，本书在模型（一）的基础上同时加入人力资本和员工幸福感，构建模型（四）"员工人力资本与员工幸福感的双因素中介模型"，检验假设 H8 及分假设 H8a 和 H8b。实证结果显示，在"混合型"HRM 系统感知对员工促进性建言行为的关联机制中，人力资本所扮演的中介变量在总中介效应中具有 47.43% 的解释力度，员工幸福感所扮演的中介变量在总中介效应中具有 52.57% 的解释力度。

由此可以看出，相对于人力资本，员工幸福感在"混合型"HRM 系统感知与促进性建言行为中具有更重要和更有力的解释力度。同理，员工幸福感对"混合型"HRM 系统与抑制性建言行为的中介效应的解释力度亦强于人力资本。换言之，本书从经验数据上证实了，对现今中国企业而言，在经营管理中，较之对员工行为和态度进行严苛管控而言，有效激励员工、提升员工的幸福感和工作满意度更为重要。当企业所实施的管理实践措施与策略更关注员工能力维度时（"混合型"HRM 系统的控制职能），虽在一定程度上可提高企业所期望的员工行为的实施，但这一效果小于那些更关注员工动机维度的管理实践活动（"混合型"HRM 系统的承诺职能）。就本书的实证结果而言，员工幸福感对"混合型"HRM 系统感知提升促进性建言行为的中介效应远大于人力资本在这一中介机制中的解释力度（59.49%＞36.23%）。虽然两者针对抑制性建言行为的解释力度均不高，但员工幸福感的解释力度仍超人力资本解释力度近十个百分点（33.57%＞25.71%）。与此同时，通过模型（四）可以发现，当同时加入员工幸福感和员工人力资本作为中介变量来进行研究时，"混合型"HRM 系统与员工促进性建言行为和抑制性建言行为的直接作用机制仍旧存在，这意味着人力资本和员工幸福感是这一作用机制中的部分中介变量，人力资源管理实践仍存在直接效应。

（四）员工幸福感的链式中介效应

模型（四）证实了员工幸福感具有更重要的中介效应，但本书试图进一步验证，在"人力资源管理—员工建言行为"这一机制中，员工 HRM 系统感知对人力资本的影响是通过影响员工幸福感这一变量而实现的。为此，在模型（四）基础上加入员工幸福感对员工人力资本的促进效应这一关系，构建了员工幸福感的链式中介效应的模型（五），分别检验假设 H9 和假设 H10 及分假设 H10a 与 H10b。

研究结果显示，当将员工幸福感作为"混合型"HRM 系统感知与员工人力资本间中介变量时，"混合型"HRM 系统感知对员工人力资本的直接效应不再显著。换言之，员工幸福感扮演着"混合型"HRM 系统感知与人力资本间的完全中介变量（$\beta = 0.491$）。这与现实状况和部分研究所获得结论是一致的。较多调查研究显示，企业对员工提供的在职培训或专业培训等的作用并不显著。本书对国家技术创新方法与实施工具工程技术研究中心的追踪调研数据显示，该机构近年来所培训的员工虽能产生一定创新成果，但培训后并未形成具重大意义或对企业绩效有显著提升的效果。本书的研究结论可为其提供一个解释的视角：员工参与了培训活动，但这一活动是被企业所强制或被动参加的。这一强制/被动性使员工无法有效获取或转化培训课程上所传授和教导的创新知识。只有在提升以员工幸福感为代表的个体内在动机后才有可能更有效地发挥培训效果，使培训投资更可能转化为企业利润或创新成果。

"混合型"HRM 系统感知对 HC 的直接效应并不显著，所以人力资本在"混合型"HRM 系统感知提升员工促进性建言行为和抑制性建言行为的中介效应虽然在统计上可被勉强接受（置信区间分别为 0.006—0.082 和 0.003—0.050），其点估计值也近乎 0，分别为 $\beta = 0.039$ 和 $\beta = 0.023$，但其实质上在"混合型"HRM 系统对员工建言行为的影响机制中不再具有近端中介效应，其所具备的中介效应是通过传导至员工幸福感的作用而实现的。

虽然人力资本的中介效应几乎不显著，但是员工幸福感的中介效应显著。首先分析其近端中介效应，即员工幸福感在"混合型"HRM 系统感知与员工建言行为之间的总中介效应。在模型（五）关联员工幸福感与员工人力资本后，员工幸福感所具有的总中介效应（0.228和 0.260）相对于模型（四）均有所增加（0.184 和 0.130）。这一系数的增大，表明这一中介机制加入"人力资本"后，对"混合型"HRM 系统感知提升员工建言行为的作用机理具有更强的解释力度。实际而言，模型（四）的修正指标已经显示了员工幸福感与员工人力资本之间的相关关系，在关联员工幸福感和人力资本之间残差项后模型适配度大幅提升。

员工幸福感在这一作用机制中的链式中介效应显著，"混合型"HRM 系统感知对员工建言行为的作用效果，在作用于员工幸福感后传导至员工人力资本，该链式中介效应对员工促进性建言行为和抑制性建言行为的作用系数分别为 0.101 和 0.184。"混合型"HRM 系统感知对员工建言行为的直接作用效应依然显著，为部分中介。

三 整体模型的结论与讨论

总结以上研究结果，在模型（五）中，人力资本在"混合型"HRM 系统感知和建言行为间的中介效应消失，源于"混合型"HRM 系统感知不再对人力资本具直接效应，而是完全通过员工幸福感这一变量传导其对人力资本的作用。换言之，"混合型"HRM 系统感知对员工建言行为的作用效果的传递存在三种可能。

第一，直接效应，即"混合型"HRM 系统直接作用于员工建言行为。本书认为，诸如员工参与管理、绩效考核等 HRM 管理实践，通过允许员工参与决策过程，给予员工正式建言机会与渠道，使员工意识到组织对其所发出的自身观点和意见是重视的、给予认可的、提供奖励的。鉴于此，种种 HRM 实践才能够提高员工的促进性建言和抑制性建言的频率与次数。这是计划行为理论中关于"行为规范信念"维度和 AMO 模型中的"Opportunity 机会"维度。

第二，近端中介效应，即"混合型"HRM 系统感知通过影响员工幸福感进而促进员工建言行为。这一中介效应与关于建言行为的前因变量研究具有一致性。组织通过所实施的管理实践，无论是人力资源管理系统中实施的广泛培训、信息分享抑或内部劳动力市场等，还是真实型领导、魅力型领导等领导风格与行为，作用于员工的建言动机。从社会交换理论来看，激活员工的动机是组织首先向员工提供利好，如高出市场水平的薪酬奖励、分享工作中所必需的内部信息、为员工提供广泛且专精的培训、构建内部劳动力市场并帮助员工实现自身的职业生涯规划等，使员工在工作中感受到自身工作是受到组织重视的，自己在组织中是有所作为和有发展前景等，使员工处于"亏欠方"位置，觉得在完成自身工作的基础上应从事诸如建言行为等自发性利组织的角色外行为。从信号理论来看，诸如内部劳动力市场、员工参与管理等HRM实践活动向员工传达这样一个信息：在组织中、在工作场所中，自由发表意见是安全的，是被接受的，且不会被排斥。作为向往自由的个体，能够获取自身意见的表达，是满足自身工作自主性的一个重要维度，是实现对自身工作掌控的重要标志。工作自主性和工作掌控等需求的满足，使员工幸福感得以提升，也就是使员工的建言动机得以激活，从而确实实施这样的行为，即计划行为理论中关于"行为主观态度"维度和AMO模型中的"Motivation动机"维度。

第三，链式中介效应，即"混合型"HRM系统感知通过作用于员工幸福感，传导至员工人力资本进而促进员工建言行为的实施。这一条作用机制是以往未被探索的链式传导机制。在以往建言行为的前因变量研究中，往往关注于对于员工动机的激活，如同本书所探索的近端中介效应，忽视了对于员工建言的能力维度的研究。但在这些研究中，往往有一个潜在的假设条件：员工有能力发现组织中所存在的问题与不足，并有能力针对其所发现的问题建构出解决方案的能力。而在以往"HRM—人力资本—企业绩效"这一HRM黑箱机制研究中，又过于关注员工能力维度，认为只要员工知识、技术和能力存量达到一定水平，必然会提升员工个体绩效、组织绩效等，忽略了对动机维度的探索。为完整了解这一作用机制，本书构建并证实了由动机到能力的传导模型。将本书链式中介效应的结果与以往AMO模型的相关研究结论相结合，可如此理解：以往研究认为企业所实施的HRM系统可分为能力增强型、动机增强型和机会增强型三类，并认为三者共同作用于个体和企业绩效。然而，本书研究结果显示，在仅考虑前两类 HRM 实践簇时，其对个体行为的作用效果并非直接和同时的，而是存在一定的次序性。企业所实施的能力增强类实践并不会直接作用于员工人力资本，而是首先通过动机增强类实践激活员工工作与学习动机，员工通过主动搜索、学习并整合相关信息以使人力资本得以提升，进而作用于自身的建言行为。这是计划行为理论中关于"主观行为控制"维度和 AMO 模型中的"Ability 能力"维度。

四 理论贡献与实践参考

本书的理论贡献如下：首先，目前国内学者多将研究焦点置于人力资源管理政策或实践等层次，而较少从员工角度对人力资源管理进行探索。为此，本书基于中国本土高绩效工作系统——"混合型" HRM 系统，将研究焦点与对象集中于员工层面，探索员工的"混合型" HRM 系统感知对其工作态度与行为的作用机制问题，有助于实现传统"一元"视角向"双元"或"多元"视角的转换，并为组织与员工的互惠论点提供基于中国情境下的实证数据。其次，本书验证了人力资本和员工幸福感在"混合型" HRM 系统感知影响员工建言行为中的作用机制，有利于丰富和扩大本土人力资源管理的作用机制研究。最后，本书基于行为计划理论探究了员工建言行为的形成机制，验证了"混合型" HRM 系统感知、人力资本与员工幸福感这些因素对建言行为的作用效果，在验证行为计划理论的同时，也从个体行为态度、行为规范信念和行为控制认知三个维度全面探索了建言行为的前因变量和驱动机制。

本书对企业管理具有以下应用价值。首先，"混合型" HRM 系统感知有助于激发员工建言行为而实现个人绩效和组织绩效的提升。因此，在组织管理过程中，人力资源管理职能并不应局限于招聘、绩效考核等大一统的实践活动，而应该真实参与劳资关系维护、员工差异管理，从多元视角出发考虑个体差异和具体情境来实施既定的人力资源管理政策与实践措施以帮助员工形成特定的人力资源感知。其次，在促进员工建言行为的作用机制过程中，企业可通过运用"混合型" HRM 实践，一方面帮助员工明晰企业纪律、规章与制度，使员工形成清晰明确的组织预期和角色职责等("控制型"工作实践的作用效果),另一方面构建一个安全、信任与互惠的工作环境与组织氛围等("承诺型"雇佣实践的作用效果),以上均有助于实现员工幸福感的提升,进而促使其建言行为的产生。最后,不同于以往人力资本研究所假设的"人力资源管理—人力资本—绩效"这一逻辑链条,本书发现"混合型"HRM 系统对人力资本的提升必通过员工幸福感方能实现。现实中的管理者在试图提高员工人力资本存量时,多是采用在职培训、专业技术培训等被动式学习方式,往往成本较高且成效较小。想要更好地增强组织人力资本存量和流量,管理者应通过为员工提供更多机会参与团队管理或组织决策、建立长期互惠雇佣关系、做到对员工真正的关心来提升其工作场所及生活整体幸福感、改善员工—组织关系,充分发挥员工个体主动性,使其感受到来自工作的意义与满足感,从而提高其主动学习、非正式学习的内在动机,进而实现员工人力资本的提升以及角色外利组织行为的实施。

第二节 研究不足与未来研究展望

虽本书研究假设均得以证实且已讨论其理论与实践意义,但仍存以下方法和设计不足。未来研究中,除了可以通过弥补本书不足开展之外,仍可从现有研究趋势和待解决问题上进一步对未来研究提出一定的展望。

一 研究不足

共同方法偏差问题是指因实证研究数据来源的单一性或被试填答问卷所处测量环境、语境及设计本身等造成的研究前因变量和效标变量之间的共变性问题。通过实证方法,本书发现所回收数据存在共同方法偏差问题并采用一定控制方法尽可能最小化这一偏差对研究结果的影响,但共同方法偏差并未完全消除。之所以存在共同方法偏差,一方面是因本书所选择的研究问题所致,本书试图从个体员工层面研究个体感知对个体态度和行为的影响,必须且只能选择同一数据源;

另一方面是因寄希望尽可能多地回收有效样本，采用一次发放所有变量问卷以提高回收效率，而未采用多批次手段。在未来研究中，根据不同的研究问题，采用多层次和多批次的问卷方法方式有助于从研究初始降低共同方法偏差问题。

分析层次问题是指人力资源管理实践的分析层次。因研究问题和关注焦点而集中于个体员工层面进行研究，本书未涉及中层管理者或高层管理者层面。组织中不同层面所理解的人力资源管理系统有何不同，不同层次间如何彼此作用等都是未来研究的可行方向。聚焦于本书而言，本书仍遗留一个重要问题：个体对于"混合型"HRM系统的感知是如何形成？本书对这一问题的解答是基于一个潜在前提假设：员工通过观察到组织所实施的人力资源管理系统而对这一系统自发形成感知。但是，个体差异和所处职位等均会对这一感知产生影响，但是本书并未对其进行探索，未来研究亦应探索这些因素对个体感知的人力资源管理产生的差异。

条件变量的研究与权变因素的检验。所谓条件变量和权变因素，是指特定事件或逻辑链条能够发展的具体条件，或这一链条发生方向、大小等改变的影响因素等。因研究取向和模型复杂度，本书未检验条件变量和权变因素对所构建的链式中介效应模型的调节效应和交互效应。因此，在未来研究中，加入条件变量或权变因素是值得进行的研究方向。研究显示，当个体具有较强的主动性人格时，其更为积极和频繁地发生主动性行为，更有可能针对组织中现有的不足与局限发表意见和看法。因此，其理应会正向影响本书所构建的逻辑链条。再比如，个体所具有的中庸思维等，作为中国所独有的文化印迹，其指个体根据周遭人事物，进行修正和调整自身行为的个人倾向。在一定的不安全氛围下，中庸思维理应会负向调整本书所构建的逻辑链条。以上条件变量和权变因素等，均值得在未来研究中进行思考和探索。

研究结论的实践转化问题。因本书主要采用实证研究范式，针对研究问题所提出的理论是否在企业经营实践过程中具有适用性仍需要利用如案例研究、扎根理论等质性研究方法进一步进行检验。举例而言，在条件允许的前提下，在一家企业中实施"混合型"HRM系统并在后续工作中判断和评估其对员工人力资本、幸福感及建言行为的作用效果，即以本书结论为始点开展准实验研究。

二 未来研究展望

领导/同事互动视角下的建言行为研究。本书主要专注于员工建言行为的前因变量和这些前因变量对其作用机制的研究，而未涉及当员工实施建言行为后，被建言者对建言行为的情感反应和行为回应。因此，在未来研究中，可以采用过程范式，从领导/同事及其他被建言者视角探索对建言行为的情感、认知和行为回应，研究框架如图7-1所示。以建言者识别建言机会为始（即本书研究的终点，员工有能力且有意愿从事建言），分别讨论作为建言发出者如何构建建言内容、选择以何种方式从事建言行为（直接向当事者传达、向领导传导等）、以何种渠道（通过工会传达、匿名传达或背后议论等）、在何时表达建言。这些建言的本质属性特征，与建言者与被建言者的关系、性格等特征共同决定了被建言者/建言接收者对该建言行为的情感和行为反应（接收还是无视，接收后是认同且实施还是进行进一步的讨论等）。这些行为进一步对建言发出者、建言接收者和组织与团队产生影响。

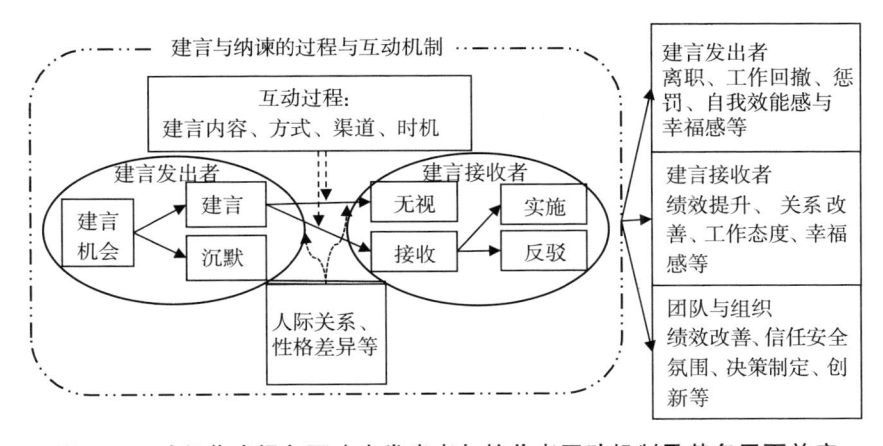

图7-1 过程范式视角下建言发出者与接收者互动机制及其多层面效应

组织内其他沟通交流行为的研究。员工建言行为作为组织中人际互动交流的一种特殊类型得到了学者的广泛关注与研究。但建言行为并非组织中仅有的沟通方式，诸如其他语言交流方式（八卦、闲聊及背后议论）等在社会学和心理学领域已被证实具有社交功能意义，能够帮助新人融入新团体、增进彼此情感与关联、获得他人信任等（Bonaccio, O'Reilly, O'Sullivan, and Chiocchio, 2016），但作为一个相对于建言行为而言更为广泛且频繁的员工行为，在组织背景下却被学者普遍忽视。此外，除语言交流，非语言交流也在组织中也广泛存在。诸如面部表情、身体语言等所传达的信息甚至比语言交流所传达信息更具可信性（Bonaccio et al., 2016），未来组织研究可深入探索非语言行为的情感表述、实施社会控制、释放等级信号等。

劳动力市场视角下的组织化人力资本研究。本书从一个"认知—情感—行为"逻辑范式下探索了在组织经济边界内如何通过人力资源管理实践管理及激励员工，使员工一般性人力资本通过建言行为外显为组织化人力资本的机制，是在 Ployhart（2015）提出的"战略组织行为"这一概念框架下的尝试。未来研究则可尝试跳离组织边界，从劳动力市场的供给与需求视角研究组织如何通过人力资源管理实践活动影响员工（一般性或组织专有性）人力资本在市场中的供给与需求，从而解决一般性人力资本投资和组织专有性投资决策中个体与组织之间的矛盾问题。举例而言，如图 7-2 所示。组织实施的人力资源管理，一方面在通过能力、机会和动机等使得个体层面人力资本涌现

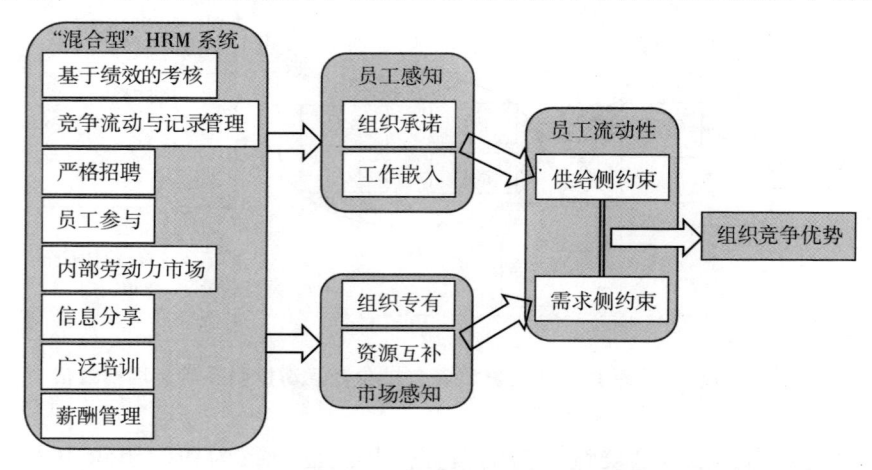

图 7-2　劳动力供给与需求侧视角下组织化人力资本与组织竞争优势

为组织层面/集体层面人力资本的同时，通过影响员工和市场对人力资本价值的感知形成供给侧和需求侧的约束和限制，从而促进组织层面人力资本真正嵌入组织内部（Delery and Roumpi, 2017），成为组织化的人力资本。这一人力资本有助于企业获取竞争优势。

附录　HRM系统对员工建言行为作用机制的调查问卷[①]

尊敬的女士/先生：

　　感谢您参与本次调查研究。本研究的目的在于了解在日常工作中您的感受、认知与行为以帮助我们了解您所在企业实施的管理活动对您的情感与行为的真实影响。烦请您在百忙之中帮助我们完成这份调查问卷，所需时间约十分钟。您的回答无关好坏、对错，只要您根据日常工作中的真实感受填答，都是对本项研究的莫大帮助。请您放心，此次调研采用匿名方式，您的填答和个人信息仅用于学术研究，绝不会另做他用。

　　谢谢您的合作！

　　（一）下面有一些管理实践活动的描述，请您认真阅读每一条描述，并判断与您所在企业人力资源管理活动的相符程度。判断没有好坏之分，请根据你的实际情况认真判断并在符合选项上勾选"√"。

1=非常不同意；2=不同意；3=一般；4=同意；5=非常同意

1. 企业为我们员工提供了系统的培训内容，如企业文化、管理技能和专业知识等	[1]	[2]	[3]	[4]	[5]
2. 相对于同行业中其他企业，我所在企业投入更多的时间与精力培训员工	[1]	[2]	[3]	[4]	[5]

　　[①] 为保证数据的数量与质量，本书除利用个人人际网络进行问卷发放之外，聘用专业问卷调查公司在其专业网络平台代为发放与收集，网络版调查问卷见 http://www.sojump.com/jq/11723832.aspx。

续表

3. 企业为培训我们员工，建立了规范的培训流程	[1]	[2]	[3]	[4]	[5]
4. 当员工违规违纪时，企业坚决依据规章制度处罚违纪员工	[1]	[2]	[3]	[4]	[5]
5. 我所在的企业实施末尾淘汰制	[1]	[2]	[3]	[4]	[5]
6. 相对于同行业其他企业，我所在企业实施更为严格的记录管理	[1]	[2]	[3]	[4]	[5]
7. 我所在企业会依据管理人员的业绩对其晋升或降级	[1]	[2]	[3]	[4]	[5]
8. 我所在企业中，重要岗位是实行竞争上岗制度	[1]	[2]	[3]	[4]	[5]
9. 企业管理者会向我们员工反馈企业的生产信息和财务信息	[1]	[2]	[3]	[4]	[5]
10. 我能够及时了解所在部门的工作目标和进度	[1]	[2]	[3]	[4]	[5]
11. 企业管理者经常向我们员工宣传企业的发展战略	[1]	[2]	[3]	[4]	[5]
12. 在招聘过程中，企业注重考查我是否认可企业价值观	[1]	[2]	[3]	[4]	[5]
13. 企业招聘过程中，企业更为重视我所具备的基本素质，而非我所掌握的技能	[1]	[2]	[3]	[4]	[5]
14. 在招聘过程中，我经历了严格的选拔流程，如笔试、面试等环节	[1]	[2]	[3]	[4]	[5]
15. 我所在的企业从大量的求职者中选拔出优秀员工	[1]	[2]	[3]	[4]	[5]
16. 企业的考核制度是以结果为导向的	[1]	[2]	[3]	[4]	[5]
17. 我所在的企业严格根据考核结果实施奖惩	[1]	[2]	[3]	[4]	[5]
18. 我的收入与企业对我的考核结果挂钩	[1]	[2]	[3]	[4]	[5]
19. 我清楚地知道企业所实施的考核指标	[1]	[2]	[3]	[4]	[5]
20. 我所在的企业实行短期激励性薪酬，比如绩效奖金等	[1]	[2]	[3]	[4]	[5]
21. 我所在的企业为关键人才提供了优厚待遇	[1]	[2]	[3]	[4]	[5]
22. 我所在企业为员工提供了有竞争力的整体薪酬水平	[1]	[2]	[3]	[4]	[5]
23. 我所在的企业为我制定了完善的职业发展规划	[1]	[2]	[3]	[4]	[5]
24. 我所在的企业倾向于在企业内部选拔人才、晋升人才	[1]	[2]	[3]	[4]	[5]
25. 我所在的企业允许我们员工进行内部工作调动	[1]	[2]	[3]	[4]	[5]

续表

26. 我所在的企业设有专门的员工建议系统	[1]	[2]	[3]	[4]	[5]
27. 我们员工有机会参与管理小组的讨论和会议	[1]	[2]	[3]	[4]	[5]
28. 我所在企业会对我们员工的态度和意见开展调查活动	[1]	[2]	[3]	[4]	[5]

（二）下面是有关工作感受的一些描述，请您认真阅读每一条描述，并判断它们与您相符的程度。判断没有对错或好坏之分，请根据您的实际情况认真判断并在符合选项上勾选"√"。

1＝非常不同意；2＝不同意；3＝一般；4＝同意；5＝非常同意

1. 我生活中的大多数方面与我的理想很接近	[1]	[2]	[3]	[4]	[5]
2. 我的生活非常有趣	[1]	[2]	[3]	[4]	[5]
3. 大部分的时间内，我有感到真正快乐的时刻	[1]	[2]	[3]	[4]	[5]
4. 我对自己的生活感到满意	[1]	[2]	[3]	[4]	[5]
5. 如果有来世，我几乎不会改变目前的生活方式	[1]	[2]	[3]	[4]	[5]
6. 我的生活状况非常好	[1]	[2]	[3]	[4]	[5]
7. 我的工作非常有趣	[1]	[2]	[3]	[4]	[5]
8. 总体来说，我对我从事的工作感到非常满意	[1]	[2]	[3]	[4]	[5]
9. 我总能找到办法来充实我的工作	[1]	[2]	[3]	[4]	[5]
10. 我对我具体的工作内容感到基本满意	[1]	[2]	[3]	[4]	[5]
11. 对于我来说，工作会是很有意义的一场经历	[1]	[2]	[3]	[4]	[5]
12. 我对从目前工作中获得的成就感感到基本满意	[1]	[2]	[3]	[4]	[5]
13. 总的来说，我对自己是肯定的，并对自己充满信心	[1]	[2]	[3]	[4]	[5]
14. 我很喜欢与家人或朋友有深入地沟通，彼此了解	[1]	[2]	[3]	[4]	[5]
15. 我对于日常生活中的许多事务都处理得很好	[1]	[2]	[3]	[4]	[5]
16. 人们认为我肯付出且愿意和他人分享自己的时间	[1]	[2]	[3]	[4]	[5]
17. 我善于灵活安排时间，以便完成所有工作	[1]	[2]	[3]	[4]	[5]

续表

18. 随着时间的流逝，我感到自己成长了很多	[1]	[2]	[3]	[4]	[5]
与公司同事相比					
1. 我的专业理论知识更丰富	[1]	[2]	[3]	[4]	[5]
2. 我的工作经验更丰富	[1]	[2]	[3]	[4]	[5]
3. 我的专业技能水平更高	[1]	[2]	[3]	[4]	[5]

（三）下面是有关工作行为的一些描述，请您认真阅读每一条描述，并判断它们与您相符的程度。判断没有对错或好坏之分，请根据您的实际情况认真判断并在符合选项上勾选"√"。

1=从未；2=很少；3=一般；4=经常；5=总是

1. 针对可能影响团队的重要议题，积极构建并提出建议	[1]	[2]	[3]	[4]	[5]
2. 主动提出有益于团队的新项目	[1]	[2]	[3]	[4]	[5]
3. 提出团队工作流程的改进意见	[1]	[2]	[3]	[4]	[5]
4. 提出有助于团队实现目标的建设性意见	[1]	[2]	[3]	[4]	[5]
5. 为改善团队运营，提出建设性意见	[1]	[2]	[3]	[4]	[5]
6. 规劝其他同事可能危害工作绩效的不良行为	[1]	[2]	[3]	[4]	[5]
7. 即便存在异议，也会如实陈述可能导致团队损失的问题	[1]	[2]	[3]	[4]	[5]
8. 即便会使他人尴尬，也敢针对影响团队效能事项发表意见	[1]	[2]	[3]	[4]	[5]
9. 即便有损同事关系，也敢于提出团队正出现的问题	[1]	[2]	[3]	[4]	[5]
10. 主动向管理层反映团队中的协调问题	[1]	[2]	[3]	[4]	[5]

（四）以下是您与您所在企业的基本情况，请您根据实际情况填写。

性别：①男；②女

年龄：①25岁及以下；②26—30岁；③31—40岁；④41—50岁；⑤51—60岁；⑥60岁以上

成年前主要居住的省市_____

学历：①高中及以下；②大专；③本科；④硕士；⑤博士

您所在的企业性质：①国有企业；②集体企业；③中外合资企业；④外商独资企业；⑤私营企业；⑥其他

您目前从事的行业：

○ IT/软硬件服务/电子商务/因特网运营；○ 快速消费品（食品/饮料/化妆品）；○ 批发/零售；○ 服装/纺织/皮革；○ 家具/工艺品/玩具；○ 教育/培训/科研/院校；○ 家电；○ 通信/电信运营/网络设备/增值服务；○ 制造业；○ 汽车及零配件；○ 餐饮/娱乐/旅游/酒店/生活服务；○ 办公用品及设备；○ 会计/审计；○ 法律；○ 银行/保险/证券/投资银行/风险基金；○ 电子技术/半导体/集成电路；○ 仪器仪表/工业自动化；○ 贸易/进出口；○ 机械/设备/重工；○ 制药/生物工程/医疗设备/器械；○ 医疗/护理/保健/卫生；○ 广告/公关/媒体/艺术；○ 出版/印刷/包装；○ 房地产开发/建筑工程/装潢/设计；○ 物业管理/商业中心；○ 中介/咨询/猎头/认证；○ 交通/运输/物流；○ 航天/航空/能源/化工；○ 农业/渔业/林业；○ 其他行业

已在该企业工作年月_____；已在该行业工作年月_____

企业所在地：_____省_____市

您在当前企业所承担的角色：①一般员工；②基层管理者；③中层管理者；④高层管理者；⑤其他

问卷到此结束，对于您的支持和帮助，我们再次表示感谢！

参考文献

陈笃升：《高绩效工作系统研究述评与展望：整合内容和过程范式》，《外国经济与管理》2014年第5期。

陈建安、金晶：《能动主义视角下的工作幸福管理》，《经济管理》2013年第3期。

陈文平、段锦云、田晓明：《员工为什么不建言：基于中国文化视角的解析》，《心理科学进展》2013年第5期。

杜旌、李难难、龙立荣：《基于自我效能中介作用的高绩效工作系统与员工幸福感研究》，《管理学报》2014年第2期。

杜旌、姚菊花：《中庸结构内涵及其与集体主义关系的研究》，《管理学报》2015年第5期。

段锦云、黄彩云：《变革型领导对员工建言的影响机制再探：自我决定的视角》，《南开管理评论》2014年第4期。

段锦云、黄彩云：《个人权力感对进谏行为的影响机制：权力认知的视角》，《心理学报》2013年第2期。

段锦云、凌斌：《中国背景下员工建言行为结构及中庸思维对其的影响》，《心理学报》2011年第10期。

段锦云、施嘉逸、凌斌：《高承诺组织与员工建言：双过程模型检验》，《心理学报》2017年第4期。

段锦云、孙维维、田晓明：《组织沉默现象：概念、形成机制及影响》，《华东经济管理》2010年第2期。

段锦云、魏秋江：《建言效能感结构及其在员工建言行为发生中的作用》，《心理学报》2012年第7期。

段锦云、张晨、徐悦：《员工建言行为的人口统计特征元分析》，

《心理科学进展》2016年第10期。

段锦云、钟建安：《工作满意感与建言行为的关系探索：组织承诺的缓冲影响》，《管理工程学报》2012年第1期。

范秀成、英格玛·比约克曼：《外商投资企业人力资源管理与绩效关系研究》，《管理科学学报》2003年第2期。

高素英、赵曙明、张艳丽：《人力资源管理实践与企业绩效：基于动态环境的实证研究》，《管理学报》2011年第7期。

高素英、赵曙明、张艳丽：《战略人力资本与企业竞争优势关系研究》，《管理评论》2012年第5期。

何轩：《互动公平真的就能治疗"沉默"病吗？——以中庸思维作为调节变量的本土实证研究》，《管理世界》2009年第4期。

黄亮：《中国企业员工工作幸福感的维度结构研究》，《中央财经大学学报》2014年第10期。

黄亮、彭璧玉：《工作幸福感对员工创新绩效的影响机制——一个多层次被调节的中介模型》，《南开管理评论》2015年第2期。

蒋春燕、赵曙明：《企业特征、人力资源管理与绩效：香港企业的实证研究》，《管理评论》2004年第10期。

柯江林、孙健敏、石金涛、顾琴轩：《人力资本、社会资本与心理资本对工作绩效的影响——总效应、效应差异及调节因素》，《管理工程学报》2010年第4期。

李燕萍、徐嘉：《基于组织认同中介作用的集体主义对工作幸福感的多层次影响研究》，《管理学报》2014年第2期。

李召敏、赵曙明：《关系导向型战略领导、人力资源柔性与组织绩效——基于转型经济下民营企业的实证研究》，《外国经济与管理》2016年第4期。

梁建：《道德领导与员工建言：一个调节—中介模型的构建与检验》，《心理学报》2014年第2期。

刘帮成、周杭、洪风波：《公共部门高承诺工作系统与员工建言行为关系研究：基于公共服务动机的视角》，《管理评论》2017年第1期。

刘善仕、冯镜铭、王红椿、吴坤津：《基于合作型人力资源实践的员工网络嵌入与角色外行为的关系研究》，《管理学报》2016年第11期。

刘善仕、周巧笑、晁罡：《高绩效工作系统与组织绩效：中国连锁行业的实证研究》，《中国管理科学》2005年第1期。

刘云、石金涛：《组织创新气氛与激励偏好对员工创新行为的交互效应研究》，《管理世界》2009年第10期。

罗海滨、刘善仕、王红椿、吴坤津：《内控导向人力资源管理实践与组织绩效研究》，《管理学报》2015年第8期。

苗仁涛、周文霞、刘丽、潘静洲、刘军：《高绩效工作系统有助于员工建言？一个被中介的调节作用模型》，《管理评论》2015年第7期。

苗元江、冯骥、白苏妤：《工作幸福感概观》，《经济管理》2009年第10期。

彭怡、陈红：《基于整合视角的幸福感内涵研析与重构》，《心理科学进展》2010年第7期。

施涛、曾令凤：《组织学习与组织绩效：工作幸福感的中介作用》，《管理工程学报》2015年第3期。

苏中兴：《中国情境下人力资源管理与企业绩效的中介机制研究——激励员工的角色外行为还是规范员工的角色内行为？》，《管理评论》2010年第8期。

苏中兴：《转型期中国企业的高绩效人力资源管理系统：一个本土化的实证研究》，《南开管理评论》2010年第4期。

孙健敏、李秀凤、林丛丛：《工作幸福感的概念演进与测量》，《中国人力资源开发》2016年第13期。

孙健敏、王宏蕾：《高绩效工作系统负面影响的潜在机制》，《心理科学进展》2016年第7期。

谭贤政、卢家楣、张敏、王忠玲、秦雪联：《教师职业活动幸福感的调查研究》，《心理科学》2009年第2期。

唐贵瑶、魏立群、贾建锋：《人力资源管理强度研究述评与展望》,《外国经济与管理》2013年第4期。

田立法:《企业人力资本资源前沿研究述评与展望——基于分层面视角》,《外国经济与管理》2014年第8期。

王红椿、刘学、刘善仕:《合作型人力资源管理的构念及其影响效应研究》,《管理学报》2015年第11期。

王忠军、龙立荣、刘丽丹:《组织中主管—下属关系的运作机制与效果》,《心理学报》2011年第7期。

魏昕、张志学:《上级何时采纳促进性或抑制性进言？——上级地位和下属专业度的影响》,《管理世界》2014年第1期。

翁清雄:《自我职业生涯管理对职业决策质量的作用机制》,《管理评论》2010年第1期。

翁清雄、陈银龄:《职业生涯幸福感概念介绍、理论框架构建与未来展望》,《外国经济与管理》2014年第12期。

翁清雄、席酉民:《职业成长与离职倾向：职业承诺与感知机会的调节作用》,《南开管理评论》2010年第2期。

吴欢伟、李燕萍、李锡元:《转型中国的员工幸福管理：理论与实践——第2届〈中国人力资源管理论坛〉评述》,《管理学报》2014年第2期。

吴坤津、刘善仕、彭娟:《家长式人力资源管理研究述评》,《外国经济与管理》2013年第3期。

吴维库、王未、刘军、吴隆增:《辱虐管理、心理安全感知与员工建言》,《管理学报》2012年第1期。

习近平:《我国科技发展的方向就是创新创新再创新》,《理论参考》2014年第7期。

向常春、龙立荣:《参与型领导与员工建言：积极印象管理动机的中介作用》,《管理评论》2013年第7期。

熊红星、张璟、叶宝娟、郑雪、孙配贞:《共同方法变异的影响及其统计控制途径的模型分析》,《心理科学进展》2012年第5期。

徐国华、杨东涛:《制造企业的支持性人力资源实践、柔性战略与公司绩效》,《管理世界》2005年第5期。

许龙、高素英、刘宏波、张烨：《员工建言内涵、维度、动因及作用机理研究——基于整合视角》，《软科学》2016年第9期。

许龙、高素英、于慧：《竞争战略与HRM系统匹配性对企业持续竞争优势影响研究——基于中国上市公司年报数据》，《软科学》2015年第5期。

张弘、赵曙明：《人力资源管理实践与企业绩效——沪深两市生产制造型企业的实证研究》，《预测》2006年第4期。

张徽燕、何楠、李端凤、姚秦：《高绩效工作系统量表开发——基于中国企业样本的研究》，《中国管理科学》2013年第S1期。

张徽燕、李端凤、姚秦：《中国情境下高绩效工作系统与企业绩效关系的元分析》，《南开管理评论》2012年第3期。

张兴贵、郭杨：《工作满意度研究的特质取向》，《心理科学进展》2008年第1期。

张兴贵、罗中正、严标宾：《个人—环境（组织）匹配视角的员工幸福感》，《心理科学进展》2012年第6期。

张征：《下属—主管匹配与员工的工作幸福感：领导—成员交换和政治技能的作用》，《心理科学》2016年第5期。

张正堂、李瑞：《企业高绩效工作系统的内容结构与测量》，《管理世界》2015年第5期。

郑晓明、王倩倩：《伦理型领导对员工助人行为的影响：员工幸福感与核心自我评价的作用》，《科学学与科学技术管理》2016年第2期。

周浩、龙立荣：《共同方法偏差的统计检验与控制方法》，《心理科学进展》2004年第6期。

周浩、龙立荣：《基于自我效能感调节作用的工作不安全感对建言行为的影响研究》，《管理学报》2013年第11期。

周建涛、廖建桥：《能者多言：员工建言的一个权变模型》，《管理学报》2013年第5期。

周永康、姚景照、秦启文：《时间管理倾向与主观幸福感、工作倦怠的关系研究》，《心理科学》2008年第1期。

邹琼、佐斌、代涛涛：《工作幸福感：概念、测量水平与因果模型》，《心理科学进展》2015年第4期。

Agarwal, P. and E. Farndale, "High-Performance Work Systems and Creativity Implementation: The Role of Psychological Capital and Psychological Safety", *Human Resource Management Journal*, Vol. 27, No. 3, 2017, pp. 1748-8583.

Agho, A. O., J. L. Price and C. W. Mueller, "Discriminant Validity of Measures of Job Satisfaction, Positive Affectivity and Negative Affectivity", *Journal of Occupational and Organizational Psychology*, Vol. 65, No. 3, 1992, pp. 185-195.

Ajzen, I., "The Theory of Planned Behavior", *Organizational Behavior and Human Decision Processes*, Vol. 50, No. 2, 1991, pp. 179-211.

Alvesson, M. and D. Kärreman, "Unraveling HRM: Identity, Ceremony, and Control in a Management Consulting Firm", *Organization Science*, Vol. 18, No. 4, 2007, pp. 711-723.

Amabile, T. M., "The Social Psychology of Creativity: A Componential Conceptualization", *Journal of Personality and Social Psychology*, Vol. 45, No. 2, 1983, pp. 357-376.

Appelbaum, E., *Manufacturing Advantage: Why High-Performance Work Systems Pay Off*, New York: Cornell University Press, 2000.

Argote, L., B. McEvily, and R. Reagans, "Managing Knowledge in Organizations: An Integrative Framework and Review of Emerging Themes", *Management Science*, Vol. 49, No. 4, 2003, pp. 571-582.

Arrindell, W. A., C. Hatzichristou, J. Wensink, E. Rosenberg, B. Van Twillert, J. Stedema, and D. Meijer, "Dimensions of National Culture as Predictors of Cross-National Differences in Subjective Well-Being", *Personality and Individual Differences*, Vol. 23, No. 1, 1997, pp. 37-53.

Arthur, J. B., "Effects of Human Resource Systems on Manufacturing Performance and Turnover", *Academy of Management Journal*, Vol. 37,

No. 3, 1994, pp. 670-687.

Ashkanasy, N. M., "Emotions in Organizations: A Multi-Level Perspective", in F. Dansereau and F. J. Yammarino, eds., *Research in Multi Level Issues in Organizational Behavior and Strategy*, Bingley: Emerald Group Publishing Ltd., 2003.

Ashkanasy, N. M., "International Happiness: A Multilevel Perspective", *Academy of Management Perspectives*, Vol. 25, No. 1, 2011, pp. 23-29.

Ashkanasy, N. M. and R. H. Humphrey, "Current Emotion Research in Organizational Behavior", *Emotion Review*, Vol. 3, No. 2, 2011, pp. 214-224.

Avey, J. B., F. Luthans, R. M. Smith, and N. F. Palmer, "Impact of Positive Psychological Capital on Employee Well-Being Over Time", *Journal of Occupational Health Psychology*, Vol. 15, No. 1, 2010, pp. 17-28.

Bakker, A. B. and D. Xanthopoulou, "The Crossover of Daily Work Engagement: Test of an Actor-Partner Interdependence Model", *Journal of Applied Psychology*, Vol. 94, No. 6, 2009, pp. 1562-1571.

Bakker, A. B. and P. M. Bal, "Weekly Work Engagement and Performance: A Study among Starting Teachers", *Journal of Occupational & Organizational Psychology*, Vol. 83, No. 1, 2010, pp. 189-206.

Bakker, A. B. and W. Oerlemans, "Subjective Well-Being in Organizations", in G. M. Spreitzer and K. S. Cameron, eds., *The Oxford Handbook of Positive Organizational Scholarship*, Oxford: Oxford University Press, 2011.

Bamberger, P., E. Kohn, and I. Nahum-Shani, "Aversive Workplace Conditions and Employee Grievance Filing: The Moderating Effects of Gender and Ethnicity", *Industrial Relations*, Vol. 47, No. 2, 2008, pp. 229-259.

Banks, G. C. and S. Kepes, "The Influence of Internal HRM Activity Fit on the Dynamics within the 'Black Box'", *Human Resource Manage-*

ment Review, Vol. 25, No. 4, 2015, pp. 352-367.

Bareket-Bojmel, L., G. Hochman, and D. Ariely, "It's (Not) All about the Jacksons Testing Different Types of Short-Term Bonuses in the Field", Journal of Management, Vol. 43, No. 2, 2014, pp. 534-554.

Barnes, C. M., K. Liang and D. P. Lepak, "Sabotaging the Benefits of Our Own Human Capital: Work Unit Characteristics and Sleep", Journal of Applied Psychology, Vol. 101, No. 2, 2016, pp. 209-221.

Barney, Jay, "Firm Resources and Sustained Competitive Advantage", Journal of Management, Vol. 17, No. 1, 1991, pp. 99-120.

Barney, J. B., D. J. Ketchen, and M. Wright, "The Future of Resource-Based Theory: Revitalization Or Decline?" Journal of Management, Vol. 37, No. 5, 2011, pp. 1299-1315.

Barney, J. B., "Resource-Based Theories of Competitive Advantage: A Ten-Year Retrospective on the Resource-Based View", Journal of Management, Vol. 27, No. 6, 2001, pp. 643-650.

Barney, J. B. and P. M. Wright, "On Becoming a Strategic Partner: The Role of Human Resources in Gaining Competitive Advantage", Human Resource Management, Vol. 37, No. 1, 1998, pp. 31-46.

Baron, J. N. and D. M. Kreps, "Consistent Human Resource Practices", California Management Review, Vol. 41, No. 3, 1999, pp. 29-53.

Barrick, M. R., M. K. Mount, "The Big Five Personality Dimensions and Job Performance: A Meta-Analysis", Personnel Psychology, Vol. 44, No. 1, 1991, pp. 1-26.

Bashshur, M. R. and B. Oc, "When Voice Matters: A Multilevel Review of the Impact of Voice in Organizations", Journal of Management, Vol. 41, No. 5, 2015, pp. 1530-1554.

Beal, D. J. and L. Ghandour, "Stability, Change, and the Stability of Change in Daily Workplace Affect", Journal of Organizational Behavior, Vol. 32, No. 4, 2011, pp. 526-546.

Becker, B. and B. Gerhart, "The Impact of Human Resource Management on Organizational Performance: Progress and Prospects", *Academy of Management Journal*, Vol. 39, No. 4, 1996, pp. 779–801.

Becker, B. E., M. A. Huselid, B. E. Becker and M. A. Huselid, "High Performance Work Systems and Firm Performance: A Synthesis of Research and Managerial Implications", *Research in Personnel and Human Resource Management*, Vol. 16, 1998, pp. 53–102.

Becker, G. S., *Human Capital: A Theoretical and Empirical Analysis*, Chicago: University of Chicago Press, 1994.

Bernerth, J. B., H. J. Walker, and S. G. Harris, "Change Fatigue: Development and Initial Validation of a New Measure", *Work & Stress*, Vol. 25, No. 4, 2011, pp. 321–337.

Binnewies, C. and S. C. Wörnlein, "What Makes a Creative Day? A Diary Study on the Interplay between Affect, Job Stressors, and Job Control", *Journal of Organizational Behavior*, Vol. 32, No. 4, 2011, pp. 589–607.

Bonaccio, S., J. O'Reilly, S. L. O'Sullivan, and F. Chiocchio, "Nonverbal Behavior and Communication in the Workplace: A Review and an Agenda for Research", *Journal of Management*, Vol. 42, No. 5, 2016, pp. 1044–1074.

Bono, J. E., T. M. Glomb, W. Shen, E. Kim, and A. J. Koch, "Building Positive Resources: Effects of Positive Events and Positive Reflection on Work Stress and Health", *Academy of Management Journal*, Vol. 56, No. 6, 2013, pp. 1601–1627.

Boon, C., D. Den Hartog, P. Boselie and J. Paauwe, "The Relationship between Perceptions of HR Practices and Employee Outcomes: Examining the Role of Person–Organisation and Person–Job Fit", *International Journal of Human Resource Management*, Vol. 22, No. 1, 2011, pp. 138–162.

Boselie, P., G. Dietz, and C. Boon, "Commonalities and Contradictions in HRM and Performance Research", *Human Resource Management*

Journal, Vol. 15, No. 3, 2005, pp. 67-94.

Bowen, D. E. and C. Ostroff, "Understanding HRM - Firm Performance Linkages: The Role of the 'Strength' of the HRM System", *Academy of Management Review*, Vol. 29, No. 2, 2004, pp. 203-221.

Bowen, F. and K. Blackmon, "Spirals of Silence: The Dynamic Effects of Diversity on Organizational Voice", *Journal of Management Studies*, Vol. 40, No. 6, 2003, pp. 1393-1417.

Bowman, C. and J. Swart, "Whose Human Capital? The Challenge of Value Capture When Capital is Embedded", *Journal of Management Studies*, Vol. 44, No. 4, 2007, pp. 488-505.

Boxall, P. and J. Purcell, "Strategic Human Resource Management: Where Have We Come from and Where Should We Be Going?" *International Journal of Management Reviews*, Vol. 2, No. 2, 2000, pp. 183-203.

Boxall, P. and K. Macky, "Research and Theory on High-Performance Work Systems: Progressing the High-Involvement Stream", *Human Resource Management Journal*, Vol. 19, No. 1, 2009, pp. 3-23.

Brewster, C., "Strategic Human Resource Management: The Value of Different Paradigms", *Management International Review*, Vol. 39, No. 3, 1999, pp. 45-64.

Brown, K. W. and R. M. Ryan, "The Benefits of Being Present: Mindfulness and Its Role in Psychological Well-Being", *Journal of Personality and Social Psychology*, Vol. 84, No. 4, 2003, pp. 822-848.

Brown, S. P. and S. K. Lam, "A Meta-Analysis of Relationships Linking Employee Satisfaction to Customer Responses", *Journal of Retailing*, Vol. 84, No. 3, 2008, pp. 243-255.

Brunetto, Y., S. T. T. Teo, K. Shacklock, and R. Farr-Wharton, "Emotional Intelligence, Job Satisfaction, Well-Being and Engagement: Explaining Organisational Commitment and Turnover Intentions in Policing", *Human Resource Management Journal*, Vol. 22, No. 4, 2012, pp. 428-441.

Bryson, A., P. Willman, R. Gomez and T. Kretschmer, "The Comparative Advantage of Non-Union Voice in Britain, 1980-2004", *Industrial Relations: A Journal of Economy and Society*, Vol. 52, No. S1, 2013, pp. 194-220.

Buhrmester, M., T. Kwang, and S. D. Gosling, "Amazon's Mechanical Turk: A New Source of Inexpensive, Yet High-Quality, Data?" *Perspectives on Psychological Science*, Vol. 6, No. 1, 2011, pp. 3-5.

Burris, E., J. Detert and D. Chiaburu, "Quitting before Leaving: The Mediating Effects of Psychological Attachment and Detachment on Voice", *Journal of Applied Psychology*, Vol. 93, No. 4, 2008, pp. 912-922.

Bélanger, J., P. K. Edwards and M. Wright, "Commitment at Work and Independence from Management: A Study of Advanced Teamwork", *Work and Occupations*, Vol. 30, No. 2, 2003, pp. 234-252.

Campbell, B. A., R. Coff and D. Kryscynski, "Rethinking Sustained Competitive Advantage from Human Capital", *Academy of Management Review*, Vol. 37, No. 3, 2012, pp. 376-395.

Carr, J. Z., A. M. Schmidt, J. K. Ford, and R. P. Deshon, "Climate Perceptions Matter: A Meta-Analytic Path Analysis Relating Molar Climate, Cognitive and Affective States, and Individual Level Work Outcomes", *Journal of Applied Psychology*, Vol. 88, No. 4, 2003, pp. 605-619.

Ceja, L. and J. Navarro, " 'Suddenly I Get into the Zone': Examining Discontinuities and Nonlinear Changes in Flow Experiences at Work", *Human Relations*, Vol. 65, No. 9, 2012, pp. 1101-1127.

Chao, G. T., "Exploration of the Conceptualization and Measurement of Career Plateau: A Comparative Analysis", *Journal of Management*, Vol. 16, No. 1, 1990, pp. 181-193.

Chen, G., R. E. Ployhart, H. C. Thomas, N. Anderson and P. D. Bliese, "The Power of Momentum: A New Model of Dynamic Relationships between Job Satisfaction Change and Turnover Intentions", *Academy of*

Management Journal, Vol. 54, No. 1, 2011, pp. 159-181.

Chen, L., Z. -X. Su, and X. Zeng, "Path Dependence and the Evolution of HRM in China", *The International Journal of Human Resource Management*, Vol. 27, No. 18, 2016, pp. 2034-2057.

Chen, S. -L., "Cross-Level Effects of High-Commitment Work Systems on Work Engagement: The Mediating Role of Psychological Capital", *Asia Pacific Journal of Human Resources*, Vol. 56, No. 3, 2017, pp. 384-401.

Cheng, S. -T., and A. C. M. Chan, "Measuring Psychological Well-Being in the Chinese", *Personality and Individual Differences*, Vol. 38, No. 6, 2005, pp. 1307-1316.

Chuang, C. -H., S. E. Jackson and Y. Jiang, "Can Knowledge-Intensive Teamwork Be Managed? Examining the Roles of HRM Systems, Leadership, and Tacit Knowledge", *Journal of Management*, Vol. 42, No. 2, 2016, pp. 524-554.

Chughtai, A., M. Byrne and B. Flood, "Linking Ethical Leadership to Employee Well-Being: The Role of Trust in Supervisor", *Journal of Business Ethics*, Vol. 128, No. 3, 2015, pp. 653-663.

Clercq, D. De, Z. Mohammad Rahman and I. Belausteguigoitia, "Task Conflict and Employee Creativity: The Critical Roles of Learning Orientation and Goal Congruence", *Human Resource Management*, Vol. 56, No. 1, 2017, pp. 93-109.

Coff, R. W., "Human Assets and Management Dilemmas: Coping with Hazards on the Road to Resource-Based Theory", *Academy of Management Review*, Vol. 22, No. 2, 1997, pp. 374-402.

Coffand, R. and D. Kryscynski, "Drilling for Micro-Foundations of Human Capital-Based Competitive Advantages", *Journal of Management*, Vol. 37, No. 5, 2011, pp. 1429-1443.

Collins, C. J. and K. G. Smith, "Knowledge Exchange and Combination: The Role of Human Resource Practices in the Performance of High-Technology Firms", *Academy of Management Journal*, Vol. 49, No. 3,

2006, pp. 544-560.

Colquitt, J. A., J. B. Rodell, D. M. Long, C. P. Zapata, D. E. Conlon and M. J. Wesson, "Justice at the Millennium, a Decade Later: A Meta-Analytic Test of Social Exchange and Affect-Based Perspectives", *Journal of Applied Psychology*, Vol. 98, No. 2, 2013, pp. 199-216.

Combs, J., Yongmei Liu, A. Hall, and D. Ketchen, "How Much Do High-Performance Work Practices Matter? A Meta-Analysis of Their Effects on Organizational Performance", *Personnel Psychology*, Vol. 59, No. 3, 2006, pp. 501-528.

Compton, W. C., M. L. Smith, K. A. Cornish, and D. L. Qualls, "Factor Structure of Mental Health Measures", *Journal of Personality and Social Psychology*, Vol. 71, No. 2, 1996, pp. 406-413.

Cortina, L. M. and V. J. Magley, "Raising Voice, Risking Retaliation: Events Following Interpersonal Mistreatment in the Workplace", *Journal of Occupational Health Psychology*, Vol. 8, No. 4, 2003, pp. 247-265.

Crone, E. A., K. Richard Ridderinkhof, M. Worm, R. J. M. Somsen and M. W. Van Der Molen, "Switching between Spatial Stimulus-Response Mappings: A Developmental Study of Cognitive Flexibility", *Developmental Science*, Vol. 7, No. 4, 2004, pp. 443-455.

Cropanzano, R. and T. A. Wright, "When a 'Happy' Worker is Really a 'Productive' Worker: A Review and Further Refinement of the Happy-Productive Worker Thesis", *Consulting Psychology Journal: Practice and Research*, Vol. 53, No. 3, 2001, pp. 182-199.

Culbertson, S. S., M. J. Mills, and C. J. Fullagar, "Work Engagement and Work-Family Facilitation: Making Homes Happier through Positive Affective Spillover", *Human Relations*, Vol. 65, No. 9, 2012, pp. 1155-1177.

Dagenais-Desmarais, V. and A. Savoie, "What Is Psychological Well-Being, Really? A Grassroots Approach from the Organizational Sciences",

Journal of Happiness Studies, Vol. 13, No. 4, 2012, pp. 659-684.

De Dreu, C. K. W., "Team Innovation and Team Effectiveness: The Importance of Minority Dissent and Reflexivity", *European Journal of Work and Organizational Psychology*, Vol. 11, No. 3, 2002, pp. 285-298.

Degroot, T., D. S. Kiker and T. C. Cross, "A Meta-Analysis to Review Organizational Outcomes Related to Charismatic Leadership", *Canadian Journal of Administrative Sciences*, Vol. 17, No. 4, 2000, pp. 356-372.

Delery, J. and N. Gupta, "Human Resource Management Practices and Organizational Effectiveness: Internal Fit Matters", *Journal of Organizational Effectiveness: People and Performance*, Vol. 3, No. 2, 2016, pp. 139-163.

Delery, J. E. and D. Roumpi, "Strategic Human Resource Management, Human Capital and Competitive Advantage: Is the Field Going in Circles?" *Human Resource Management Journal*, Vol. 27, No. 1, 2017, pp. 1-21.

Den Hartog, D. N., C. Boon, R. M. Verburg, and M. A. Croon, "HRM, Communication, Satisfaction, and Perceived Performance: A Cross-Level Test", *Journal of Management*, Vol. 39, No. 6, 2013, pp. 1637-1665.

Detert, J. R., E. R. Burris, D. A. Harrison, and S. R. Martin, "Voice Flows to and around Leaders: Understanding When Units are Helped Or Hurt by Employee Voice", *Administrative Science Quarterly*, Vol. 58, No. 4, 2013, pp. 624-668.

Detert, J. R. and E. R. Burris, "Leadership Behavior and Employee Voice: Is the Door Really Open?" *Academy of Management Journal*, Vol. 50, No. 4, 2007, pp. 869-884.

Diener, E., R. A. Emmons, R. J. Larsen and S. Griffin, "The Satisfaction with Life Scale", *Journal of Personality Assessment*, Vol. 49, No. 1, 1985, pp. 71-75.

Diener, E., S. Oishi and R. E. Lucas, "Personality, Culture, and Subjective Well-Being: Emotional and Cognitive Evaluations of Life", *Annual Re-*

view of Psychology, Vol. 54, No. 1, 2003, pp. 403-425.

Diener, E., "Introduction to the Special Section on the Structure of Emotion", Journal of Personality and Social Psychology, Vol. 76, No. 5, 1999, pp. 803-804.

Diener, E., "Subjective Well-Being: The Science of Happiness and a Proposal for a National Index", American Psychologist, Vol. 55, No. 1, 2000, pp. 34-43.

Dimotakis, N., B. A. Scott, and J. Koopman, "An Experience Sampling Investigation of Workplace Interactions, Affective States, and Employee Well-Being", Journal of Organizational Behavior, Vol. 32, No. 4, 2011, pp. 572-588.

Dirks, K. T. and D. L. Ferrin, "Trust in Leadership: Meta-Analytic Findings and Implications for Research and Practice", Journal of Applied Psychology, Vol. 87, No. 4, 2002, pp. 611-628.

Dorenbosch, L. W., Management by Vitality, Ridderkerk: Ridderprint, 2009.

Duffy, R. D., J. W. England, R. P. Douglass, K. L. Autin, and B. A. Allan, "Perceiving a Calling and Well-Being: Motivation and Access to Opportunity as Moderators", Journal of Vocational Behavior, Vol. 98, 2017, pp. 127-137.

Dutton, J. E., S. J. Ashford, K. A. Lawrence and K. Miner-Rubino, "Red Light, Green Light: Making Sense of the Organizational Context for Issue Selling", Organization Science, Vol. 13, No. 4, 2002, pp. 355-369.

Dyck, B. and F. A. Starke, "The Formation of Breakaway Organizations: Observations and a Process Model", Administrative Science Quarterly, Vol. 44, No. 4, 1999, pp. 792-822.

Dyer, J. H. and H. Singh, "The Relational View: Cooperative Strategy and Sources of Interorganizational Competitive Advantage", Academy of Management Review, Vol. 23, No. 4, 1998, pp. 660-679.

Dyne, L. V., S. Ang, and I. C. Botero, "Conceptualizing Employee Silence and Employee Voice as Multidimensional Constructs", *Journal of Management Studies*, Vol. 40, No. 6, 2003, pp. 1359-1392.

Eatough, E. M., L. L. Meier, I. Igic, A. Elfering, P. E. Spector and N. K. Semmer, "You Want Me to Do What? Two Daily Diary Studies of Illegitimate Tasks and Employee Well-Being: Illegitimate Tasks and Employee Well-Being", *Journal of Organizational Behavior*, Vol. 37, No. 1, 2016, pp. 108-127.

Edwards, P. and M. Wright, "High-Involvement Work Systems and Performance Outcomes: The Strength of Variable, Contingent and Context-Bound Relationships", *International Journal of Human Resource Management*, Vol. 12, No. 4, 2001, pp. 568-585.

Ehrnrooth, M. and I. Björkman, "An Integrative HRM Process Theorization: Beyond Signalling Effects and Mutual Gains", *Journal of Management Studies*, Vol. 49, No. 6, 2012, pp. 1109-1135.

Einarsen, S., M. Saasland, and A. Skogstad, "Destructive Leadership Behaviour: A Definition and Conceptual Model", *Leadership Quarterly*, Vol. 18, No. 3, 2007, pp. 207-216.

Erez, A., J. A. Lepine and H. Elms, "Effects of Rotated Leadership and Peer Evaluation on the Functioning and Effectiveness of Self-Managed Teams: A Quasi-Experiment", *Personnel Psychology*, Vol. 55, No. 4, 2002, pp. 929-948.

Evans, W. R. and W. D. Davis, "High-Performance Work Systems and Organizational Performance: The Mediating Role of Internal Social Structure", *Journal of Management*, Vol. 31, No. 5, 2005, pp. 758-775.

Fagan, J., Andployhart, R. E., "The Information Processing Foundations of Human Capital Resources: Leveraging Insights from Information Processing Approaches to Intelligence", *Human Resource Management Review*, Vol. 25, No. 1, 2015, pp. 4-11.

Farh, J.-L., C.-B. Zhong, and D. W. Organ, "An Inductive Analysis of the Construct Domain of Organizational Citizenship Behavior", in A. S. Tsui and C. -M. Lau, eds., *The Management of Enterprises in the People's Republic of China*, Berlin: Springer, 2002.

Farh, J. -L., C. -B. Zhong, and D. W. Organ, "Organizational Citizenship Behavior in the People's Republic of China", *Organization Science*, Vol. 15, No. 2, 2004, pp. 241-253.

Farh, J. -L., R. Hackett, and Z. Chen, "Organizational Citizenship Behavior in the Global World", in P. B. Smith, M. F. Peterson, and D. C. Thomas, eds., *The Handbook of Cross-Cultural Management Research*, Calif: Sage Publications, 2008.

Farrell, D. and C. E. Rusbult, "Exploring the Exit, Voice, Loyalty, and Neglect Typology: The Influence of Job Satisfaction, Quality of Alternatives, and Investment Size", *Employee Responsibilities and Rights Journal*, Vol. 5, No. 3, 1992, pp. 201-218.

Felin, T. and N. J. Foss, "Strategic Organization: A Field in Search of Micro-Foundations", *Strategic Organization*, Vol. 3, No. 4, 2005, pp. 441-455.

Felin, T. and W. S. Hesterly, "The Knowledge-Based View, Nested Heterogeneity, and New Value Creation: Philosophical Considerations on the Locus of Knowledge", *Academy of Management Review*, Vol. 32, No.1, 2007, pp. 195-218.

Fisher, C. D., "Happiness at Work: Happiness at Work", *International Journal of Management Reviews*, Vol. 12, No. 4, 2010, pp. 384-412.

Fletcher, T. D., "Methods and Approaches to Assessing Distal Mediation", Paper Delivered to 66th Annual Meeting of the Academy of Management, Sponsored by the Academy of Management, Atlanta, GA, August 11-16, 2006.

Frenkel, S., S. L. D. Restubog, and T. Bednall, "How Employee Perceptions of HR Policy and Practice Influence Discretionary Work Effort and Co-Worker Assistance: Evidence from Two Organizations", *International Journal* of Human Resource Management, Vol. 23, No. 20, 2012, pp. 4193-4210.

Fuller, J. B., T. Barnett, K. Hester, C. Relyea and L. Frey, "An Exploratory Examination of Voice Behavior from an Impression Management Perspective", Journal of Managerial Issues, Vol. 19, No. 1, 2007, pp. 134-151.

Fulmer, I. S. and R. E. Ployhart, "Our Most Important Asset: A Multidisciplinary/Multilevel Review of Human Capital Valuation for Research and Practice", Journal of Management, Vol. 40, No. 1, 2014, pp. 161-192.

Gardner, T. M., P. M. Wright, and L. M. Moynihan, "The Impact of Motivation, Empowerment, and Skill-Enhancing Practices on Aggregate Voluntary Turnover: The Mediating Effect of Collective Affective Commitment", Personnel Psychology, Vol. 64, No. 2, 2011, pp. 315-350.

Gerstner, C. R. and D. V. Day, "Meta-Analytic Review of Leader-Member Exchange Theory: Correlates and Construct Issues", Journal of Applied Psychology, Vol. 82, No. 6, 1997, pp. 827-844.

Gittell, J. H., A. Von Nordenflycht, and T. A. Kochan, "Mutual Gains or Zero Sum? Labor Relations and Firm Performance in the Airline Industry", ILR Review, Vol. 57, No. 2, 2004, pp. 163-180.

Gittell, J. H., R. Seidner, and J. Wimbush, "A Relational Model of How High-Performance Work Systems Work", Organization Science, Vol. 21, No. 2, 2010, pp. 490-506.

Glauser, M. J., "Upward Information Flow in Organizations: Review and Conceptual Analysis", Human Relations, Vol. 37, No. 8, 1984, pp. 613-643.

Godard, J., "A Critical Assessment of the High-Performance Paradigm", British Journal of Industrial Relations, Vol. 42, No. 2, 2004, pp. 349-378.

Godard, J., "High Performance and the Transformation of Work? The Implications of Alternative Work Practices for the Experience and Outcomes of

Work", *ILR Review*, Vol. 54, No. 4, 2001, pp. 776-805.

Gong, Y., J. Wu, L. J. Song, and Z. Zhang, "Dual Tuning in Creative Processes: Joint Contributions of Intrinsic and Extrinsic Motivational Orientations", *Journal of Applied Psychology*, Vol. 102, No. 5, 2017, pp.829-844.

Goodman, J. K., C. E. Cryder, and A. Cheema, "Data Collection in a Flat World: The Strengths and Weaknesses of Mechanical Turk Samples", *Journal of Behavioral Decision Making*, Vol. 26, No. 3, 2013, pp. 213-224.

Goulet, L. R. and P. Singh, "Career Commitment: A Reexamination and an Extension", *Journal of Vocational Behavior*, Vol. 61, No. 1, 2002, pp. 73-91.

Grant, A. M. and D. M. Mayer, "Good Soldiers and Good Actors: Prosocial and Impression Management Motives as Interactive Predictors of Affiliative Citizenship Behaviors", *Journal of Applied Psychology*, Vol. 94, No. 4, 2009, pp. 900-912.

Grant, D. and J. Shields, "In Search of the Subject: Researching Employee Reactions to Human Resource Management", *Journal of Industrial Relations*, Vol. 44, No. 3, 2002, pp. 313-334.

Greubel, J. and G. Kecklund, "The Impact of Organizational Changes on Work Stress, Sleep, Recovery and Health", *Industrial Health*, Vol. 49, No. 3, 2011, pp. 353-364.

Groysberg, B., L. -E. Lee and A. Nanda, "Can They Take It with Them? The Portability of Star Knowledge Workers' Performance", *Management Science*, Vol. 54, No. 7, 2008, pp. 1213-1230.

Guest, D. E., "Human Resource Management and Performance: Still Searching for Some Answers", *Human Resource Management Journal*, Vol. 21, No. 1, 2011, pp. 3-13.

Guest, D. E., "Perspectives on the Study of Work – Life Balance", *Social Science Information*, Vol. 41, No. 2, 2002, pp. 255-279.

Guthrie, J. P., "High – Involvement Work Practices, Turnover, and Productivity: Evidence from New Zealand", *Academy of Management Journal*,

Vol. 44, No. 1, 2001, pp. 180-190.

Hackman, J. R. and G. R. Oldham, *Work Redesign*, Salem: FT Press, 1980.

Hess, A. M. and F. T. Rothaermel, "When are Assets Complementary? Star Scientists, Strategic Alliances, and Innovation in the Pharmaceutical Industry", *Strategic Management Journal*, Vol. 32, No. 8, 2011, pp. 895-909.

Hirschman, A. O., *Exit, Voice, and Loyalty: Responses to Decline in Firms, Organizations, and States*, Cambridge: Harvard University Press, 1970.

Hofstede, G., "The Interaction between National and Organizational Value Systems", *Journal of Management Studies*, Vol. 22, No. 4, 1985, pp. 347-357.

Holbert, R. L. and M. T. Stephenson, "The Importance of Indirect Effects in Media Effects Research: Testing for Mediation in Structural Equation Modeling", *Journal of Broadcasting & Electronic Media*, Vol. 47, No. 4, 2003, pp. 556-572.

Huselid, M. A., "The Impact of Human Resource Management Practices on Turnover, Productivity, and Corporate Financial Performance", *Academy of Management Journal*, Vol. 38, No. 3, 1995, pp. 635-672.

Huselid, M. A. and B. E. Becker, "Bridging Micro and Macro Domains: Workforce Differentiation and Strategic Human Resource Management", *Journal of Management*, Vol. 37, No. 2, 2011, pp. 421-428.

Ilies, R., K. M. Schwind and D. Heller, "Employee Well-Being: A Multilevel Model Linking Work and Nonwork Domains", *European Journal of Work and Organizational Psychology*, Vol. 16, No. 3, 2007, pp. 326-341.

Ilies, R., N. Dimotakis and I. E. De Pater, "Psychological and Physiological Reactions to High Workloads: Implications for Well-Being", *Personnel Psychology*, Vol. 63, No. 2, 2010, pp. 407-436.

Ilies, R., S. S. Y. Aw and H. Pluut, "Intraindividual Models of

Employee Well-Being: What Have We Learned and Where do We Go from Here?" *European Journal of Work and Organizational Psychology*, Vol. 24, No. 6, 2015, pp. 827-838.

Islam, G. and M. J. Zyphur, "Power, Voice, and Hierarchy: Exploring the Antecedents of Speaking up in Groups", *Group Dynamics Theory Research and Practice*, Vol. 9, No. 2, 2005, pp. 93-103.

Iverson, R. D. and P. Roy, "A Causal Model of Behavioral Commitment: Evidence from a Study of Australian Blue-Collar Employees", *Journal of Management*, Vol. 20, No. 1, 1994, pp. 15-41.

Jackson, S. E., R. S. Schuler, and K. Jiang, "An Aspirational Framework for Strategic Human Resource Management", *Academy of Management Annals*, Vol. 8, No. 1, 2014, pp. 1-56.

Jacobs, P. A., M. Y. Tytherleigh, C. Webb, and C. L. Cooper, "Predictors of Work Performance among Higher Education Employees: An Examination Using the Asset Model of Stress", *International Journal of Stress Management*, Vol. 14, No. 2, 2007, pp. 199-210.

Jiang, K.-F., D. P. Lepak, J. Ju, and J. C. Baer, "How does Human Resource Management Influence Organizational Outcomes? A Meta-Analytic Investigation of Mediating Mechanisms", *Academy of Management Journal*, Vol. 55, No. 6, 2012, pp. 1264-1294.

Jiang, K.-F., J. Hu, S. Liu, and D. P. Lepak, "Understanding Employees' Perceptions of Human Resource Practices: Effects of Demographic Dissimilarity to Managers and Coworkers", *Human Resource Management*, Vol. 56, No. 1, 2017, pp. 69-91.

Jiang, K.-F., R. Takeuchi, and D. P. Lepak, "Where do We Go from Here? New Perspectives on the Black Box in Strategic Human Resource Management Research", *Journal of Management Studies*, Vol. 50, No. 8, 2013, pp. 1448-1480.

Judge, T. A., H. M. Weiss, J. D. Kammeyer-Mueller, and C. L. Hulin, "Job Attitudes, Job Satisfaction, and Job Affect: A Century of

Continuity and of Change", *Journal of Applied Psychology*, Vol. 102, No. 3, 2017, pp. 356-374.

Kidd, J. M., "Exploring the Components of Career Well-Being and the Emotions Associated with Significant Career Experiences", *Journal of Career Development*, Vol. 35, No. 2, 2008, pp. 166-186.

Kim, J., J. P. Macduffie, and F. K. Pil, "Employee Voice and Organizational Performance: Team Versus Representative Influence", *Human Relations*, Vol. 63, No. 3, 2010, pp. 371-394.

Kish-Gephart, J. J., J. R. Detert, L. K. Treviño, and A. C. Edmondson, "Silenced by Fear: The Nature, Sources, and Consequences of Fear at Work", *Research in Organizational Behavior*, Vol. 29, 2009, pp. 163-193.

Klaas, B. S., J. B. Olson-Buchanan and A. -K. Ward, "The Determinants of Alternative Forms of Workplace Voice: An Integrative Perspective", *Journal of Management*, Vol. 38, No. 1, 2012, pp. 314-345.

Kooij, D. T. A. M., D. E. Guest, M. Clinton, T. Knight, P. G. W. Jansen and J. S. E. Dikkers, "How the Impact of HR Practices on Employee Well-Being and Performance Changes with Age", *Human Resource Management Journal*, Vol. 23, No. 1, 2013, pp. 18-35.

Koopmann, J., K. Lanaj, J. Bono, and K. Campana, "Daily Shifts in Regulatory Focus: The Influence of Work Events and Implications for Employee Well-Being", *Journal of Organizational Behavior*, Vol. 37, No. 8, 2016, pp. 1293-1316.

Kor, Y. Y. and H. Leblebici, "How do Interdependencies among Human-Capital Deployment, Development, and Diversification Strategies Affect Firms' Financial Performance?" *Strategic Management Journal*, Vol. 26, No. 10, 2005, pp. 967-985.

Koys, D. J., "The Effects of Employee Satisfaction, Organizational Citizenship Behavior, and Turnover on Organizational Effectiveness: A Unit-Level, Longitudinal Study", *Personnel Psychology*, Vol. 54, No.

1, 2001, pp. 101-114.

Kozlowski, S. W. and K. J. Klein, "A Multilevel Approach to Theory and Research in Organizations: Contextual, Temporal, and Emergent Processes", in K. J. Klein and S. W. J. Kozlowski, eds., *Multilevel Theory, Research and Methods in Organizations: Foundations, Extensions, and New Directions*, San Francisco: Jossey-Bass Press, 2000.

Kozlowski, S. W. J., G. Chen, and E. Salas, "One Hundred Years of the Journal of Applied Psychology: Background, Evolution, and Scientific Trends", *Journal of Applied Psychology*, Vol. 102, No. 3, 2017, pp. 237-253.

Kozlowski, S. W. J. and G. T. Chao, "The Dynamics of Emergence: Cognition and Cohesion in Work Teams", *Managerial & Decision Economics*, Vol. 33, No. 5/6, 2012, pp. 335-354.

Kraaijenbrink, J., "Human Capital in the Resource-Based View", in A. Burton-Jones and J. -C. Spender, eds., *The Oxford Handbook of Human Capital*, Oxford: Oxford University Press, 2011.

Lam, T., H. Zhang, and T. Baum, "An Investigation of Employees' Job Satisfaction: The Case of Hotels in Hong Kong", *Tourism Management*, Vol. 22, No. 2, 2001, pp. 157-165.

Lawler, E. E. and G. D. Jenkins, "Strategic Reward Systems", in M. D. Dunnette and L. M. Hough, eds., *Handbook of Industrial and Organizational Psychology*, Palo Alto: Consulting Psychologist Press, 1992.

Lemons, M. A. and C. A. Jones, "Procedural Justice in Promotion Decisions: Using Perceptions of Fairness to Build Employee Commitment", *Journal of Managerial Psychology*, Vol. 16, No. 4, 2001, pp. 268-281.

Lengnick-Hall, M. L., C. A. Lengnick-Hall, L. S. Andrade and B. Drake, "Strategic Human Resource Management: The Evolution of the Field", *Human Resource Management Review*, Vol. 19, No. 2, 2009, pp. 64-85.

Lepak, D. P., H. Liao, Y. Chung, and E. E. Harden, "A Conceptual Review of Human Resource Management Systems in Strategic Human Resource Management Research", in J. J. Martocchio ed., *Research in Personnel and Human Resources Management*, Bingley: Emerald Group Publishing Ltd., 2006.

Lepak, D. P., R. Takeuchi and S. A. Snell, "Employment Flexibility and Firm Performance: Examining the Interaction Effects of Employment Mode, Environmental Dynamism, and Technological Intensity", *Journal of Management*, Vol. 29, No. 5, 2003, pp. 681–703.

Lepak, D. P. and S. A. Snell, "The Human Resource Architecture: Toward a Theory of Human Capital Allocation and Development", *Academy of Management Review*, Vol. 24, No. 1, 1999, pp. 31–48.

Lepine, J. A. and L. Van Dyne, "Predicting Voice Behavior in Work Groups", *Journal of Applied Psychology*, Vol. 83, No. 6, 1998, pp. 853–868.

Lepine, J. A. and L. Van Dyne, "Voice and Cooperative Behavior as Contrasting Forms of Contextual Performance: Evidence of Differential Relationships with Big Five Personality Characteristics and Cognitive Ability", *Journal of Applied Psychology*, Vol. 86, No. 2, 2001, pp. 326–336.

Li, X.-B., S. J. Frenkel, and K. Sanders, "Strategic HRM as Process: How HR System and Organizational Climate Strength Influence Chinese Employee Attitudes", *International Journal of Human Resource Management*, Vol. 22, No. 9, 2011, pp. 1825–1842.

Liang, J., C. I. Farh, and J. L. Farh, "Psychological Antecedents of Promotive and Prohibitive Voice: A Two-Wave Examination", *Academy of Management Journal*, Vol. 55, No. 1, 2012, pp. 71–73.

Liao, K., D. Toya, D. P. Lepak, and Y. Hong, "Do They See Eye to Eye? Management and Employee Perspectives of High-Performance Work Systems and Influence Processes on Service Quality", *Journal of Applied Psychology*, Vol. 94, No. 2, 2009, pp. 371–391.

Lin, H. C. and C. T. Shih, "How Executive SHRM System Links to

Firm Performance: The Perspectives of Upper Echelon and Competitive Dynamics", *Journal of Management*, Vol. 34, No. 5, 2008, pp. 853-881.

Linley, P. A., J. Maltby, A. M. Wood, G. Osborne, and R. Hurling, "Measuring Happiness: The Higher Order Factor Structure of Subjective and Psychological Well-Being Measures", *Personality and Individual Differences*, Vol. 47, No. 8, 2009, pp. 878-884.

Lipponen, J., A. Bardi, and J. Haapamäki, "The Interaction between Values and Organizational Identification in Predicting Suggestion-Making at Word", *Journal of Occupational & Organizational Psychology*, Vol. 81, No. 2, 2008, pp. 241-248.

Liu, W., R. Zhu and Y. Yang, "I Warn You Because I Like You: Voice Behavior, Employee Identifications, and Transformational Leadership", *The Leadership Quarterly*, Vol. 21, No. 1, 2010, pp. 189-202.

Macduffie, J. P. and T. A. Kochan, "Do U. S. Firms Invest Less in Human Resources? Training in the World Auto Industry", *Industrial Relations*, Vol. 34, No. 2, 1995, pp. 147-168.

Mackinnon, D., *Introduction to Statistical Mediation Analysis*, Abingdon: Routledge, 2008.

Mackinnon, D. P., A. J. Fairchild, and M. S. Fritz, "Mediation Analysis", *Annual Review of Psychology*, Vol. 58, 2007, pp. 593-614.

Maltarich, M. A., A. J. Nyberg, and G. Reilly, "A Conceptual and Empirical Analysis of the Cognitive Ability - Voluntary Turnover Relationship", *Journal of Applied Psychology*, Vol. 95, No. 6, 2010, pp. 1058-1070.

Marcus, B., O. Weigelt, J. Hergert, J. Gurt, and P. Gelléri, "The Use of Snowball Sampling for Multi Source Organizational Research: Some Cause for Concern", *Personnel Psychology*, Vol. 96, No. 6, 2016.

Maritan, C. A. and M. A. Peteraf, "Building a Bridge between Resource Acquisition and Resource Accumulation", *Journal of Management*,

Vol. 37, No. 5, 2011, pp. 1374-1389.

Mcclean, E. J., E. R. Burris and J. R. Detert, "When Does Voice Lead to Exit? It Depends on Leadership", *Academy of Management Journal*, Vol. 56, No. 2, 2013, pp. 525-548.

Mcgregor, I. and B. R. Little, "Personal Projects, Happiness, and Meaning: On Doing Well and Being Yourself", *Journal of Personality and Social Psychology*, Vol. 74, No. 2, 1998, pp. 494-512.

Mchugh, M., "Managing Strategic Change in Public Sector Organizations: A Swedish Example", *Strategic Change*, Vol. 5, No. 5, 1996, pp. 247-261.

Meleady, R. and R. J. Crisp, "Take It to the Top: Imagined Interactions with Leaders Elevates Organizational Identification", *The Leadership Quarterly*, Vol. 28, No. 5, 2017, pp. 621-638.

Mellahi, K., P. S. Budhwar, and Li Baibing, "A Study of the Relationship between Exit, Voice, Loyalty and Neglect and Commitment in India", *Human Relations*, Vol. 63, No. 3, 2010, pp. 349-369.

Messersmith, J. G., P. C. Patel, D. P. Lepak, and J. S. Gould-Williams, "Unlocking the Black Box: Exploring the Link between High-Performance Work Systems and Performance", *Journal of Applied Psychology*, Vol. 96, No. 6, 2011, pp. 1105-1118.

Meyer, J. P., N. J. Allen, and C. A. Smith, "Commitment to Organizations and Occupations: Extension and Test of a Three-Component Conceptualization", *Journal of Applied Psychology*, Vol. 78, No. 4, 1993, pp. 538-551.

Miceli, M. P., J. P. Near, and T. M. Dworkin, "A Word to the Wise: How Managers and Policy-Makers Can Encourage Employees to Report Wrongdoing", *Journal of Business Ethics*, Vol. 86, No. 3, 2009, pp. 379-396.

Milliken, F. J., E. W. Morrison and P. F. Hewlin, "An Exploratory Study of Employee Silence: Issues That Employees Don't Communicate upward and Why", *Journal of Management Studies*, Vol. 40, No. 6, 2003, pp. 1453-1476.

Milliken, F. J. and N. Lam, "Making the Decision to Speak up or to Remain Silent: Implications for Organizational Learning", in J. Greenberg and M. S. Edwards, eds., *Voice and Silence in Organizations*, Bingley: Emerald Group Publishing Ltd., 2009.

Moen, P., J. Lam, S. Ammons, and E. L. Kelly, "Time Work by Overworked Professionals: Strategies in Response to the Stress of Higher Status", *Work and Occupations*, Vol. 40, No. 2, 2013, pp. 79-114.

Molloy, J. C. and J. B. Barney, "Who Captures the Value Created with Human Capital? A Market-Based View", *Academy of Management Perspectives*, Vol. 29, No. 3, 2015, pp. 309-325.

Morrison, E. W., S. L. Wheeler-Smith, and D. Kamdar, "Speaking up in Groups: A Cross-Level Study of Group Voice Climate and Voice", *Journal of Applied Psychology*, Vol. 96, No. 1, 2011, pp. 183-191.

Morrison, E. W., "Employee Voice Behavior: Integration and Directions for Future Research", *Academy of Management Annals*, Vol. 5, No. 1, 2011, pp. 373-412.

Morrison, E. W. and F. J. Milliken, "Organizational Silence: A Barrier to Change and Development in a Pluralistic World", *Academy of Management Review*, Vol. 25, No. 4, 2000, pp. 706-725.

Murphy, K. R., "Individual Differences", in N. Schmitt ed., *The Oxford Handbook of Personnel Assessment and Selection*, Oxford: Oxford University Press, 2012.

Nemeth, C. J., "Managing Innovation: When Less is More", *California Management Review*, Vol. 40, No. 1, 1997, pp. 59-74.

Ng, T. W. and D. C. Feldman, "Breaches of Past Promises, Current Job Alternatives, and Promises of Future Idiosyncratic Deals: Three-Way Interaction Effects on Organizational Commitment", *Human Relations*, Vol.

65, No. 11, 2012, pp. 1463-1486.

Ng, T. W. H. and D. C. Feldman, "Employee Voice Behavior: A Meta-Analytic Test of the Conservation of Resources Framework", *Journal of Organizational Behavior*, Vol. 33, No. 2, 2012, pp. 216-234.

Nishii, L. H., D. P. Lepak, and B. Schneider, "Employee Attributions of the 'Why' of HR Practices: Their Effects on Employee Attitudes and Behaviors, and Customer Satisfaction", *Personnel Psychology*, Vol. 61, No. 3, 2008, pp. 503-545.

Nyberg, A. J., T. P. Moliterno, D. Hale and D. P. Lepak, "Resource-Based Perspectives on Unit-Level Human Capital: A Review and Integration", *Journal of Management*, Vol. 40, No. 1, 2014, pp. 316-346.

Nyberg, A. J. and P. M. Wright, "50 Years of Human Capital Research: Assessing What We Know, Exploring Where We Go", *Academy of Management Perspectives*, Vol. 29, No. 3, 2015, pp. 287-295.

Ogbonna, E. and L. C. Harris, "Leadership Style, Organizational Culture and Performance: Empirical Evidence from UK Companies", *The International Journal of Human Resource Management*, Vol. 11, No. 4, 2000, pp. 766-788.

Olson-Buchanan, J. B., "To Grieve or Not to Grieve: Factors Related to Voicing Discontent in an Organizational Simulation", *International Journal of Conflict Management*, Vol. 8, No. 2, 1997, pp. 132-147.

Paauwe, J., *HRM and Performance: Achieving Long-Term Viability*, Oxford: Oxford University Press, 2004.

Page, K. M. and D. A. Vella-Brodrick, "The 'What', 'Why' and 'How' of Employee Well-Being: A New Model", *Social Indicators Research*, Vol. 90, No. 3, 2009, pp. 441-458.

Panaccio, A. and C. Vandenberghe, "Perceived Organizational Support, Organizational Commitment and Psychological Well-Being: A Longitudinal Study", *Journal of Vocational Behavior*, Vol. 75, No. 2, 2009, pp. 224-236.

Paolacci, G. and J. Chandler, "Inside the Turk: Understanding Mechanical Turk as a Participant Pool", *Current Directions in Psychological Science*, Vol. 23, No. 3, 2014, pp. 184-188.

Parker, C. P., B. B. Baltes, S. A. Young, J. W. Huff, R. A. Altmann, H. A. Lacost and J. E. Roberts, "Relationships between Psychological Climate Perceptions and Work Outcomes: A Meta-Analytic Review", *Journal of Organizational Behavior*, Vol. 24, No. 4, 2003, pp. 389-416.

Parker, L. E., "When to Fix It and When to Leave: Relationships among Perceived Control, Self-Efficacy, Dissent, and Exit", *Journal of Applied Psychology*, Vol. 78, No. 6, 1993, pp. 949-959.

Parker, S. K. and C. G. Collins, "Taking Stock: Integrating and Differentiating Multiple Proactive Behaviors", *Journal of Management*, Vol. 36, No. 3, 2010, pp. 633-662.

Patterson, M., P. Warr and M. West, "Organizational Climate and Company Productivity: The Role of Employee Affect and Employee Level", *Journal of Occupational and Organizational Psychology*, Vol. 77, No. 2, 2004, pp. 193-216.

Peccei, R., *Human Resource Management and the Search for the Happy Workplace*, Rotterdam: Erasmus Research Institute of Management, 2004.

Pfeffer, J., "Producing Sustainable Competitive Advantage through the Effective Management of People", *Academy of Management Executive*, Vol. 9, No. 1, 1995, pp. 55-69.

Pinder, C. C. and K. P. Harlos, "Employee Silence: Quiescence and Acquiescence as Responses to Perceived Injustice", *Research in Personnel and Human Resources Management*, Vol. 20, 2001, pp. 331-369.

Ployhart, R. E., A. J. Nyberg, G. Reilly and M. A. Maltarich, "Human Capital is Dead; Long Live Human Capital Resources!" *Journal of Management*, Vol. 40, No. 2, 2014, pp. 371–398.

Ployhart, R. E., C. H. Van Iddekinge, and W. I. Mackenzie, "Acquiring and Developing Human Capital in Service Contexts: The Interconnectedness of Human Capital Resources", *Academy of Management Journal*, Vol. 54, No. 2, 2011, pp. 353–368.

Ployhart, R. E., J. A. Weekley, and J. Ramsey, "The Consequences of Human Resource Stocks and Flows: A Longitudinal Examination of Unit Service Orientation and Unit Effectiveness", *Academy of Management Journal*, Vol. 52, No. 5, 2009, pp. 996–1015.

Ployhart, R. E., "Strategic Organizational Behavior (STROBE): The Missing Voice in the Strategic Human Capital Conversation", *Academy of Management Perspectives*, Vol. 29, No. 3, 2015, pp. 342–356.

Ployhart, R. E. and T. P. Moliterno, "Emergence of the Human Capital Resource: A Multilevel Model", *Academy of Management Review*, Vol. 36, No. 1, 2011, pp. 127–150.

Podsakoff, N. P., S. W. Whiting, P. M. Podsakoff, and B. D. Blume, "Individual- and Organizational-Level Consequences of Organizational Citizenship Behaviors: A Meta-Analysis", *Journal of Applied Psychology*, Vol. 94, No. 1, 2009, pp. 122–141.

Podsakoff, P. M., S. B. Mackenzie, J. B. Paine, and D. G. Bachrach, "Organizational Citizenship Behaviors: A Critical Review of the Theoretical and Empirical Literature and Suggestions for Future Research", *Journal of Management*, Vol. 26, No. 3, 2000, pp. 513–563.

Premeaux, S. F. and A. G. Bedeian, "Breaking the Silence: The Moderating Effects of Self-Monitoring in Predicting Speaking up in the Workplace", *Journal of Management Studies*, Vol. 40, No. 6, 2003, pp. 1537–1562.

Priem, R. L. and J. E. Butler, "Is the Resource-Based 'View' a Useful Perspective for Strategic Management Research?" *The Academy of Management Review*, Vol. 26, No. 1, 2001, pp. 22–40.

Purcell, J. and S. Hutchinson, "Front-Line Managers as Agents in the HRM-Performance Causal Chain: Theory, Analysis and Evidence", *Human Resource Management Journal*, Vol. 17, No. 1, 2007, pp. 3-20.

Rafferty, A. E. and M. A. Griffin, "Perceptions of Organizational Change: A Stress and Coping Perspective", *Journal of Applied Psychology*, Vol. 91, No. 5, 2006, pp. 1154-1162.

Ramsay, H., D. Scholarios and B. Harley, "Employees and High-Performance Work Systems: Testing inside the Black Box", *British Journal of Industrial Relations*, Vol. 38, No. 4, 2000, pp. 501-531.

Rapp, C. and J. Eklund, "Sustainable Development of a Suggestion System: Factors Influencing Improvement Activities in a Confectionary Company", *Human Factors and Ergonomics in Manufacturing & Service Industries*, Vol. 17, No. 1, 2007, pp. 79-94.

Reis, H. T., K. M. Sheldon, S. L. Gable, J. Roscoe and R. M. Ryan, "Daily Well-Being: The Role of Autonomy, Competence, and Relatedness", *Personality and Social Psychology Bulletin*, Vol. 26, No. 4, 2000, pp. 419-435.

Rowold, J. and K. Heinitz, "Transformational and Charismatic Leadership: Assessing the Convergent, Divergent and Criterion Validity of the MLQ and the CKS", *The Leadership Quarterly*, Vol. 18, No. 2, 2007, pp. 121-133.

Rusting, C. L. and R. J. Larsen, "Extraversion, Neuroticism, and Susceptibility to Positive and Negative Affect: A Test of Two Theoretical Models", *Personality and Individual Differences*, Vol. 22, No. 5, 1997, pp. 607-612.

Ryan, R. M. and E. L. Deci, "Self-Determination Theory and the Facilitation of Intrinsic Motivation, Social Development, and Well-Being", *American Psychologist*, Vol. 55, No. 1, 2000, pp. 68-78.

Ryff, C. D., "Happiness is Everything, or is It? Explorations on the

Meaning of Psychological Well-Being", *Journal of Personality and Social Psychology*, Vol. 57, No. 6, 1989, pp. 1069-1081.

Sanders, G. W. and D. C. Hambrick, "Swinging for the Fences: The Effects of Ceo Stock Options on Company Risk Taking and Performance", *Academy of Management Journal*, Vol. 50, No. 5, 2007, pp. 1055-1078.

Schmidt, F. L. and J. E. Hunter, "The Validity and Utility of Selection Methods in Personnel Psychology: Practical and Theoretical Implications of 85 Years of Research Findings", *Psychological Bulletin*, Vol. 124, No. 2, 1998, pp. 262-274.

Schneider, B., P. J. Hanges, D. B. Smith and A. N. Salvaggio, "Which Comes First: Employee Attitudes or Organizational Financial and Market Performance?" *Journal of Applied Psychology*, Vol. 88, No. 5, 2003, pp. 836-851.

Schultz, T. W., "Investment in Human Capital", *American Economic Review*, Vol. 51, No. 1, 1961, pp. 1-17.

Schutte, N. S., J. M. Malouff, C. Bobik, T. D. Coston, C. Greeson, C. Jedlicka, E. Rhodes, and G. Wendorf, "Emotional Intelligence and Interpersonal Relations", *Journal of Social Psychology*, Vol. 141, No. 4, 2001, pp. 523-536.

Seibert, S. E., M. L. Kraimer, and J. M. Crant, "What do Proactive People Do? A Longitudinal Model Linking Proactive Personality and Career Success", *Personnel Psychology*, Vol. 54, No. 4, 2001, pp. 845-874.

Siegristand, J., A. Rödel, "Work Stress and Health Risk Behavior", *Scandinavian Journal of Work, Environment & Health*, Vol. 32, No. 6, 2006, pp. 473-481.

Siltaloppi, M., U. Kinnunen and T. Feldt, "Recovery Experiences as Moderators between Psychosocial Work Characteristics and Occupational Well-Being", *Work & Stress*, Vol. 23, No. 4, 2009, pp. 330-348.

Snell, S. A., Shadur, M. A., and P. M. Wright, "Human Resources

Strategy: The Era of Our Ways", in M. A. Hitt, R. E. Freeman and J. S. Harrison, eds., *The Blackwell Handbook of Strategic Management*, Hoboken: Wiley-Blackwell, 2001.

Snell, S. A. and J. W. Dean Jr., "Integrated Manufacturing and Human Resource Management: A Human Capital Perspective", *Academy of Management Journal*, Vol. 35, No. 3, 1992, pp. 467-504.

Snell, S. A. and P. M. Wright, "Social Capital and Strategic HRM: It's Who You Know", *Human Resource Planning*, Vol. 22, No. 1, 1999, pp. 62-65.

Sonnentag, S. and R. Ilies, "Introduction: Intra - Individual Processes Linking Work and Employee Well-Being: Introduction into the Special Issue", *Journal of Organizational Behavior*, Vol. 32, No. 4, 2011, pp. 521-525.

Spector, P. E., *Job Satisfaction: Application, Assessment, Causes, and Consequences*, Thousandoaks: SAGE Publications, 1997.

Spence, J. R., D. L. Ferris, D. J. Brown, and D. Heller, "Understanding Daily Citizenship Behaviors: A Social Comparison Perspective", *Journal of Organizational Behavior*, Vol. 32, No. 4, 2011, pp. 547-571.

Stamper, C. L. and L. Van Dyne, "Organizational Citizenship: A Comparison between Part-Time and Full-Time Service Employees", *The Cornell Hotel and Restaurant Administration Quarterly*, Vol. 44, No. 1, 2003, pp. 33-42.

Sturman, M., "Searching for the Inverted U-Shaped Relationship between Time and Performance: Meta - Analyses of the Experience/Performance, Tenure/Performance, and Age/Performance Relationships", *Journal of Management*, Vol. 29, No. 5, 2003, pp. 609-640.

Su, Z. -X., P. M. Wright, and M. D. Ulrich, "Going beyond the SHRM Paradigm Examining Four Approaches to Governing Employees", *Journal of Management*, Vol. 44, No. 4, 2015, pp. 1598-1619.

Su, Z. -X. and P. M. Wright, "The Effective Human Resource Management System in Transitional China: A Hybrid of Commitment and Control Practices", *International Journal of Human Resource Management*, Vol. 23, No. 10, 2012, pp. 2065-2086.

Takeuchi, R., Z. Chen, and S. Yin Cheung, "Applying Uncertainty Management Theory to Employee Voice Behavior: An Integrative Investigation", *Personnel Psychology*, Vol. 65, No. 2, 2012, pp. 283-323.

Tangirala, S., D. Kamdar, V. Venkataramani, and M. R. Parke, "Doing Right Versus Getting ahead: The Effects of Duty and Achievement Orientations on Employees' Voice", *Journal of Applied Psychology*, Vol. 98, No. 6, 2013, pp. 1040-1050.

Tangirala, S. and R. Ramanujam, "Employee Silence on Critical Work Issues: The Cross Level Effects of Procedural Justice Climate", *Personnel Psychology*, Vol. 61, No. 1, 2008, pp. 37-68.

Teece, D. J., "Explicating Dynamic Capabilities: The Nature and Microfoundations of (Sustainable) Enterprise Performance", *Strategic Management Journal*, Vol. 28, No. 13, 2007, pp. 1319-1350.

Tepper, B. J.,"Abusive Supervision in Work Organizations: Review, Synthesis, and Research Agenda", *Journal of Management*, Vol. 33, No. 3, 2007, pp. 261-289.

Terry, P. E. and D. R. Anderson, "Finding Common Ground in the Use of Financial Incentives for Employee Health Management: A Call for a Progress-Based Approach", *American Journal of Health Promotion*, Vol. 26, No. 1, 2011, pp. Ev-Evii.

Thomas, J. P., D. S. Whitman, and C. Viswesvaran, "Employee Proactivity in Organizations: A Comparative Meta-Analysis of Emergent Proactive Constructs", *Journal of Occupational and Organizational Psychology*, Vol. 83, No. 2, 2010, pp. 275-300.

Van Buren III, H. J., M. Greenwood, and C. Sheehan, "Strategic Human Resource Management and the Decline of Employee Focus", *Human Resource Management Review*, Vol. 21, No. 3, 2011, pp. 209-219.

Van De Voorde, K., J. Paauwe, and M. Van Veldhoven, "Employee Well-Being and the HRM-Organizational Performance Relationship: A Review of Quantitative Studies", *International Journal of Management Reviews*, Vol. 14, No. 4, 2012, pp. 391-407.

Van De Voorde, K., M. Veld, and M. Van Veldhoven, "Connecting Empowerment-Focused HRM and Labour Productivity to Work Engagement: The Mediating Role of Job Demands and Resources", *Human Resource Management Journal*, Vol. 26, No. 2, 2016, pp. 192-210.

Van Den Heuvel, M., E. Demerouti and M. C. W. Peeters, "The Job Crafting Intervention: Effects on Job Resources, Self-Efficacy, and Affective Well-Being", *Journal of Occupational and Organizational Psychology*, Vol. 88, No. 3, 2015, pp. 511-532.

Van Dijke, M., D. De Cremer, L. Brebels, and N. Van Quaquebeke, "Willing and Able: Action - State Orientation and the Relation between Procedural Justice and Employee Cooperation", *Journal of Management*, Vol. 41, No. 7, 2015, pp. 1982-2003.

Van Dyne, L., D. Kamdar, and J. Joireman, "In-Role Perceptions Buffer the Negative Impact of Low Lmx on Helping and Enhance the Positive Impact of High Lmx on Voice", *Journal of Applied Psychology*, Vol. 93, No. 6, 2008, pp. 1195-1207.

Van Dyne, L. and J. A. Lepine, "Helping and Voice Extra-Role Behaviors: Evidence of Construct and Predictive Validity", *Academy of Management Journal*, Vol. 41, No. 1, 1998, pp. 108-119.

Van Horn, J. E., T. W. Taris, W. B. Schaufeli, and P. J. G. Schreurs, "The Structure of Occupational Well-Being: A Study among Dutch Teachers", *Journal of Occupational and Organizational Psychology*, Vol. 77, No. 3, 2004, pp. 365-375.

Van Praag, B. M. S., P. Frijters and A. Ferrer-I-Carbonell, "The Anatomy of Subjective Well-Being", *Journal of Economic Behavior & Organization*, Vol. 51, No. 1, 2003, pp. 29-49.

Van Vianen, A. E. M., C. -T. Shen and A. Chuang, "Person-Organization and Person-Supervisor Fits: Employee Commitments in a Chinese Context", *Journal of Organizational Behavior*, Vol. 32, No. 6, 2011, pp. 906-926.

Vandenberghe, C., A. Panaccio, K. Bentein, K. Mignonac and P. Roussel, "Assessing Longitudinal Change of and Dynamic Relationships among Role Stressors, Job Attitudes, Turnover Intention, and Well-Being in Neophyte Newcomers", *Journal of Organizational Behavior*, Vol. 32, No. 4, 2011, pp. 652-671.

Vanhala, S. and K. Tuomi, "HRM, Company Performance and Employee Well-Being", *Management Review*, Vol. 17, No. 3, 2006, pp. 241-255.

Walumbwa, F. O., D. M. Mayer, P. Wang, H. Wang, K. Workman and A. L. Christensen, "Linking Ethical Leadership to Employee Performance: The Roles of Leader-Member Exchange, Self-Efficacy, and Organizational Identification", *Organizational Behavior and Human Decision Processes*, Vol. 115, No. 2, 2011, pp. 204-213.

Warr, P., "A Conceptual Framework for the Study of Work and Mental Health", *Work & Stress*, Vol. 8, No. 2, 1994, pp. 84-97.

Way, S. A., "High Performance Work Systems and Intermediate Indicators of Firm Performance within the US Small Business Sector", *Journal of Management*, Vol. 28, No. 6, 2002, pp. 765-785.

Wernerfelt, B., "A Resource-Based View of the Firm", *Strategic Management Journal*, Vol. 5, No. 2, 1984, pp. 171-180.

White, M. P. and P. Dolan, "Accounting for the Richness of Daily Activities", *Psychological Science*, Vol. 20, No. 8, 2009, pp. 1000-1008.

Whitener, E. M., "Do 'High Commitment' Human Resource Practices Affect Employee Commitment? A Cross-Level Analysis Using Hierarchical Linear Modeling", *Journal of Management*, Vol. 27, No. 5, 2001, pp. 515-535.

Withey, M. J. and W. H. Cooper, "Predicting Exit, Voice, Loyalty, and Neglect", *Administrative Science Quarterly*, Vol. 34, No. 4, 1989, pp. 521-539.

Witt, L. A., L. A. Burke, M. R. Barrick, and M. K. Mount, "The Interactive Effects of Conscientiousness and Agreeableness on Job Performance", *Journal of Applied Psychology*, Vol. 87, No. 1, 2002, pp. 164-169.

Wood, S., M. Van Veldhoven, M. Croon, and L. M. De Menezes, "Enriched Job Design, High Involvement Management and Organizational Performance: The Mediating Roles of Job Satisfaction and Well-Being", *Human Relations*, Vol. 65, No. 4, 2012, pp. 419-445.

Wood, S. J. and T. D. Wall, "Work Enrichment and Employee Voice in Human Resource Management-Performance Studies", *The International Journal of Human Resource Management*, Vol. 18, No. 7, 2007, pp. 1335-1372.

Wright, P. M., B. B. Dunford, and S. A. Snell, "Human Resources and the Resource Based View of the Firm", *Journal of Management*, Vol. 27, No. 6, 2001, pp. 701-721.

Wright, P. M., G. C. Mcmahan and A. Mcwilliams, "Human Resources and Sustained Competitive Advantage: A Resource-Based Perspective", *The International Journal of Human Resource Management*, Vol. 5, No. 2, 1994, pp. 301-326.

Wright, P. M., R. Coff, and T. P. Moliterno, "Strategic Human Capital: Crossing the Great Divide", *Journal of Management*, Vol. 40, No. 2, 2014, pp. 353-370.

Wright, P. M. and G. C. Mcmahan, "Exploring Human Capital: Putting 'Human' Back into Strategic Human Resource Management", *Human Resource Management Journal*, Vol. 21, No. 2, 2011, pp. 93-104.

Wright, P. M. and G. C. Mcmahan, "Theoretical Perspectives for Strategic Human Resource Management", *Journal of Management*, Vol.

18, No. 2, 1992, pp. 295-320.

Wright, P. M. and L. H. Nishii, "Strategic HRM and Organizational Behavior: Integrating Multiple Levels of Analysis", *CAHRS Working Paper Series*, 2007, pp. 468-492.

Wright, T. A., R. Cropanzano, D. G. Bonett, and W. J. Diamond, "The Role of Employee Psychological Well-Being in Cardiovascular Health: When the Twain Shall Meet", *Journal of Organizational Behavior*, Vol. 30, No. 2, 2009, pp. 193-208.

Wright, T. A. and D. G. Bonett, "Job Satisfaction and Psychological Well-Being as Nonadditive Predictors of Workplace Turnover", *Journal of Management*, Vol. 33, No. 2, 2007, pp. 141-160.

Xanthopoulou, D., A. B. Bakker and R. Ilies, "Everyday Working Life: Explaining within-Person Fluctuations in Employee Well-Being", *Human Relations*, Vol. 65, No. 9, 2012, pp. 1051-1069.

Xiao, Z. and I. Bjorkman, "High Commitment Work Systems in Chinese Organizations: A Preliminary Measure", *Management and Organization Review*, Vol. 2, No. 3, 2006, pp. 403-422.

Youndt, M. A. and S. A. Snell, "Human Resource Configurations, Intellectual Capital, and Organizational Performance", *Journal of Managerial Issues*, Vol. 16, No. 3, 2004, pp. 337-360.

Zeidner, M., G. Matthews, and R. D. Roberts, "Emotional Intelligence in the Workplace: A Critical Review", *Journal of Applied Psychology*, Vol. 53, No. 3, 2004, pp. 371-399.

Zheng, X., W. Zhu, H. Zhao and C. Zhang, "Employee Well-Being in Organizations: Theoretical Model, Scale Development, and Cross-Cultural Validation", *Journal of Organizational Behavior*, Vol. 36, No. 5, 2015, pp. 621-644.

Zhou, J., X. M. Wang, L. J. Song, and J. Wu, "Is It New? Personal and Contextual Influences on Perceptions of Novelty and Creativity", *Journal of Applied Psychology*, Vol. 102, No. 2, 2017, pp. 180-202.